AF566203

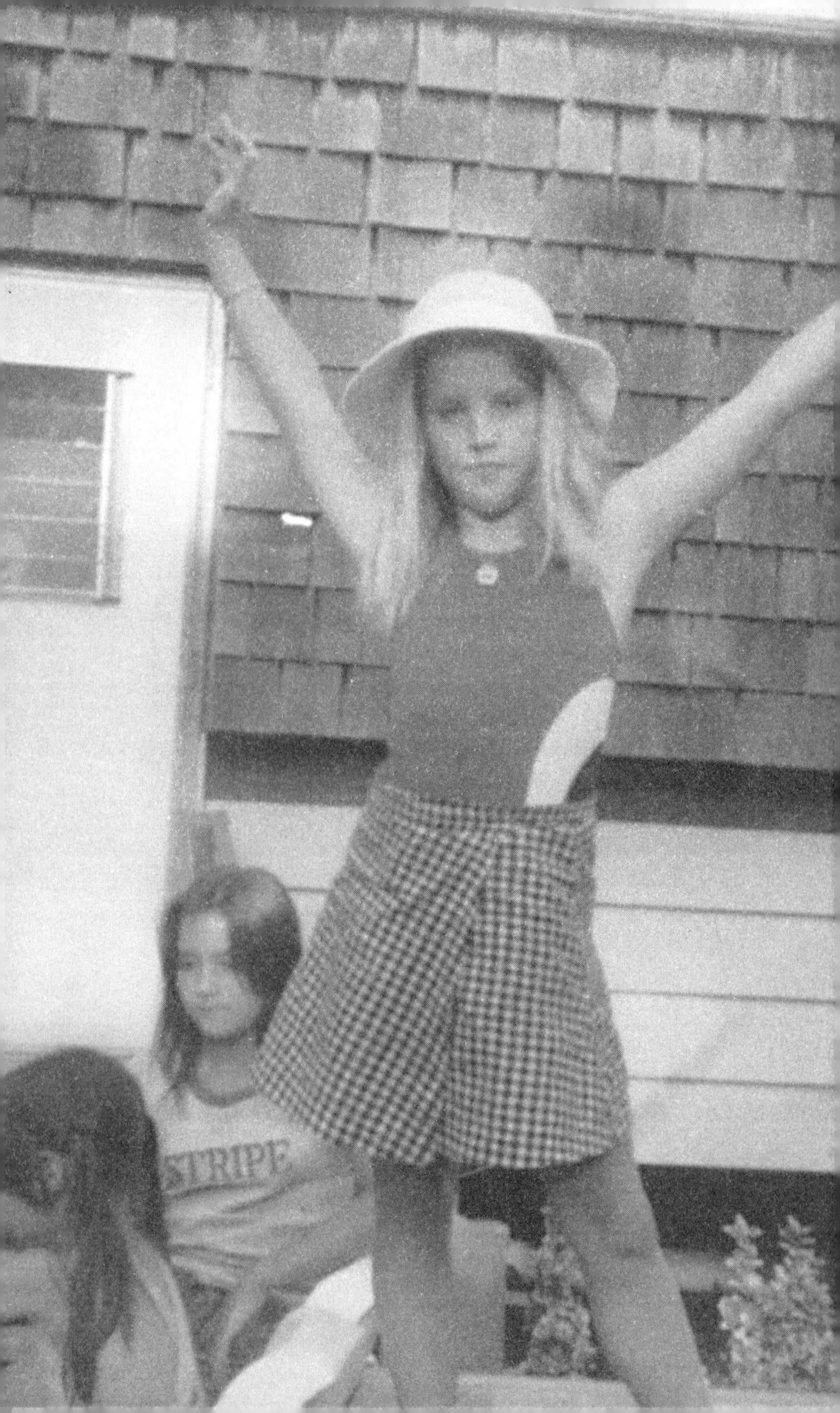
STRIPE

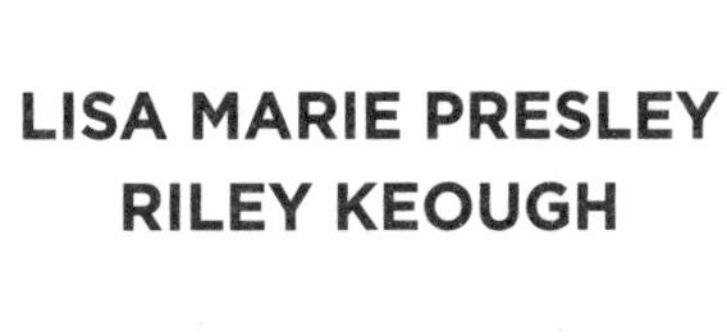

LISA MARIE PRESLEY

RILEY KEOUGH

FROM HERE TO THE GREAT UNKNOWN – VON HIER INS UNGEWISSE

ERINNERUNGEN

Aus dem Amerikanischen von
Sylvia Bieker und
Henriette Zeltner-Shane

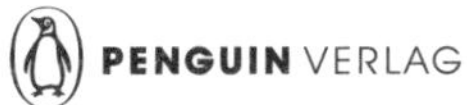

Die Originalausgabe erschien 2024
unter dem Titel *From Here to the Great Unknown*
bei Random House.

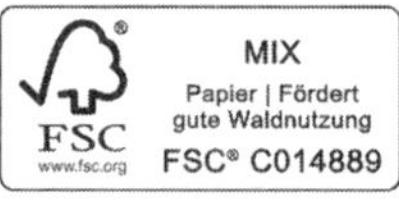

Penguin Random House Verlagsgruppe FSC® C014889

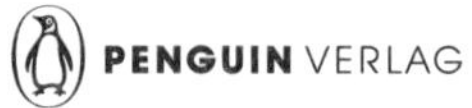

1. Auflage

Redaktion: Antje Steinhäuser
Umschlaggestaltung: Favoritbuero, München
nach einer Vorlage von Caroline Teagle Johnson
Umschlagabbildung vorne: Frank Carroll,
mit freundlicher Genehmigung der Graceland Archives
Umschlagabbildung hinten: aufgenommen
in einem Fotoautomat in Neverland
Satz: satz-bau Leingärtner, Nabburg
Druck und Bindung: Friedrich Pustet GmbH & Co. KG, Regensburg
Printed in Germany
ISBN 978-3-328-60378-8
www.penguin-verlag.de

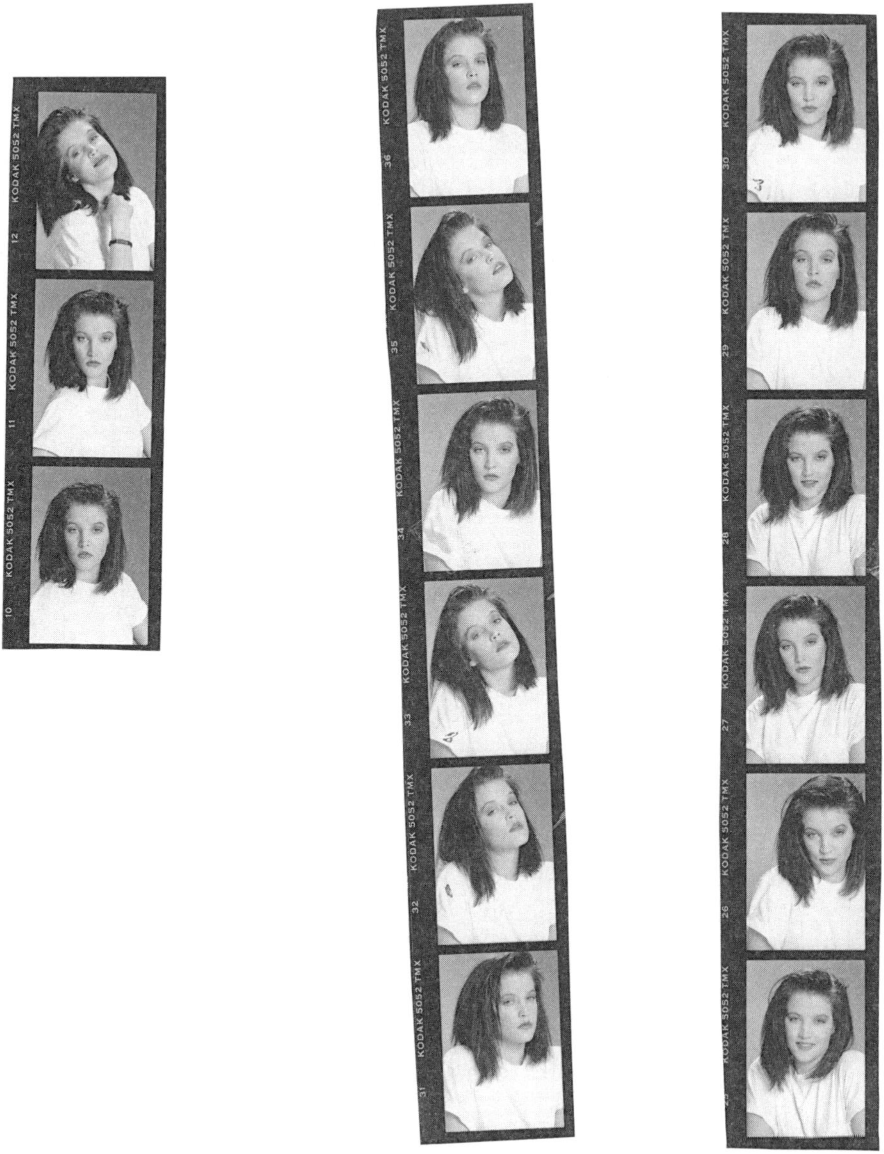

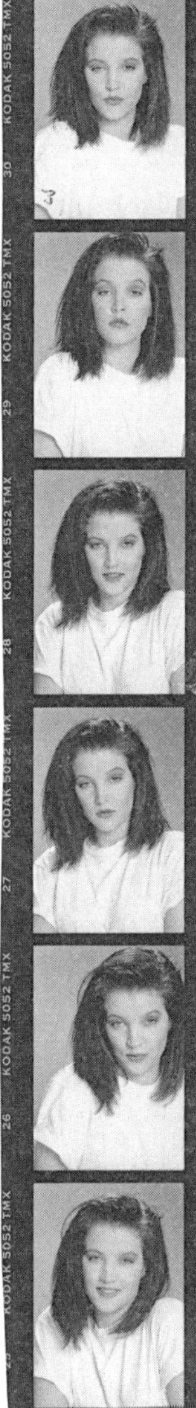
KODAK 5052 TMX
30
KODAK 5052 TMX
29
KODAK 5052 TMX
28
KODAK 5052 TMX
27
KODAK 5052 TMX
26
KODAK 5052 TMX
25

bluebird

there's a bluebird in my heart that
wants to get out
but I'm too tough for him,
I say, stay in there, I'm not going
to let anybody see
you.
there's a bluebird in my heart that
wants to get out
but I pour whiskey on him and inhale
cigarette smoke
and the whores and the bartenders
and the grocery clerks
never know that
he's
in there.

there's a bluebird in my heart that
wants to get out
but I'm too tough for him,
I say,
stay down, do you want to mess
me up?
you want to screw up the
works?
you want to blow my book sales in
Europe?

there's a bluebird in my heart that
wants to get out
but I'm too clever, I only let him out
at night sometimes
when everybody's asleep.
I say, I know that you're there,
so don't be
sad.
then I put him back,
but he's singing a little
in there, I haven't quite let him
die
and we sleep together like
that
with our
secret pact
and it's nice enough to
make a man
weep, but I don't
weep, do
you?

– Charles Bukowski

der kleine blaue Vogel

in meinem Herzen sitzt ein kleiner blauer Vogel, der nach draußen will
doch ich bin zu tough für ihn,
ich sage: du bleibst drin, ich will nicht
dass jemand dich
sieht.
in meinem Herzen sitzt ein kleiner blauer Vogel, der nach draußen will
doch ich schütte Whiskey auf ihn, ziehe kräftig an der Zigarette
und die Huren, Bartender
und Supermarktkassierer
ahnen nicht mal
dass
er da ist.

in meinem Herzen sitzt ein kleiner blauer Vogel, der nach draußen will
doch ich bin zu tough für ihn,
ich sage:
unten bleiben, willst du mir alles
verderben?
willst du mir in meine Arbeit
pfuschen?
meine Verkaufszahlen in Europa
torpedieren?

in meinem Herzen sitzt ein kleiner blauer Vogel, der
nach draußen will
doch ich bin zu clever, lasse ihn nur manchmal
raus, bei Nacht
wenn alle schlafen.
Ich weiß schon, dass du da bist, sage ich
also sei nicht
traurig.
dann muss er wieder rein,
aber er singt da drin ein
bisschen, ich hab ihn nicht völlig
sterben lassen
und so schlafen wir
gemeinsam
insgeheim
verbündet
und das ist so schön, dass
man fast weinen
könnte, doch
ich weine nicht,
weint ihr etwa?

– Charles Bukowski

Lisa Maries Stimme hat diese Schrift.

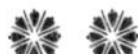

Rileys Stimme hat diese Schrift.

INHALT

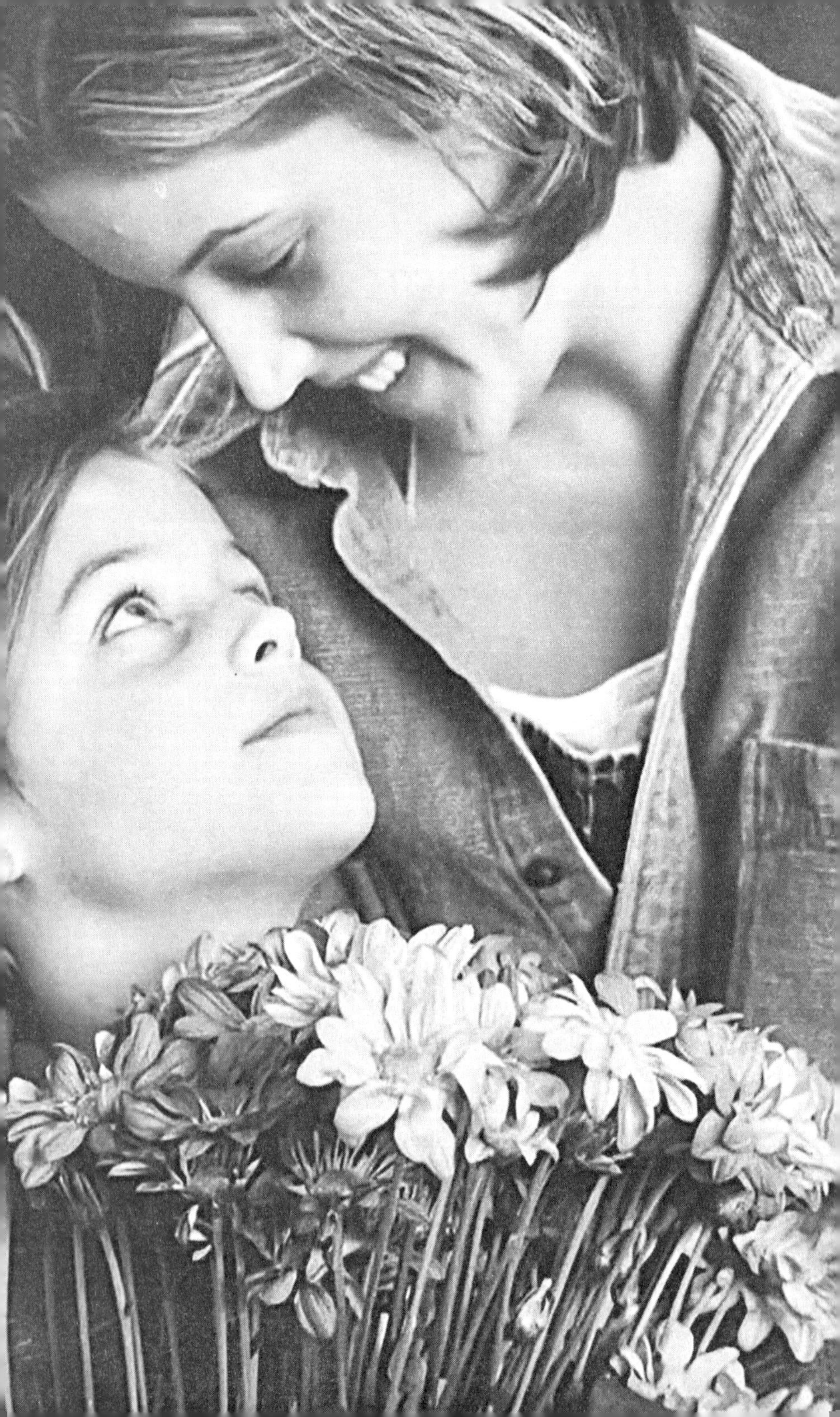

VORWORT

In den Jahren vor ihrem Tod nahm meine Mutter Lisa Marie Presley eine Reihe von Tonbändern auf, die sie als Grundlage für ihre Autobiografie verwenden wollte. Sie hatte einen Vertrag für ein Buch abgeschlossen, denn sie wollte ihre Geschichte erzählen. Sie probierte unterschiedliche stilistische Ansätze, um herauszufinden, wie sie am besten über sich selbst schreiben konnte. Sie fand sich selbst nicht interessant, obwohl sie das natürlich war. Sie sprach nicht gern über sich selbst. Sie war unsicher. Sie wusste nicht, welchen Wert sie für die Öffentlichkeit hatte, außer Elvis' Tochter zu sein. Sie war so sehr von Selbstkritik geplagt, dass ihr die Arbeit an dem Buch unglaublich schwerfiel.

Ich glaube nicht, dass sie grundsätzlich verstanden hat, inwiefern oder warum ihre Geschichte erzählenswert war.

Trotzdem spürte sie das brennende Verlangen, sie zu erzählen.

Als sie darüber äußerst frustriert war, sagte sie zu mir: »Pookie, ich weiß nicht mehr, wie ich mein Buch schreiben soll. Kannst du es nicht mit mir schreiben?«

»Natürlich«, sagte ich.

Die letzten zehn Jahre ihres Lebens waren so brutal hart, dass es ihr nur so möglich war, auf alles zurückzublicken. Sie fand, ich könnte eine umfassendere Sicht auf ihr Leben haben als sie selbst. Also willigte ich ein, ihr zu helfen, ohne mir viel dabei zu denken, und ich ging davon aus, dass wir über einen längeren Zeitraum gemeinsam an dem Buch schreiben würden.

Einen Monat später starb sie.

Tage, Wochen und Monate der Trauer vergingen. Dann bekam ich ihre Tonbandaufnahmen.

Ich war zu Hause, saß auf der Couch. Meine Tochter schlief. Ich fürchtete mich sehr, die Stimme meiner Mutter zu hören – die physische Verbindung zu den Stimmen geliebter Menschen ist tiefgreifend. Ich beschloss, mich ins Bett zu legen, denn mein Körper wurde vor lauter Kummer immer ganz schwer, das kannte ich schon.

Ich begann, dem zuzuhören, was sie sagte.

Das war unfassbar schmerzhaft, aber ich konnte nicht damit aufhören. Als wäre sie mit mir im Zimmer, als würde sie wahrhaft mit mir reden. Sofort fühlte ich mich wieder wie ein Kind und brach in Tränen aus.

Meine Mommy.

Der Klang ihrer Stimme.

Ich war wieder acht Jahre alt, wir fuhren in unserem Auto. Van Morrisons *Brown Eyed Girl* kam aus dem Radio und mein Dad fuhr rechts ran, damit wir aussteigen und am Straßenrand tanzen konnten.

Ich dachte an das wunderschöne Lächeln meiner Mom.

Ihr Lachen.

Ich dachte an meinen Dad, der versuchte, ihren leblosen Körper wiederzubeleben, als er sie fand.

Dann saß ich wieder in meinem Kindersitz im Auto und beobachtete Moms Gesicht im Rückspiegel, während sie einen Song von Aretha Franklin mitsang und unser Wagen mit offenen Fenstern den Pacific Coast Highway entlangraste.

Dann war ich im Krankenhaus, gleich nachdem mein kleiner Bruder auf die Welt gekommen war.

Erinnerungen prasselten auf mich ein, wie eine schnulzige Flashback-Montage in einem Kinofilm. Aber in der Realität.

Ich wollte Mom zurück.

Die ersten Abschnitte des Buches erzählt vor allem sie - in den Tonbandaufnahmen spricht sie ausführlich von ihrer Kindheit in Graceland, dem Tod ihres Vaters und den schrecklichen Folgen, von ihrer Beziehung zu ihrer Mutter, ihrer schwierigen Teenagerzeit. Sie redet offen und witzig über meinen Vater Danny Keough. Sie erzählt freimütig von ihrer Beziehung zu Michael Jackson. Sie ist schmerzhaft ehrlich, was ihre spätere Drogensucht und die Gefahren des Ruhms angeht. In den Aufnahmen gibt es auch Stellen, wo sie klingt, als wollte sie die ganze Welt in Schutt und Asche legen. Dann wiederum zeigt sie ihr ganzes Mitgefühl, ihre Empathie - diese Aufzeichnungen sind meine Mutter. All ihre unterschiedlichen Facetten, die wunderschönen und die kaputten, die durch ein frühes Trauma zusammengehalten wurden und am Ende ihres Lebens aufeinanderprallten.

Aber es gibt auch Dinge, über die sie in den Aufnahmen nicht spricht, Themen, zu denen sie nicht gekommen ist, vor allem was die spätere Phase ihres Lebens anbelangt. Wir haben uns immer fünfmal pro Woche gesehen, und bis ich fünfundzwanzig war, haben wir rund um die Uhr zusammengelebt. Gibt es in den Aufnahmen Lücken, fülle ich sie. Denn was sich für dieses Buch als größter Vorteil erweist, war gleichzeitig eine der größten Schwächen meiner Mutter: Sie war grundsätzlich nicht imstande, irgendetwas vor mir zu verbergen.

Indem ich ihre Geschichte erzähle, hoffe ich, meine Mutter in eine dreidimensionale, erfassbare Figur zu verwandeln, in die Frau, die wir kannten und so sehr geliebt haben. Ich bin zu der Erkenntnis gekommen, dass ihr brennendes Verlangen, ihre Geschichte zu erzählen, dem Bedürfnis entsprang, sowohl sich selbst zu verstehen als auch von anderen vollständig verstanden zu werden – zum ersten Mal in ihrem Leben. Ich möchte mit diesem Buch meine Mutter nicht nur ehren, sondern auch, und das ist mir bewusst, unter außergewöhnlichen Umständen eine zutiefst menschliche Geschichte erzählen.

Wer ihr je begegnet ist, erlebte eine Naturgewalt – Leidenschaft, Geborgenheit, Loyalität, Liebe und die tiefe Verbundenheit mit einer unglaublich starken spirituellen Kraft. Die spirituelle Kraft, die mein Großvater besaß, floss zweifellos auch in den Adern meiner Mutter. Wenn man mit ihr zusammen war, konnte man das spüren.

Mir ist klar, die Tonbandaufnahmen, die meine Mutter hinterlassen hat, sind ein Geschenk. So oft bleibt von einem geliebten Menschen nicht mehr als eine immer wieder gesicherte Sprachnachricht, ein kurzes Video auf dem Handy, ein paar Lieblingsfotos. Das Privileg, diese Tonbandaufnahmen zu besitzen, nehme ich sehr ernst. Ich wollte, dass dieses Buch so innig ist wie all die Stunden, die ich damit verbracht habe, ihr zuzuhören, wie die Nächte, in denen sie mit uns im Bett lag, während wir dem Heulen der Kojoten lauschten.

In seinem Gedicht *Binsey-Pappeln (gefällt 1879)* schreibt Gerard Manley Hopkins über gefällte Bäume: »After-comers cannot guess the beauty been« – Nachkommen können die verlorene Schönheit nicht ermessen.

Ich möchte, dass dieses Buch die »verlorene Schönheit« zeigt, die meine Mutter war.

EINS

GRACELAND, OBERGESCHOSS

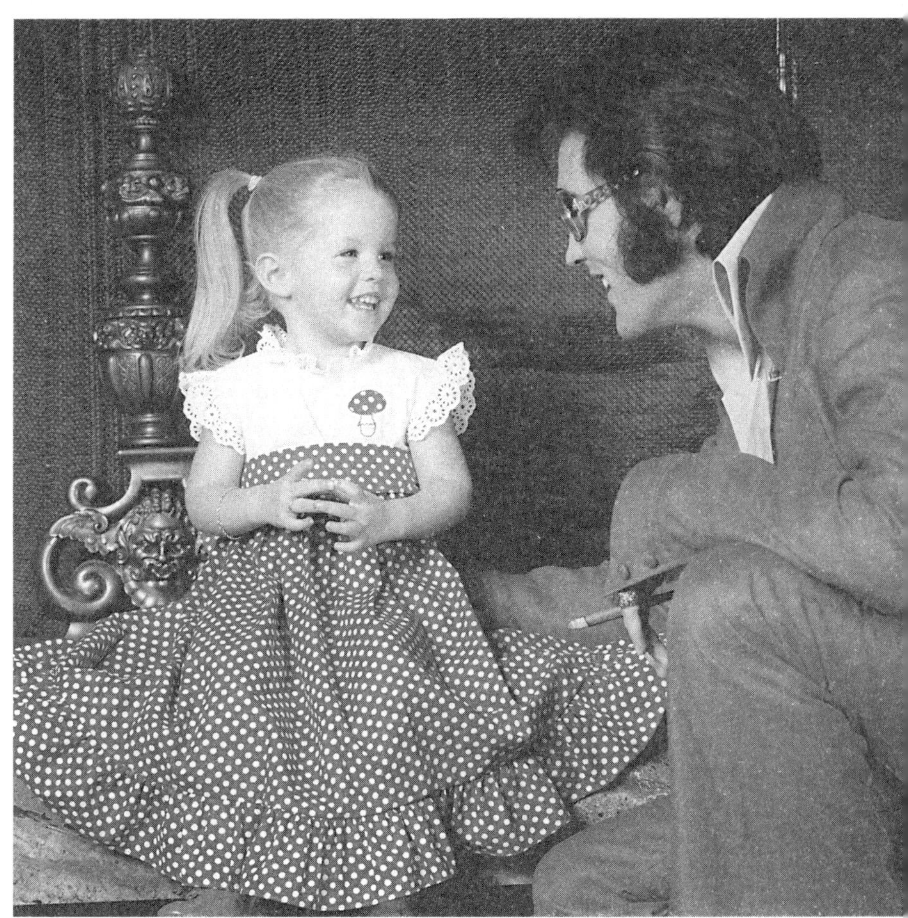

Ich hatte das Gefühl, mein Vater konnte das Wetter ändern.

Für mich war er ein Gott. Ein Auserwählter.

Er hatte diese Eigenschaft, dass man in seine Seele sehen konnte. War er mies gelaunt, war das Wetter draußen mies. Wenn es gewitterte, dann, weil er kurz davor war, zu explodieren. Damals habe ich geglaubt, dass er für ein Unwetter sorgen konnte.

Ihn glücklich machen, ihn zum Lachen bringen – das bedeutete mir alles. Wenn ich wusste, dass er etwas lustig fand, habe ich es so oft wie möglich wiederholt, um alles, aber auch alles aus der Sache rauszuholen. Um ihn zu unterhalten. Wenn wir Graceland verließen, riefen die Fans mit ihrem Südstaatenakzent immer: »Alvis! Alvis!« Einmal habe ich mich über jemanden lustig gemacht, und er fiel vor Lachen fast um. Er fand, das sei das Lustigste, was er je gehört habe.

Ein anderes Mal lag ich in meinem hamburgerförmigen Bett – einem riesigen, mit schwarzem und weißem Pelz bezogenen Bett, zu dem Stufen hinaufführten – und er saß neben mir in einem Sessel und ich sah ihn an und fragte: »Wie viel Geld hast du?« Lachend fiel er vom Sitz. Ich konnte mir nicht erklären, warum das so lustig war.

Ich fühlte mich super verbunden mit ihm. Unsere Nähe war viel größer, als ich es in der Vergangenheit je bei jemandem zugelassen habe.

Er liebte mich innig und war total treusorgend, eintausendprozentig für mich da, so gut er konnte, trotz alldem um ihn herum. Er gab mir so viel von sich, wie er nur konnte, mehr als er irgendjemand anderem geben konnte.

Und doch hatte ich auch Angst vor ihm. Er war intensiv, man wollte nicht, dass er wütend auf einen wurde. Hatte ich ihn mal verärgert oder er war sauer auf mich, fühlte es sich an, als ob alles zu Ende wäre. Damit konnte ich nicht umgehen.

Wenn er sich über mich aufregte, nahm ich das so persönlich, dass ich schlicht am Boden zerstört war. Ich wollte zu allem seine Zustimmung. Einmal habe ich mir das Knie aufgeschlagen, und er sagte: »Verdammt, warum tust du dir denn selbst weh?«

Das machte mich fertig.

Meine Mom war eine Air-Force-Tochter, weil ihr Vater Soldat war. Sie lernte meinen Vater mit vierzehn Jahren kennen und ihre Eltern erlaubten das. Es war eine andere Zeit.

Damals kamen Frauen mit Wehen ins Krankenhaus. Dort wurden sie in eine leichte Narkose versetzt und dann wachten sie mit einem Baby auf. Meine Mom ging also ins Krankenhaus, sah glamourös und schön aus, und als sie wieder zu sich kam, reichte man ihr ein Kind.

Meine Mutter erzählte mir mal, dass sie darüber nachgedacht hatte, sich vom Pferd fallen zu lassen, um eine Fehlgeburt herbeizuführen.

Sie wollte keine Schwangerschaftspfunde. Sie dachte, das würde ihr als Elvis' Frau nicht gut zu Gesicht stehen. Es waren so viele Frauen hinter ihm her, und alle wunderschön. Sie wollte seine ungeteilte Aufmerksamkeit. Sie war so erschrocken darüber, schwanger zu sein, dass sie zunächst nur Äpfel und Eier aß und nicht viel zunahm. Ich ging ihr von Anfang an auf die Nerven und hatte immer das Gefühl, dass sie mich nicht wollte.

Ich glaube an vorgeburtliche Energie, also spürte ich vielleicht bereits ihre Vibes, als sie früh versuchte, mich loszuwerden. Schließlich entschied sie sich zwar, mich zu behalten, aber damals hatte sie keine großartigen Muttergefühle.

Wahrscheinlich ist es das, was mit mir nicht stimmt.

Als ich klein war, habe ich meiner Mutter oft beim Schminken zugesehen. In ihrem Badezimmer gab es zwei Waschbecken und dazwischen einen riesigen Frisiertisch. Meine Mutter hatte mehr

Make-up, als sich ein kleines Mädchen erträumen konnte - von MAC und Kevyn Aucoin, Schubladen über Schubladen voller Pinsel und Lippenstifte, Lidschatten und die berühmteste Lippenfarbe von MAC: Spice. Sie umrandete ihren Mund - den Amorbogen genannten Lippenschwung, den sie so liebte und den wir alle von ihrem Vater geerbt haben - und schaute dabei in einen kleinen Spiegel auf dem Frisiertisch, und ich fand ihre Lippen einfach perfekt. Für mich war sie die schönste Frau der Welt.

Ich schaute sie an und fragte: »Wie alt bist du?« Es war das erste Mal, dass ich über ihr Alter nachdachte. Sie lachte und sagte: »Ich bin achtundzwanzig.« Wie jung das doch war.

Meine Mutter selbst fühlte sich prinzipiell kaputt, nicht liebenswert, nicht schön. Sie hatte das tiefsitzende Gefühl, wertlos zu sein, aber ich habe nie wirklich herausgefunden, warum. Mein ganzes Leben lang habe ich versucht, darauf eine Antwort zu finden. Meine Mutter war ein unglaublich komplizierter und äußerst missverstandener Mensch.

Meine Familie hat eine lange Geschichte von Frauen, die früh Mütter wurden - meine Urgroßmutter, meine Großmutter und meine Mutter, sie alle bekamen ihr erstes Kind in jungen Jahren, als sie selbst noch Babys waren.

Als ich heranwuchs, wünschte ich mir, ich hätte die Mutter meiner Mutter und die Mutter meiner Großmutter sein können. Denn ich begann zu erkennen, was all diesen jungen Müttern fehlte.

Mir wurde erzählt, meine Geburt sei gut verlaufen. Mein Vater war sehr nervös, alle waren nervös. Sie hatten viele Generalproben durchgeführt, um den schnellsten Weg zum Krankenhaus zu finden. Sie hatten ein paar Testläufe gemacht und alles war in Ordnung. Und dann fuhr Jerry Schilling, einer der ältesten Freunde meines Vaters, der an diesem Tag am Steuer saß, beinahe ins falsche Krankenhaus.

Einige Zeit später kam ich auf die Welt.

Meine Mom wollte für meinen Dad gut aussehen, also beschloss sie, sich falsche Wimpern anzukleben, bevor er uns besuchen kam. Aber sie war von den Medikamenten immer noch etwas verpeilt und klebte sie an den Spiegel statt an ihre Augenlider.

Später gab es eine Pressekonferenz – meine Mom und mein Dad traten aus dem Krankenhaus, winkten in alle Richtungen und jeder machte Fotos. Die Presse war also von Anfang an dabei, direkt vor der Tür, seit dem Tag meiner Geburt.

Dann brachten sie mich heim nach Graceland.

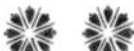

Graceland wurde 1939 von Tom und Ruth Moore, einem Arzt und seiner Frau, erbaut. Das Grundstück war der Familie von Grace, einer Tante der Ehefrau, geschenkt worden, weshalb sie es nach ihr benannten. Elvis gefiel der Name so gut, dass er ihn behielt, als er 1957 für das große Herrenhaus und die gut fünf Hektar Land 102 000 Dollar bezahlte.

Zu der Zeit war die Gegend noch ländlich geprägt, fünf Meilen südlich von Memphis gab es nichts. Graceland gehörte bis 1969 noch nicht einmal zu der Stadt.

Im Mai 1957 zogen Elvis' Mutter Gladys, sein Vater Vernon und seine Großmutter Minnie Mae dort ein – Elvis selbst kam etwas später, am 26. Juni 1957 (es musste noch etwas renoviert werden und er war mit Dreharbeiten für den Film *Jailhouse Rock* beschäftigt). Nach Elvis' Zeit in der Armee zogen noch weitere Leute ein, darunter Charlie Hodge und Joe Esposito von der sogenannten Memphis-Mafia, Elvis' Entourage, die von Sonnenaufgang bis Sonnenuntergang in Graceland an seiner Seite waren.

Das Zimmer von Elvis' Großmutter lag im ersten Stock, aber nachdem Elvis' Mutter gestorben war, zog Minnie Mae nach unten.

Als Priscilla schwanger wurde, richteten sie und Elvis 1967 ein Kinderzimmer im Obergeschoss ein, dort also befand sich das Zimmer meiner Mutter.

Verglichen mit heutigen Anwesen wirkt Graceland nicht sonderlich großzügig - Besucher sind oft erstaunt, wie klein es ist. Doch als Elvis das Gebäude kaufte, war es nicht nur ein Herrenhaus, sondern repräsentierte so viel mehr als die bloße Größe des Gebäudes und des Grundstücks. Bis 1953 hatte die Familie Presley in bescheidenen Verhältnissen gelebt. Graceland stellte die physische Manifestation des unglaublichsten amerikanischen Traums dar, der wahr geworden war. Elvis war ein Kleinstadtjunge einer Kleinstadtfamilie, die in Armut lebte, aber er war größer als groß und auf wundersame Weise zu einer gottähnlichen Figur, dem größten Star des Planeten, geworden. Dennoch blieb er ein Südstaatenjunge, der seiner geliebten Momma einfach so ein großes altes Haus kaufen konnte.

Elvis war entschlossen, sein neues Zuhause zu einem opulenten Heim zu machen, und wenn man aus dem Süden kommt, zieht gleich die ganze Familie mit ein - die Tanten, die Cousinen und Cousins, einfach alle. Wenn man aus Armut stammt, hat man die Pflicht, alle mitzunehmen, und genau das hat Elvis gemacht.

Das Haus ist von einer hohen Steinmauer umgeben, hat die berühmten Tore mit den Noten und ein Wachtor auf der rechten Seite. Fährt man dann den kurvenreichen Weg hinauf, erheben sich vor einem die vier riesigen weißen Säulen am Portal des Hauses, die von zwei Löwenskulpturen bewacht werden.

Es riecht überall nach den Südstaaten, besonders im Sommer mit einer sanften Brise und Glühwürmchen in der Nacht. Wunderschöne Bäume stehen rund um das Haus: Magnolien, Ulmen, Weiden-Eichen, roter Ahorn, Pekan, Schwarzkirsche.

Kommt man durch die Vordertür ins Haus, befindet sich gleich rechts das Wohnzimmer mit seinen ikonischen blauen Buntglas-

Pfauen, einem Fernseher und dem Flügel. Eine Treppe im Raum führt hinauf zu den Schlafzimmern von Elvis und meiner Mutter. Auf der linken Seite des Wohnzimmers befindet sich das Esszimmer mit schwarzem Marmorboden und bodenlangen Plüschvorhängen vor den Fenstern. Die Küche ist auf der gleichen Ebene, ebenso wie der berühmte Jungle Room mit flauschigem Teppichboden und Indoor-Wasserfall. Im unteren Stockwerk befindet sich das Billardzimmer mit aufgepolsterter Decke und Wänden. Wie der Jungle Room ein gutes Zimmer, um sich zu verstecken.

Hinter dem Haus befinden sich in Graceland die Pferdeställe, der Racquetball-Platz und neben Vernons Büro eine Schaukel, die mal meiner Mom gehörte.

Als Kinder sind mein Bruder Ben und ich in den Ferien immer nach Graceland gefahren. Am Ende eines jeden Tages, wenn die Besuchertouren endlich vorbei waren, machten wir es uns mit der Familie im Haus gemütlich, aßen groß zu Abend und tobten, sprangen auf den Sofas herum und spielten Billard. Auch wenn Graceland Besuchern offenstand, wenn wir dort waren, war es einfach unser Zuhause. Es ist irgendwie seltsam und unglaublich, die Geschichte der eigenen Familie für immer an dem Ort bewahrt zu sehen, an dem alles geschah.

Als ob all das Leben, das in diesem Haus gelebt wurde - all das Lachen, die Tränen, die Musik, der Herzschmerz, die Liebe -, immer noch und immer wieder gelebt wird, einmal die Treppe hinunter, in diesen vier Wänden.

Dort spüre ich meine Vorfahren.

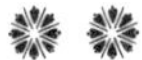

Offenbar gibt es mindestens sechs Orte auf der Erde – beispielsweise Hawaii und Jerusalem –, die wissenschaftlich belegt eine besonders anziehende Energie haben.

Graceland war auch so ein Ort.

Wenn man dort war, spürte man es. Man fühlte sich gut, wieder aufgeladen. Mein Dad war dort, um aufzutanken.

Das obere Stockwerk von Graceland bestand nur aus seiner Suite und meinem Zimmer, mehr nicht. Die Tür zum Obergeschoss war meist verschlossen, und außer uns beiden kam dort niemand hinein. Schon als Kind wusste ich, dass das etwas ganz Besonderes war – niemand, bis auf vielleicht eine Freundin, hatte solch einen persönlichen Zugang zu ihrem Zimmer.

Oben in Graceland. Nur mein Zimmer und sein Zimmer. Ein Allerheiligstes, um bei ihm zu sein.

Sein Schlafzimmer hatte riesige Doppeltüren aus schwarzem und goldfarbenem Vinyl, die in einen kleinen Flur führten, und gleich um die Ecke war mein Zimmer. Wenn ich hinaufkam, musste ich an seinem Schlafzimmer vorbei, um in meins zu gelangen. Waren die Vinyltüren geschlossen, bedeutete das, dass er schlief. Wenn sie offen waren und ich frech gewesen war, was oft der Fall war, musste ich mich vorbeischleichen. Aber immer, wenn die Türen offen standen, habe ich einen Blick in sein Zimmer geworfen, um zu sehen, was er gerade tat. Er sah entweder fern, unterhielt sich mit irgendwem oder er las.

Auf der anderen Seite des Grundstücks stand ein Haus, das mein Dad für meinen Großvater gekauft hatte. Mein Dad war ein Nachtmensch, und ab und zu weckte er mich auf, setzte mich in ein Golfcart und fuhr mit mir dorthin, um Vernon zu besuchen, dem das nie wirklich gelegen kam. Dann hielten wir uns dort ein oder zwei Stunden auf und fuhren zurück zum Haus.

Wenn Vernon da war, durfte ich mir nicht viel rausnehmen. Für mich war er eine eher autoritäre Figur. Ich stand ihm nicht nahe. Ich ging ihm tunlichst aus dem Weg. Ich wünschte, ich hätte eine andere Beziehung zu meinem Großvater gehabt. Wenn möglich, habe ich mich vor ihm versteckt.

Die nächtlichen Fahrten zu Vernon waren in Wirklichkeit bloß ein bisschen Zeit, die mein Dad mit mir allein verbringen wollte.

Mein Dad war sehr südstaatlerisch.

Niemand sagt »*goddamn*« wie ein Südstaatler, nämlich auf die richtige Art, mit richtigem Soul und der richtigen Betonung. Wenn es richtig ausgesprochen wird, ist es lustig. Ich habe das immer so gehört. Mein Vater und alle seine Jungs sprachen es auf dieselbe Weise aus.

Ich wollte in eine Tierhandlung, und eines Abends machte Dad Schluss mit der Arbeit und fuhr mich dorthin, zusammen mit seiner Entourage. Wir alle durften uns ein Haustier aussuchen. Ich entschied mich für einen lustigen, kleinen weißen Hund und mein Dad für einen Zwergspitz namens Edmund. Kurz danach, ich war in meinem Zimmer und man brachte Dad gerade und wie jeden Tag sein Frühstück ans Bett, hörte ich ein lautes »*GODDAMN!*«. Ich rannte zu ihm rüber und er meinte: »Dieser verdammte Hund hat gerade meinen Bacon gestohlen!« Edmund war auf sein Bett gesprungen, hatte sich ein Stück Speck stibitzt und war damit nach unten gerannt. Er war so verdammt sauer auf den Hund. Daraufhin wurde Edmund der Hund meiner Tante Delta.

Manchmal saß ich in meinem Zimmer und schaute Fernsehen, da hörte ich »*GODDAMN IT!*« und lief durch den Flur zu seinem Zimmer, um herauszufinden, was los war.

»*GODDAMN IT*, ich kann nicht niesen – ich muss niesen, aber ich kann nicht!«, sagte er und dann konnte er endlich niesen, daran erinnere ich mich noch.

In meinem Zimmer gab es zwei Schränke voller Stofftiere und eines Tages dachte ich, ich hätte darin etwas gesehen – vielleicht eine Maus oder eine Ratte oder so etwas –, und ich bekam es mit der Angst zu tun. Also bin ich losgerannt und habe meinen Dad geholt.

»Daddy, da ist was in meinem Zimmer!«

Mein Vater schnappte sich seinen Gummiknüppel und einen Spazierstock, ging in mein Zimmer und schloss hinter sich die Tür. Dann hörte ich bloß noch Geräusche von Schlägen und Hieben und wie mein Dad schrie: »*Goddamn son of a bitch!*« Er schlug auf die Plüschtiere ein und versuchte, dieses Ding zu treffen, was zur Hölle es auch war, aber es rannte immer wieder vor ihm davon. Schließlich tötete er es, aber niemand brachte es weg, und ich erinnere mich, dass es danach einen Monat lang in meinem Zimmer schlecht roch.

Ein anderes Mal, als ich in meinem Zimmer war, ertönte ein weiteres »*Goddamn son of a bitch!*«. Diesmal von der Vorderseite des Hauses. Dann ein lauter Schuss.

Ich rannte die Treppe hinunter und fand meinen Dad unter einem Baum in einem Liegestuhl sitzend. Eine Schlange war an dem Baum hinuntergeglitten und wollte ihn in den Fuß beißen, also hat er sie erschossen.

Er hat allen anderen Angst eingejagt. Niemand lachte, wenn er einen verärgerten Eindruck machte. Aber ich kannte ihn, deshalb fand ich das lustig. Er hatte einfach eine witzige Art von Wut an sich. Sodass ich ihn sogar noch mehr geliebt habe.

Ich hatte einmal schreckliche Ohrenschmerzen und mein Dad brachte mich in den frühen Morgenstunden zu Dr. Cantor. Vor lauter Schmerzen schrie ich wie am Spieß. Dr. Cantor nahm irgendein Gerät, um meine Ohren durchzuspülen, oder was auch immer er tat, und ich brüllte so laut, dass mein Vater es nicht mehr aushielt und den Raum verließ. Er wollte mich nicht allein lassen, aber er konnte auch nicht ertragen, was da vor sich ging. Er lehnte im Flur an der Wand und war kalkweiß im Gesicht. Nachdem Dr. Cantor meine Ohren behandelt und gereinigt hatte, hob mich mein Dad in seine Arme und trug mich hinaus.

Später mussten meine Mandeln entfernt werden. Auch da war mein Dad im Krankenhaus dabei. Ich erinnere mich, dass man mir Eiscreme zu essen gab – worüber sich natürlich kein Kind beschwert –, aber es tat weh, überhaupt irgendetwas zu essen, sodass ich jedes Mal beim Schlucken das Gesicht verzog. Dad saß neben meinem Bett und wartete nur darauf, dass ich schluckte, und dann fing er an zu lachen.

Er fand die Grimasse so lustig.

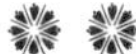

Ihr Vater nannte sie Yisa. Er ersetzte alle Ls durch Ys, wenn er mit meiner Mutter sprach.

Als ich gestern meine Tochter Tupelo in den Schlaf wiegte, erwischte ich mich selbst dabei, wie ich sie »yitty-bitty« nannte, und sang ihr »Momma's little baby loves shortnin', shortnin'« vor, dann hielt ich inne und dachte: *Dieses Lied habe ich nicht mehr gehört, seit ich ein kleines Kind war.* Und in dem Augenblick wurde mir klar, dass all diese Sätze, die ich benutze, und das, was ich zu meiner Tochter sage, genau so sind, wie meine Mutter mit mir sprach. Sie hatte das von ihrem Dad übernommen. Aus den Südstaaten. Und all das ist in mir lebendig. Ich kann sie sagen hören: »Los, *goddamn it,* gib mir den Zucker!« Sie bemuttert meine Tochter durch mich.

Immer, wenn ich in den Süden fahre und den Memphis-Akzent höre, spüre ich eine Sehnsucht, eine Nostalgie nach etwas, das ich nie wirklich erlebt habe. Ich habe nie in Memphis gelebt. Aber etwas in mir hat dort gelebt.

Sobald die Tore geschlossen waren, war Graceland wie eine eigene Stadt, mit eigenem Rechtssystem. Mein Dad war der Polizeichef und jede Person hatte ihren Rang. Es gab ein paar Gesetze und Regeln, aber meistens nicht.

Das war Freiheit.

Mein Dad schenkte mir ein eigenes Golfcart. Es war hellblau und auf der Seite stand mein Name – eine Riesensache für mich.

Es gab viele dieser Carts. Meine Freundinnen und ich haben damit den Rasen aufgerissen, sind frontal zusammengestoßen oder haben versucht, sie zu »enthaupten«, indem wir gegen einen dicken Ast eines Baums gefahren sind. Den lieben langen Tag ein echtes *demolition derby*. Ich fuhr mit voller Geschwindigkeit durch einen Zaun und am nächsten Morgen sah es so aus, als wäre nichts passiert – der Zaun war wieder komplett repariert.

Hinterm Haus, auf der anderen Seite des Rasens, gab es einen Schuppen. Mein Dad machte dort Schießübungen mit seinen Gewehren und Pistolen, aber irgendwann wurde darin aus irgendeinem Grund Feuerwerk gelagert. Dad und seine Freunde schossen mit den Böllern aufeinander. Eines Tages zündete Dad einen Böller oben auf einer ganzen Schachtel davon an und alle explodierten gleichzeitig. Der ganze Schuppen ging in Flammen auf. Manchmal kann ich gar nicht glauben, dass dabei niemand umgekommen ist. Keine Ahnung, wie wir unbeschadet davongekommen sind, das weiß ich wirklich nicht. Vielleicht hat ein göttliches Wesen über uns gewacht, über das Anwesen, diesen Energiestrudel.

Im Untergeschoss gab es einen Raum mit stoffbespannten Wänden und einem Billardtisch sowie ein Gästezimmer, das für egal welchen Herumtreiber der Memphis-Mafia reserviert war. Charlie Hodge übernachtete dort. David Stanley ebenfalls. Dieser Bereich des Hauses besaß seinen ganz eigenen Energiestrudel. Dort gab es Zigaretten ohne Ende, unanständige Magazine, unanständige Spielkarten, unanständige Bücher. Ich war ganz versessen auf diese unanständigen Magazine.

Einmal warf mein Dad eine Stinkbombe die Treppe hinunter in dieses Zimmer und verriegelte dann die Tür, damit niemand herauskommen konnte. Was auch immer er gemacht hat, ich folgte seinem Beispiel. Ich habe mit meinen Freunden dort Billard gespielt, und dann haben wir das Licht ausgemacht, uns mit Billardkugeln beworfen und uns im Stockdunkeln mit Billardstöcken verprügelt. Oder wir spielten Verstecken. In diesem Zimmer war die Jagdsaison immer eröffnet. Das Land des großen Blödsinns.

Ich bin mit dem Golfcart Leuten über die Füße gefahren und habe mich aus dem Staub gemacht. Eines Tages raste ich mit dem Wagen durch den Garten, und jemand meinte zu mir, ich solle damit aufhören, und ich sagte: »Ich werde meinem Vater von Ihnen erzählen, sobald er aufwacht.« Ein anderes Mal meinte jemand, dass ich irgendetwas nicht dürfte, während ich auch wieder in dem Golfcart saß, und ich antwortete: »Ich werde meinem Vater sagen, dass Ihre Frau …« Ich wünschte, ich könnte mich erinnern, was ich damals sagte, dass seine Frau getan haben soll.

Ich war schon wild.

Joe Esposito war einer der wenigen Menschen in Graceland, die streng mit mir waren und mir nichts durchgehen ließen. Er hatte keine Angst vor meinem Dad und er hatte keine Angst vor mir. Er gehörte schlicht zu denen, die immer die Wahrheit aussprachen. Er sagte: »Der Rasen geht davon kaputt«, oder: »Hör auf, die Pferde und Pfauen mit dem Golfcart zu jagen!«

In Graceland gab es vier Köchinnen – zwei für den Tag und zwei für die Nacht –, um jederzeit jedem etwas zu essen zu machen. Und es gab ständig Leute zu bewirten – das Haus war immer voll und in der Küche herrschte reges Treiben –, also wurde ständig gekocht, und es duftete immer nach dem Alten Süden. Denn es gab Brathähnchen, Pommes frites, ausgebackene Hushpuppies mit Coleslaw und Grünzeug.

Eines Tages bat ich um einen Schokoladenkuchen und eine der Köchinnen sagte: »Nein, dein Vater ist krank, den kann er nicht essen«, und ich antwortete: »Ich sage meinem Daddy, dass du gefeuert bist.«

Da war ich vier.

Wenn wir in Graceland waren, kochten viele Jahre lang Elvis' ehemalige Köchinnen für uns. Meine Mom ließ sie immer alles kochen, was sie liebte, alles, was sie als Kind mit ihrem Dad gegessen hatte: Brathähnchen und Catfish, Hushpuppies mit grünem Chili, Bananenpudding. Wenn wir dorthin kamen, hielt das Personal immer unsere Golfcarts bereit und nach dem Dinner gingen wir raus und verwüsteten den Rasen – fast nie fuhren wir auf den Wegen.

Das war Familientradition.

Einmal kam Billy Idol zu Besuch und meine Mom war vollkommen begeistert deswegen. Sie war ein für die 1980er-Jahre typischer Hair-Metal-Fan, also waren Billy Idol, Guns N' Roses und Pat Benatar ihre Teenager-Helden. Sie und Billy waren irgendwo auf dem Gelände unterwegs, aber plötzlich kam meine Mom atemlos ins Haus gestürmt.

»Ich habe gerade aus Versehen Billy Idol aus meinem Golfcart geschleudert«, sagte sie und lachte hysterisch.

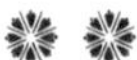

Da mein Dad den ganzen Tag schlief, wollte ich mich aus dem Staub machen. Zusammen mit zwei Freundinnen – es könnten Joe Espositos Töchter gewesen sein, aber auch meine Freundin Laura oder meine Cousine Deana. Ich wünschte, ich wüsste es noch.

Ich saß in einem niedlichen kleinen Outfit in meinem Golfcart, ganz vorne an der Kante des Sitzes, damit ich die Pedale erreichen konnte. Ich war im hinteren Teil von Graceland unterwegs und fuhr in Richtung der Trailer, in denen ein paar Familienmitglieder wohnten, als mich jemand anhielt.

»Er ist wach und will dich sehen.«

Verdammt, es ist erst zwei oder drei Uhr nachmittags, wieso ist er schon wach? Alles Mögliche, das ich je getan hatte, schoss mir durch den Kopf.

Was hat er entdeckt? Irgendjemand hat ihm etwas erzählt. Ich bringe denjenigen, der mich verraten hat, um.

»Wir stecken in großen Schwierigkeiten«, sagte ich zu meinen Freundinnen. »Ich weiß noch nicht, worum es geht, aber er will mich sofort sehen und das ist ein Problem.«

Ich fing an zu weinen, als ich zum Haus ging, und meine Freundinnen weinten gleich mit.

Wir gingen nach oben. Mein Vater saß auf seinem Bett an seinem üblichen Platz. Er saß immer an der gleichen Stelle, lehnte sich mit dem Rücken an eines der Kissen mit Armstützen und wippte mit dem Bein oder nickte mit dem Kopf. Er wiegte sich immer hin und her.

Er sagte, wir sollten uns setzen, und dann zog er wie aus dem Nichts drei kleine Schachteln hervor. Eine für mich, eine für meine eine Freundin und eine für meine andere Freundin.

Ich öffnete meine. Darin war ein wunderschöner Ring, besetzt mit einer Blume aus Diamanten. Wir alle drei bekamen einen Ring – die eine Freundin einen mit Smaragden, die andere einen mit Rubinen.

Das war so schön, aber ich fühlte mich sehr schuldbewusst. Mein schlechtes Gewissen war groß. Er hatte nur gewollt, dass wir mit ihm Zeit verbringen und reden.

Zwanzig Minuten bevor mein Dad in Las Vegas auf die Bühne gehen sollte, sagte meine Mom zu ihm: »Ich verlasse dich«, und er musste trotzdem raus und auftreten.

Ich war vier, als sie sich trennten. Aber ich blieb meinem Vater sehr nah. Ich wusste, wie sehr er mich vergötterte, wie sehr er mich liebte. Ich wusste, dass er wusste, dass ich es hasste, hasste, hasste, mich von ihm zu trennen. Ich hasste, hasste, hasste es, in das neue Haus meiner Mutter in Los Angeles zu ziehen. Ich verabscheute es. Er kaufte dort ebenfalls ein Haus, um näher bei mir zu sein.

Als ich in L.A. war, rief er rund um die Uhr an, um mit mir zu sprechen oder um bloß telefonisch eine Nachricht zu hinterlassen. Ich hatte zu der Zeit Klavierunterricht und er wollte mithören, also legte meine Mom den Hörer aufs Klavier, damit er mich spielen hören konnte.

Ich tat immer alles, was er wollte. Singen. Tanzen. Er wollte schon immer, dass ich singe. Ich fand es nicht so toll, aber ich wusste, dass es ihn glücklich machte, also habe ich gesungen. Er wollte, dass ich *Greensleeves* auf dem Klavier lerne, also habe ich das gemacht. Er hätte sagen können: »Hack dir beide Füße ab!«, und ich hätte es getan.

Nur um ihn glücklich zu machen.

Mein Dad und seine Mutter Gladys standen sich sehr nahe. Aber sie liebte ihn so sehr, dass sie sich aus Sorge um ihn zu Tode trank. Sie konnte es einfach nicht ertragen, dass er in der Armee und im Ausland stationiert war – er war in Deutschland –, und darum starb sie. Und zurück blieb mein Dad mit seinen Dämonen, selbstzerstörerischen Dämonen, und er lebte diese Gefühle aus.

Auch ich habe all das in mir, das betäubt werden will, und mache es verflucht genauso wie er.

Meine Urgroßmutter Minnie Mae wurde Dodger genannt, denn warf man ihr einen Football oder irgendetwas anderes zu, sprang sie zur Seite. Dodger war alt und saß immer in einem Schaukelstuhl vor dem Fernseher, mit einer Schnupftabakpfeife in der Hand. Sie kam vielleicht ein- oder zweimal am Tag aus ihrem Zimmer im Erdgeschoss heraus.

Mein Dad schenkte mir ein kleines Pferd, ein Pony. Ich glaube, nicht zu einem besonderen Anlass. Er hat mich darauf durch Graceland geführt, auch durchs Haus. Alle regten sich auf, machten einen Aufstand, und Dodger rief: »Was zum Teufel ist da los?«, und genau in dem Moment blieb das Pony stehen und beschloss, sich direkt vor Dodgers Zimmertür zu erleichtern. Es war ziemlich selten, dass sie aus ihrem Schaukelstuhl aufstand, aber sie war dazu imstande, und das machte sie ausgerechnet jetzt, um herauszufinden, was im Flur los war. Mein Dad geriet in Panik.

»Wir müssen raus hier, oh mein Gott!«, sagte er. »Und schnell saubermachen, bevor sie kommt!«

Was dann folgte, war eine irrsinnige Hektik, um die Pferdeäpfel und das Pony aus dem Haus zu schaffen. So schnell Dad konnte, führte er mich in einem Bogen zur Hintertür, und wir stahlen uns hinaus, bevor Dodger uns entdeckte.

Dodger hatte eine Tochter, Delta Mae Biggs, meine Tante Delta. Sie kümmerte sich um Dodger, aber auch Delta war Alkoholikerin und hatte Diabetes, also wusste man nie, was sie tat. Sie hatte ein schrecklich loses Mundwerk und war sehr lautstark bei allem. Sie hatte nicht viel Gutes zu sagen, aber sie war sehr, sehr lustig.

Tante Delta übernahm eine Weile die Verantwortung für mich, aber sie konnte mich nicht kontrollieren. So sehr sie sich bemühte, mir zu sagen, was ich durfte und was nicht, ich hörte nicht auf sie. Sie sagte dazu nur: »Yeah, du kleines Miststück«, und gab auf.

Tante Delta hat immer gesagt, dass meine Cousine Patsy meine Ersatzmutter war.

Eines Tages stritten sich meine Tante Delta und Patsy in der Küche und Delta zog ein Messer.

»Ich schneide dir die Eingeweide raus«, sagte sie.

Patsy konterte: »Na denn, *goddamn,* komm her und tu's doch«, aber Delta hatte das nicht wirklich vor. So redeten sie einfach miteinander.

Mein Vater hatte Delta seinen Zwergspitz Edmund geschenkt. Er war wie ihr Wachhund, wurde ihr Beschützer. Wenn man auch nur in die Nähe ihres Zimmers kam, fing der Hund an zu bellen, zu knurren, drehte durch. Man konnte hören, wie sie ihn hinter der Tür ausschimpfte und ihm befahl, still zu sein. Sie zog ihren Bademantel über und ging mehrmals am Tag mit ihm raus, wobei sie ihn sich unter den rechten Arm geklemmt hatte. Später, als die Führungen für Besucher kamen, lief sie immer noch im Bademantel mit Edmund durch das Haus, stieß mit den Gästen zusammen und rief: »Was glotzt ihr denn so, ihr *sons o' bitches*«, zeigte ihnen wüst den Mittelfinger und fluchte weiter, während sie den Hund nach draußen brachte. Einmal fragte ein Tourist: »Sind Sie nicht Tante Delta?«, und Delta antwortete: »Oh zur Hölle nein, die ist gestorben.«

Delta wusste, wie sehr ich Elton John liebte. Zu einem Weihnachtsfest schenkte sie mir ein paar seiner Platten. Mein Dad schaute zu, wie ich das Geschenk öffnete, sagte: »Wie nett«, und ging durch die Schwingtür vom Esszimmer in die Küche. Später fand ich heraus, dass er in der Küche zu Tante Delta sagte: »Warum hast du ihr diese Platten geschenkt? Wer zum Teufel ist der Mistkerl, den sie da hören will?«

»Sie mag ihn«, sagte Delta.

Kurz darauf, vor einer seiner Shows, traf mein Dad Elton hinter der Bühne. Er musste unbedingt denjenigen kennenlernen, dessen Platten ich hörte. Sehr viel später haben Elton und ich immer wieder darüber geschmunzelt.

Ein Jahr nach dem Weihnachtsfest, an meinem neunten Geburtstag, lernte ich Elton endlich kennen. Meine Mutter arrangierte, dass ich ihn zu Hause besuchen durfte. Er zeigte mir seine Klamotten, seinen Kleiderschrank, seine Stiefel. Er war sehr nett.

Wir haben Tee getrunken.

War eine Autoritätsperson in meiner Nähe, neigte ich dazu, mich instinktiv dagegen aufzulehnen und von diesem Menschen weg zu wollen. Mein Großvater Vernon war so eine Person. Er sagte immer, ich solle nicht so lange aufbleiben, ich solle nicht den ganzen Tag und die ganze Nacht Kekse essen. Ich meine, er hatte recht, aber das war mir egal. Ich mochte es nicht, wenn mir jemand sagte, was ich zu tun hatte.

Wenn ich in Memphis war, bin ich in Graceland gegen zwei Uhr mittags aufgewacht und habe alle zusammengetrommelt, damit wir spielen konnten. Ich hatte dort Freunde, die bei meinen Großeltern wohnten, oder Cousins und Cousinen, die auf dem hinteren Grundstück in Wohnwagen lebten. Ich verlangte Pommes frites oder Maisbrei zum Frühstück, holte mein Golfcart, und dann legten wir los mit dem Tag.

Es gab Zeiten, in denen ich drei Tage am Stück Pommes frites gegessen oder zehn Tage lang nicht gebadet habe.

Irgendwann wachte mein Vater auf, und dann kam der Anruf, dass ich nach oben gehen sollte, weil er mich sehen wollte. Diesen Anruf habe ich immer geliebt. Ich bin dann hoch zu ihm in sein Zimmer und habe mit ihm rumgehangen. Er verließ das Zimmer nicht sehr oft. Es waren so viele Leute da oben und es war so viel los, dass nie Langeweile aufkam. Ich saß einfach bei ihm, und er redete mit mir und fragte mich, was ich machte, während er auf einen seiner siebzehn Fernseher schaute oder Platten hörte. Manchmal kam er aber auch herunter und ging mit uns aus – er reservierte das ganze Kino in der Stadt und ging mit allen in einen James-Bond-Film oder in *Der rosarote Panther*.

Mein Dad mochte es, Spaß zu haben, und er liebte es, wenn alle anderen mit ihm zusammen Spaß hatten, und er liebte es zu lachen. So gesehen war er sehr gesellig: Er tat das nicht, um eine Entourage zu haben, die ihm folgte. Er war großzügig, weil er wollte, dass alle anderen den Spaß genossen.

Er war immer auf meiner Seite. Ich war mit einem der Mädchen aus der Nachbarschaft befreundet und verbrachte die Nacht bei ihr zu Hause. Als ich am nächsten Morgen das Haus verließ, erkannte mich ihre Nachbarin, eine ältere Frau, die im Bademantel den Rasen wässerte, und fing an, mich zu beschimpfen und über meinen Dad zu lästern: »Er denkt wohl, er sei der King von allem!« Ich hatte noch nie zuvor gehört, dass jemand so schlecht über ihn redete, und das machte mir echt was aus. Als ich nach Hause kam, erzählte ich meinem Vater, was passiert war, und er fragte: »Wo wohnt sie?« Ich sagte es ihm, und er meinte: »Lass uns gehen.« Wir fuhren zu dem Haus, und er stieg aus und ging auf die Frau zu, voll rausgeputzt in einem seiner Outfits. Ich sah, wie sie sich ein paar Minuten lang unterhielten, und am Ende bat sie ihn, eine Platte für sie zu signieren, und sie schossen ein Foto, auf dem beide lächelten.

Diese Art von Vater war er.

In Graceland war tagsüber echt viel los, da aber schlief mein Dad für gewöhnlich. Doch nachts war für ihn alles friedlich – die Leute ließen ihn in Ruhe. Abends, wenn die Vinyltüren offen standen, verbrachte ich Zeit mit ihm, aber irgendwann wurde ich müde und legte mich ins Bett. Niemand musste mir das sagen. Er wollte mit mir zusammen sein und mich um sich haben, also musste er mir nicht allzu oft sagen, dass ich ins Bett gehen soll.

Allerdings konnte das Zusammensein mit ihm eine zweischneidige Sache sein, denn wenn ich gerade irgendetwas teuflisch Gutes machte, wollte ich nicht damit aufhören.

Ich hatte eine Freundin – die Nichte seiner Freundin Ginger Alden –, die immer ein bisschen Unruhe stiftete. Sie war älter als ich, vielleicht elf, und sie hatte ein Motorrad. *Das ist Freiheit,* dachte ich, *ich will auch eins.*

Aber ich bekam den Eindruck, dass mein Dad mich nicht auf so etwas sehen wollte. Eines Tages, als er schlief, setzte mich Gingers Nichte hinten auf das Bike. Wir rasten über eine Grasfläche in Graceland, wo quer eine Wäscheleine gespannt war. Gingers Nichte sah sie nicht, fuhr hinein, die Leine erwischte sie am Hals und riss uns beide nach hinten. Das Motorrad fiel auf meine Wade und der Auspuff verbrannte heftig mein Bein.

An dem Abend versuchte ich, mich an seinem Zimmer vorbeizuschleichen, damit ich eine lange Hose statt der Shorts anziehen konnte, um die Brandwunde zu verbergen. Ich hatte es fast geschafft, ich war ein Bein davon entfernt, in Sicherheit zu sein, aber er erwischte mich. Er rief mich zu sich.

»Was ist das?«, fragte er.

Ich konnte ihn nicht anlügen.

»Eine Verbrennung. Das Bike ist mir auf das Bein gefallen …«

Mein Dad war ganz ruhig und gelassen, aber ich spürte, er war sehr wütend auf mich.

»Gib mir deine Hand«, sagte er und schlug darauf.

Ich dachte, mein Leben sei zu Ende. Ich hatte ihn verärgert, weil ich mich selbst verletzt hatte. Das war das Letzte, was er wollte. Das hatte nichts mit Kontrolle zu tun – er wollte nur nicht, dass ich mir bei dummen Sachen weh tat.

Wenig später ging ich zu Bett. Mitten in der Nacht wachte ich auf und sah ihn neben meinem Bett stehen. Er hielt ein Stofftier, einen Basset, und tat so, als würde der Hund singen, obwohl er es war, der *Can't Help Falling in Love* für mich sang.

Take my hand, take my whole life, too,
For I can't help, falling in love with you.

Als er mit dem Song fertig war, umarmte mich mein Dad und sagte, es täte ihm leid.

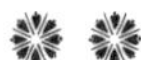

Im Obergeschoss von Graceland ist noch alles so, wie Elvis es hinterlassen hat - man spürt wirklich seine Gegenwart.

Manchmal schliefen wir alle in seinem Bett. Meine Mom liebte es, im Bett ihres Dads zu sein - dann fühlte sie sich ihm nahe, und auch wir spürten diese Nähe. Aber weil Elvis' Schlafzimmer nicht zur Besuchertour gehört und keine Gäste dort hinauf dürfen, saßen wir, wenn wir lange geschlafen und die Führungen bereits begonnen hatten, bis zum späten Nachmittag in seinem Zimmer fest. Wir ließen uns von Mitarbeitern Essen bringen - normalerweise von McDonald's - und hingen dort den ganzen Tag herum.

Gefangen in Elvis' Schlafzimmer.

Der Haartrockner meiner Großmutter stand da oben immer noch herum, also hockten wir uns darunter und taten so, als wären wir in einem Friseursalon. Auf einer Tafel an der Wand war ein Gedicht zu lesen, bei dem es mir immer das Herz brach. Es heißt *Why God Made Little Girls*:

God made the world with its towering trees
Majestic mountains and restless seas
Then paused, and said, »It needs one more thing,
Someone to laugh and dance and sing
To walk in the woods and gather flowers,
To commune with nature in the quiet hours.«
So God made little girls,
With laughing eyes and bouncing curls,
With joyful hearts and infectious smiles
Enchanting ways and feminine wiles

And when He'd completed the task He'd begun,
He was pleased and proud of the job He'd done
For the world when seen through a little girl's eyes
Greatly resembles Paradise.

Während wir darauf warteten, dass die Führungen zu Ende gingen, schaute meine Mom gern die Bücher ihres Dads an, um ihn besser zu verstehen. Er war eindeutig auf der Suche gewesen nach einem tieferen Verständnis der Welt – die meisten Bücher waren spirituell oder Selbsthilfe-Titel wie *Verstehe, wer du bist* oder *Die heilige Wissenschaft der Zahlen* oder *Wie man glücklich wird* und *Der Prophet* von Khalil Gibran und sogar *Sei jetzt hier* von Ram Dass – wahrhaft Menschliches. Es gab auch eine Menge Bibeln. Elvis unterstrich manche Sätze und schrieb zum Beispiel »AMEN!« an den Rand.

Wenn man die Unterstreichungen und die spirituelle Suche betrachtete, gewann man einen Eindruck von dem fundamentalen Gefühl der Gebrochenheit, das meine Mom mit ihm gemeinsam hatte. Er war auf der Suche nach etwas, um sich selbst in Ordnung zu bringen, auf der Suche nach einem tieferen Sinn, etwas, das sie damals in ihrem eigenen Leben suchte.

Also saßen wir häufig dort oben, und meine Mom ging Zeile für Zeile durch und las wirklich alles, was er unterstrichen hatte, zeigte es uns. Sie griff nach jedem Strohhalm. Dann klopfte die Security an die Tür, brachte uns Sausage Gravy und Biscuits und wir aßen.

In diesem Schlafzimmer kann man ihn immer noch spüren. Sein Spirit hat sich dort unauslöschlich eingeprägt.

Ich erinnerte mich vage an ein Gespräch, das wir in diesem Zimmer über eine Textpassage führten, die Elvis unterstrichen hatte. Ich wollte jemanden anrufen, der mir beim Erinnern helfen würde, aber dann wurde mir klar, dass es niemanden mehr gibt, den ich anrufen könnte.

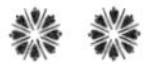

Sie waren immer vor dem Haus, die Fans, sie saßen auf der Mauer oder in den Bäumen beim Carport. Neben dem Anwesen gab es ein Wäldchen und eine Kirche. Ein paar waren wie Stalker und setzten sich irgendwo an der Seite auf die Mauer oder in einen Baum hinter der Grundstücksgrenze, und da saßen sie den ganzen Tag und die ganze Nacht nur so rum und beobachteten alles. Es gab bestimmte Beobachter, die scheinbar ein Monopol auf einen bestimmten Baum hatten – sie hockten schlicht da, um zuzugucken, wie mein Vater aus dem Haus kam und ins Auto stieg. Wir konnten nicht wirklich etwas tun, denn das Gelände nebenan gehörte der Kirche. Mir war es verboten, in das Waldstück zu gehen. Mein Dad hat es nicht erlaubt. Das kam überhaupt nicht infrage.

Ich durfte zwar nicht, aber ich bin mit meinem Golfcart ganz schnell und ganz nah an den Fans vorbeigefahren und habe ihnen Schimpfworte entgegengerufen. »*Fuck you! Fucker!*« Sie saßen einfach bloß da, lächelten und winkten.

Manchmal sprang ein Fan über den Zaun und dann gab es eine Art Fahndungsaufruf. Unsere Security suchte mich: »Geh ins Haus, sonst kann dich jemand umbringen!«

Sobald sie die Person festgenommen hatten, durfte ich wieder herauskommen. Vor dem Haupteingangstor waren immer sehr viele Leute, zu jeder Tageszeit, sogar mitten in der Nacht. Übrigens, das ist noch immer so.

Ich habe noch nie niemand vor den Toren von Graceland gesehen, noch nie.

Damals warteten sie darauf, einen Blick auf Dad zu erhaschen, der herein- oder herauskam, oder auf mich oder auf irgendwen – wer eben auch immer im Haus war.

Irgendwann hatte ich eine großartige Idee. Die Fans draußen wollten immer, dass ich ihre Kamera nehme und ein Foto von meinem Dad mache.

»Gebt mir zwanzig Dollar, und ich mache ein Foto von ihm«, sagte ich zu den Superfans am Zaun. Natürlich gaben sie mir die zwanzig Dollar, daraufhin ging ich ins Haus und machte ein Foto vom Boden. Ich gab die Kamera zurück und sagte: »Hier drauf ist ein Bild von der Tür und dem Boden.« Ich begann, das regelmäßig so zu machen.

Einmal habe ich die Kamera eines Fans mitgenommen, aber mir wurde langweilig und ich hatte keine Lust zu fotografieren, also habe ich sie einfach in die Büsche geworfen. Ich fühlte mich deshalb schrecklich, allerdings habe ich das mehrmals getan. Mein Onkel Vester, der für die Security am Eingangstor zuständig war, kam ins Arbeitszimmer und sagte: »Lisa hat schon wieder jemandem die Kamera weggenommen, sollen wir versuchen, sie zu finden?«

Jahre später kam jemand auf mich zu und sagte: »Du hast meine Kamera genommen, als ich am Eingangstor war, und bist nie wiedergekommen!« Ich antwortete: »Oh Gott, das tut mir sehr leid.«

Ich war *Eloise – Weihnachten im Plaza Hotel.*

Ich bin nicht stolz darauf.

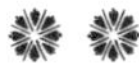

Zum Gedenken an Elvis' Tod fand alljährlich das *Candlelight Vigil*, eine Kerzenmahnwache, statt, an der Tausende von Menschen aus der ganzen Welt teilnahmen, und auch wir fuhren wie jedes Jahr nach Graceland.

In dem betreffenden Jahr muss ich ungefähr zwanzig gewesen sein, und ich bekam mit, wie ein älterer Fan, eine Frau, die eindeutig Elvis' Generation angehörte, meine Mom umarmte. Diese Frau war jedes Jahr da, also kannte ich sie schon, doch diesmal schaute ich genau hin. Ich wurde mir Moms Körpersprache auf eine andere

Art bewusst, ich schätze, weil ich mittlerweile etwas älter war. Und wie sich meine Mutter in die Arme dieser Frau ergab, brach mir das Herz. In dem Moment wurde mir klar, dass Mom nach Eltern suchte.

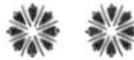

Graceland bedeutete immer Chaos. Meinem Dad war langweilig, nur über das Anwesen zu fahren, also sagte er manchmal zu mir: »Steig in den Golfcart«, und mit acht, neun, zehn Carts hinter uns führte er den Konvoi an, vom Eingangstor auf den Elvis Presley Boulevard und weiter die Straße hinunter. Die Leute unterwegs riefen und schrien uns aus ihren Autos entgegen.

Dad bekam ein neues Motorrad mit einem kleinen Seitenwagen rechts, und er war ganz begeistert davon. Er zeigte auf den Seitenwagen, sah mich an und sagte: »Steig ein.« Wir flogen durch das Eingangstor, durch die Wohnviertel hinter Graceland und dann zurück nach Hause.

Er war ein sicherer Fahrer, aber ich hatte Angst.

Zu seinen Konzerten zu gehen, war mir das Liebste der Welt.

Ich war so stolz auf ihn. Er nahm mich an der Hand und führte mich auf die Bühne, dann wurde er zu seinem Platz auf der Bühne geleitet und ich von jemandem dorthin gebracht, wo ich im Publikum sitzen sollte. Normalerweise neben Vernon.

Das Elektrisierende dieser Shows. Nichts, was ich je gefühlt habe, kommt dem auch nur nahe, nicht einmal annähernd. *Elektrisierend* ist ein so abgedroschener Begriff, aber so hat es sich wirklich angefühlt. Ich liebte es, bei seinen Auftritten zuzusehen. Bestimmte Songs mochte ich besonders – *Hurt, How Great Thou Art*. Ich habe ihn immer gebeten, diese Songs für mich zu singen, und er hat immer Ja gesagt.

Es gefiel mir aber nicht, wenn man mich ins Rampenlicht

rückte oder mich bat, vor allen Leuten aufzustehen. Während seines Engagements in Las Vegas stellte er einmal Vernon vor, schaute dann zu mir, und ich weiß noch, dass ich dachte: *Oh Gott, oh Gott, bitte nicht.* »Lisa, steh bitte auf!« Das hieß nicht, dass ich nicht stolz auf ihn war oder ihn nicht geliebt hätte. Ich mochte einfach das Rampenlicht auf ihm, liebte es auf ihm. Mir war das nicht einfach so von Natur aus gegeben. Im Gegenteil, ich verabscheute es absolut.

Aber in anderer, weniger öffentlicher Form hat es mir gefallen, mich mit ihm in seinem Ruhm zu sonnen.

In Los Angeles ging ich in die John Thomas Dye School, in den Hügeln von Bel Air. Ich fahre immer noch manchmal dort vorbei, um mich an den Tag zu erinnern, an dem mein Vater zu einem Elterngespräch kam. Ich wusste, er wollte kommen, und ich konnte es kaum erwarten. Auch die Nervosität und Aufregung der Lehrer war zu spüren. Meine kleinen Schulfreundinnen waren so aufgeregt, dass ich noch aufgeregter wurde – alle rannten wie aufgescheucht herum.

Dann tauchte mein Dad auf. Er stieg aus dem Auto aus und trug ein grundsolides Outfit – eine schwarze Hose und eine Art weites Hemd –, aber er trug auch einen großen, stattlichen Gürtel mit Schnallen und Edelsteinen und Ketten sowie eine Sonnenbrille. Er rauchte Zigarre. Ich begrüßte ihn am Auto, ging mit ihm auf die Schule zu, und ich erinnere mich noch genau an das Gefühl, neben ihm zu gehen und seine Hand zu halten.

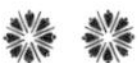

Manchmal, wenn ich mir Videos von Elvis-Auftritten anschaue, denke ich, hätte er nicht genau das getan, was er genau zu diesem Zeitpunkt getan hat – wenn er nicht in das richtige Gebäude gegangen wäre, nicht den richtigen Song aufgenommen hätte, nicht so getanzt hätte, wie er es vor der richtigen Person tat –, hätte es keinen Elvis Presley gegeben. Wahrscheinlich hätte er irgendwo in Mississippi gelebt.

In *dieser* Version meines Lebens hätte ich nicht mal einen Highschoolabschluss, darum kann ich mir nicht einmal vorstellen, wo ich in diesem Leben heute stehen würde. Mein Urgroßvater war Lastwagenfahrer, vielleicht hätten wir diese Tradition fortgeführt. Vielleicht hätten wir in Tupelo Möbel hergestellt.

Mit Sicherheit wäre meine Mom im Gefängnis gelandet.

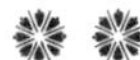

Wenn ich bei meiner Mutter in Kalifornien war, hatte ich eine Nanny namens Yuki Koshimata. Yuki war Japanerin, die sich wirklich sehr gut um mich kümmerte. Sie war immer für mich da und schrieb mir sogar noch bis zu ihrem Todestag. Jedes Jahr zu Weihnachten und zu jedem Geburtstag bekam ich eine Karte von ihr, auch nachdem ich schon geheiratet und Kinder bekommen hatte.

Jedes Mal, wenn wir Yuki am Wochenende oder wenn sie frei hatte, bei ihr absetzten, schrie ich. Ich erinnere mich, dass ich im Auto saß, als meine Mutter von Yukis Haus wegfuhr, und ich schrie mir die Lunge aus dem Leib, weil sie aus dem Blickfeld verschwand.

Ich habe sehr an ihr gehangen.

Graceland zu verlassen und vom Memphis International Airport zurück nach Los Angeles zu fliegen, war für mich jedes Mal ein echtes emotionales Trauma. Sobald ich aber in Memphis aus dem Auto stieg, verwandelte ich mich vollständig. Ich wollte nie wieder weg. Ich liebte alles daran. Ich liebte das Wetter, ich liebte die Gewitter, ich liebte die Kälte, das Gezwitscher der Vögel, die Glühwürmchen. Ich liebte die Menschen, ich liebte die Gerüche.

Einer meiner liebsten Erinnerungsschnappschüsse – ich war vielleicht sieben oder acht Jahre alt – ist, wie ich in Memphis aus dem Flugzeug steige, nach unten schaue und Schnee sehe.

Und dann gab es die Zeiten, da war ich in Los Angeles in der Schule und sah ein schwarzes Auto vorfahren, und dann kam jemand ins Klassenzimmer, um mich abzuholen, und zwar, um Dad zu besuchen. Sie setzten mich in ein Flugzeug und dann flog ich dorthin, wo auch immer er gerade war. Gewöhnlich passierte das aus einer Laune heraus – er sagte zu jemandem: »Hol sie«, und dann wurde ich dahin gebracht, wo er war.

Ich wartete darauf, dass dieses Auto auftauchte – es war immer ein schwarzer Wagen, normalerweise ein Mercedes oder eine andere Limousine. Sobald dieses Auto kam, hatte ich das Gefühl, dass mein Leben das beste Leben überhaupt war.

Manchmal flog er mit mir zurück. Und er landete das verfluchte Flugzeug auch noch selbst. Gegen Ende des Fluges setzte er sich auf den Co-Pilotensitz, was alle nervös machte, und verkündete: »Ladies and Gentlemen, bitte schnallen Sie sich an, Elvis wird das Flugzeug landen.«

Ich dachte: *Äh, kann ich bitte hier raus?*, und ich schnallte mich so fest an, wie es nur ging, und dann weiß ich noch, wie alle applaudierten, als wir landeten, weil wir es überlebt hatten.

Wir waren am Leben.

Ich sollte zurück nach L.A., weil die Schule losging.

»Bitte, frag Mommy, ob sie mich bleiben lässt«, flehte ich meinen Dad an.

»Ich rufe sie an und frage«, sagte er und bat mich, in meinem Zimmer zu warten. Ich erinnere mich, dass ich vor seiner Tür auf und ab ging, auf dem Teppichboden mit den langen Zotteln. Irgendwann kam er heraus und umarmte mich. Ich hörte ihn keuchend atmen. Er weinte.

»Du kannst nicht bleiben«, sagte er, »sie will, dass du nach Hause kommst.«

Mein Dad sprach nie schlecht über meine Mom. Er wollte nicht, dass ich negativ über sie dachte. Im Nachhinein betrachtet, haben sie das wirklich fantastisch hingekriegt, eine geschlossene Front und eine echte Freundschaft aufrechterhalten zu haben. Zwischen ihnen herrschte trotz allem viel Liebe, und für mich zeigten sie sich verbunden. Damit hatte ich großes Glück.

Dad wollte sie also nicht schlecht dastehen lassen, aber er war sehr, sehr traurig. Er riss sich zusammen und sagte: »Weißt du, deine Momma hat recht. Du musst zurück, weil die Schule losgeht und sie dich darauf vorbereiten muss. Ich will nicht, dass du fortgehst, das weißt du, aber deine Momma hat recht, so ist es das Richtige.«

Dieses keuchende Geräusch habe ich nie vergessen, er weinte und versuchte, es mich nicht merken zu lassen. Es zeigte, wie sehr er mich liebte.

Aber ich war nicht gerade verrückt nach meinem Lebensplan. In der Schule bekam ich mal ein Buch über Japan in die Hände – alles war dort so schön, die Architektur, die Teiche, und ich weiß noch, dass ich mir wünschte, dort leben zu können. Nicht, dass ich undankbar war, aber ich war einsam in L.A. Ich war nicht allein, aber ich war sehr einsam. Ich hatte nicht viele Freunde. Also starrte ich auf das Buch und wollte am liebsten irgendwie in diesen Bildern leben. So weit weg. Eine andere Welt, ein anderer Ort, eine andere Zeit.

Das Einzige, was mich rettete, war die Musik. Ich hatte einen kleinen 45er-Plattenspieler, und Musik war das, was mich träumen ließ. Ich spielte Neil Diamond, später Linda Ronstadt, und meinen Dad. Ich saß mitten in meinem Zimmer auf dem Fußboden mit dem Plattenspieler vor mir.

Das Gerät und mein Snoopy-Stofftier waren meine imaginären Freunde. Snoopy bedeutete mir alles. Ich liebte ihn so sehr, dass seine Nase abfiel, und ich nähte sie wieder an. Ich hatte ganze Outfits für ihn, für jeden Tag etwas anderes. Er begleitete mich überallhin. Er war mein bester Freund. Ich nahm ihn mit in die Schule, weil ich vor der Schule Angst hatte, und ich musste ihn dann in meinem Spind lassen, was mir überhaupt nicht gefiel.

Aber es fiel mir leichter, in der Schule zu sein, wenn ich wusste, dass er auch dort war.

Das intensive Wesen meines Dads konnte man immer spüren.

Solange diese Intensität positiv war, war sie unglaublich; war sie negativ, musste man verdammt aufpassen. Abstand halten. Er besaß diese Anziehungskraft. Um was auch immer es ging, immer tausend Prozent. Und wenn er wütend war, rannten alle weg, duckten sich und gingen in Deckung.

Einmal, ich glaube während einer seiner Tourneen, waren wir in Tahoe. Für ihn und seine Entourage war immer das gesamte oberste Stockwerk des Hotels gebucht, in dem er abstieg. An dem betreffenden Abend war er nach dem Auftritt zurück in seinem Zimmer und sehr, sehr wütend, fluchte und brüllte herum. Jemand meinte zu mir, ich sollte mich in der Suite hinter einen Stuhl stellen und nicht rühren. Alle versuchten, sich hinter irgendetwas zu verstecken, um ihm verdammt noch mal nicht in die Quere zu kommen. Also versteckte auch ich mich und sah zu, wie er haufenweise irgendwelche Sachen nahm und sie vom Balkon warf. Es war, als hätte er seine Flughöhe erreicht, und er flog so lange, bis er die Nase voll davon hatte, Sachen von diesem Balkon zu werfen.

Schließlich beruhigte er sich, und irgendjemand sagte zu mir: »Ist okay, du kannst jetzt wieder rauskommen, er will dich sehen.«

Ich dachte: *Er will mich sehen?*

Ich fragte: »Warum war er so wütend?«

»Tja«, antwortete jemand, »es war kein Wasser mehr für ihn da.«

Also schnappte ich mir vier Flaschen Wasser und ging in sein Zimmer.

»Irgendwer meinte, du hast kein Wasser mehr«, sagte ich, und er winkte mich zu sich, damit ich ihn umarmte.

Er war ein respektvoller Mensch, trotz allem – er war nicht unhöflich zu den Leuten, er war kein zorniger Mensch, das war nicht sein Ding. Manche leben voll und ganz von der Zerstörung, andere kaufen sich ein paar Immobilien und laufen eine Weile wütend herum. Mein Dad machte nur kurze Abstecher.

Manchmal ging mein Dad mit mir in einen Vergnügungspark in Memphis, der Libertyland hieß und der dann nur für mich und die ganze Entourage und deren Familien und Freundeskreise geöffnet war. Dad und ich fuhren Achterbahn. Ich liebte das.

Einer dieser zornigen Abstecher meines Dads fand statt, als wir nach Libertyland wollten. Ich hatte alle meine Freundinnen dazu eingeladen, aber als ich am Abend davor nach oben ging, hörte ich den falschen Tonfall – diesen baritonalen Klang, die falsche Intensität. Ich ging in mein Zimmer und hörte dann laute, krachende Geräusche. Er brüllte jemanden wie verrückt an. Ich hörte, wie er sagte, dass wir am nächsten Tag nicht nach Libertyland fahren würden. Ich war am Boden zerstört.

Später erfuhr ich, dass ihm wieder irgendetwas ausgegangen war und er diese Sache brauchte, bevor wir losfahren konnten – entweder war es so, oder man wollte ihm irgendetwas Bestimmtes nicht geben. Also ging er an die Decke und rief etwa zehn verschiedene Ärzte und Krankenschwestern an, bis er jemanden fand, der ihm aus der Klemme half. Sobald ihm die Krankenschwester oder der Arzt verabreicht hatten, was auch immer er brauchte, ging es ihm gut. Und wir fuhren nach Libertyland.

Ich erinnere mich, dass ich an diesem Tag neben ihm in der Achterbahn saß – die Zippin Pippin –, ein Auge nach vorne gerichtet und das andere auf seine Pistole im Holster auf meiner Seite. Ja, das klingt schrecklich, wenn man ihn nicht kannte oder wusste, wie er war. Man könnte meinen, er sei verrückt gewesen, weil er eine Waffe trug, während er neben seiner Tochter saß, aber er stammte eben aus den Südstaaten. Es war einfach echt lustig.

So sind wir also Achterbahn gefahren und gefahren.

Das war ungefähr eine Woche, bevor er starb.

ZWEI

ER IST VON UNS GEGANGEN

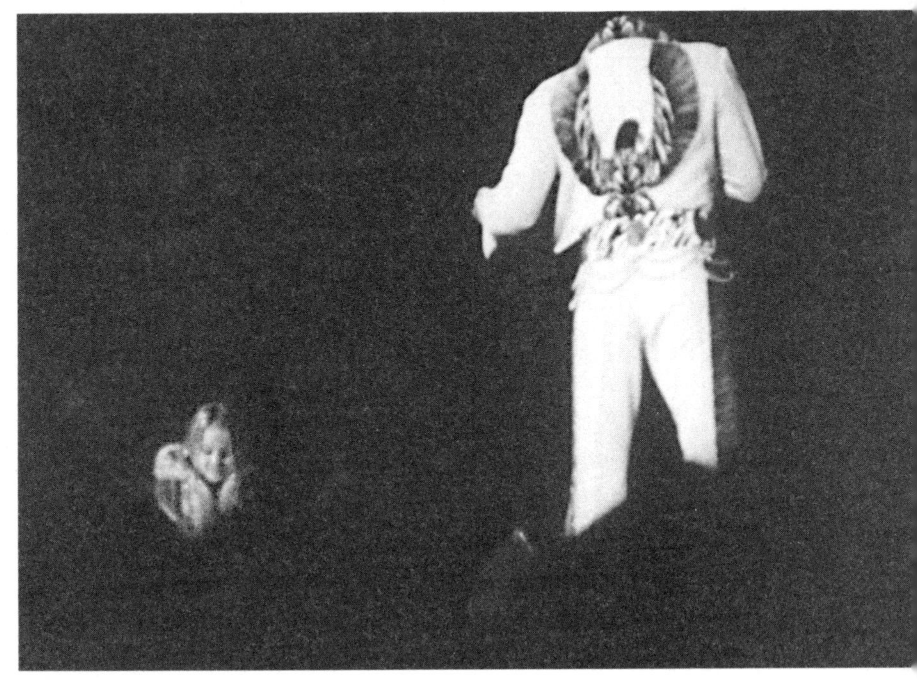

Ich hatte immer Angst davor, mein Dad würde sterben.

Manchmal sah ich ihn, und er war nicht mehr bei sich. Manchmal traf ich ihn bewusstlos an.

Ich schrieb ein Gedicht mit der Zeile »Ich hoffe, mein Daddy stirbt nicht«.

Er ließ sich einen Fernseher und einen Sessel in mein Zimmer stellen, dann kam er oft, machte es sich in dem Sessel gemütlich und rauchte seine Zigarren. Es konnte passieren, dass ich irgendwann aufwachte und ihn dort sitzen sah. Einmal war ich gerade mit einer Freundin in meinem Zimmer, und als er an die Tür kam, fiel er schon fast. Ich sah, dass er sich zu weit nach rechts bewegte, anfing zu kippen, und ich schrie: »Fang ihn auf!« Meine Freundin und ich schafften es, ihn zu stützen und aufrecht zu halten, bis er sich an irgendwas festhalten und wieder zu sich kommen konnte. Dann verschwand er einfach in seinem Zimmer.

Das passierte ein paarmal – er schien froh, mich zu sehen, und geriet dabei ins Schwanken.

Gegen Ende passierte es oft.

Ich saß in meinem Zimmer neben ihm vor dem Fernseher und sagte: »Daddy, bitte geh nirgendwo hin. Bitte stirb nicht.«

Er sagte: »Ich gehe nirgendwo hin.«

Und er lächelte mich an.

Ich wusste, dass irgendetwas Tragisches drohte. Es gab mir das Gefühl, eine Beschützerin sein und auf ihn aufpassen zu müssen.

Einmal ging ich an seinem Schlafzimmer vorbei, und er lag flach auf dem Rücken. Da sah ich, wie aufgebläht sein Bauch war, und es machte mir Angst.

Einige Tage später war ich mit Freundinnen in meinem Zimmer. Wir saßen auf meinem Hamburger-Bett und sahen uns diesen traurigen Film *Freunde bis in den Tod* an. Irgendwann, ungefähr in der Mitte, machte ich mir plötzlich schlimme Sorgen um meinen Dad und lief in sein Badezimmer. Dort fand ich ihn, mit dem Gesicht nach unten liegend. Er hatte anscheinend nach dem Handtuchhalter gegriffen, doch der war abgebrochen und er gestürzt. Ich rannte nach unten und holte Delta. Sie rief Hilfe und zusammen bekamen sie ihn hoch, flößten ihm Kaffee ein und brachten ihn zum Stehen. Ich sah zu, während sie ihn durchs Zimmer führten. Er klammerte sich an sie. Irgendwann hing sein Kopf schlaff nach unten, doch als er mich auf dem Sessel sitzen sah, trafen sich unsere Blicke und sein ganzes Gesicht begann sich aufzuhellen. Er versuchte, sich von den anderen loszumachen und zu mir zu kommen. Doch ich konnte sehen, wie ihm schlecht wurde.

»Nein, er muss sich übergeben.«

Also brachten sie ihn zurück ins Badezimmer und natürlich übergab er sich.

Ich sagte nichts und erzählte niemand irgendwas, sondern verinnerlichte nur alles.

In einem Winter in Graceland wollte mein Dad, dass ich mit ihm auf einen Motorschlitten stieg, aber ich hatte Angst. Er war unbezähmbar – ein unberechenbarer, wilder Kerl. Aber ich stieg natürlich trotzdem auf den Schlitten, weil er mein Dad war. Er fuhr an der steilsten Stelle der Einfahrt los. Dann verlor er die Kontrolle, wir kamen ins Rutschen und flogen über die Bordsteinkante. Irgendwie schafften wir es beide, uns auf dem Ding zu halten, und landeten lachend auf dem Rasen.

Es gab noch ein anderes Mal, als er und einige seiner Jungs auf Schlitten in Bauchlage da runterfuhren, während die Ehefrauen und Kinder rundherum standen und zusahen. Ich befand mich ganz oben auf dem Hügel und sorgte mich zu Tode, weil es keine Möglichkeit gab, diese Schlitten anzuhalten. Keine Bremsen, keine Stricke, an denen man hätte ziehen können. Ich erinnere mich nur noch, gedacht zu haben: *Daddy, was machst du da?*

Ich sah meinen Dad bäuchlings losfahren, und wie mit dem Motorschlitten flog er über die Bordsteinkante. Nur überschlug er sich dann dreimal und blieb völlig regungslos liegen. Alle gerieten in Aufregung, rannten zu ihm hin und fürchteten, er wäre tot. Als sie fast bei ihm waren, alle außer sich, drehte er sich blitzschnell auf den Rücken und ließ ein lautes, unglaublich tiefes Lachen aus dem Bauch hören. Er fand das einfach urkomisch.

Damals war ich ständig mit einer Horde von Cousinen und Freundinnen unterwegs. Mein Großvater hatte eine Freundin, Sandy Miller, die in einem Haus jenseits der Wiese mit ihm zusammenlebte. Sie hatte drei Kinder, zwei Jungen und ein Mädchen. Das Mädchen, Laura, war in meinem Alter und eine meiner besten Freundinnen. Die Tochter meiner Cousine Patsy, Deana Gambill, gehörte auch zu meinem engsten Kreis. Ich beschützte und mochte sie sehr. Laura und ich stritten dagegen wie verrückt. Ich terrorisierte sie und versuchte, sie dazu zu bringen, dass sie meine Schminke aß. Einmal stritten wir in meinem Zimmer, weil ich ihren Barbie-Koffer wollte und sie nicht bereit war, ihn herzugeben.

»Gib mir den gottverdammten Barbie-Koffer«, sagte ich.

»Nein!«

»Aber ich kann keinen kriegen, es gibt ihn nirgends, also gibst du ihn mir besser«, sagte ich. In meinem Zimmer gab es eine kleine Statue, die ich nun über meinen Kopf hob. Da fing Laura an zu schreien: »Neeeeein!« Als Nächstes schoss ihr Blick zu meiner rechten Seite, und als ich hinsah, stand dort mein Dad. Schnell stellte ich die Statue zurück und tat so, als würden wir nur spielen.

»Was machst du da?«, fragte er.

»Nichts, nur spielen«, sagte ich.

»Bring deine beste Freundin nicht um«, sagte er. Weise Worte.

Mit acht oder neun war ich total verknallt in Rory, einen von Lauras Brüdern. Jahrelang liebte ich diesen Jungen schmerzlich von ganzem Herzen. Rory war einen Meter achtzig, hatte dunkles Haar und sah wirklich süß aus. Er besaß einen tollen Charakter und diese grünen Augen, dazu ein umwerfendes Lächeln. Ich konnte mich nicht mal bewegen, wenn er ins Zimmer kam. Er versprach, mir Briefe zu schreiben, und ich wartete und wartete. Laura bat ich, ihn zu fragen, ob er mich möge. Alles, was er sagte oder tat, nahm ich immens wichtig. Ich dachte, die Sache beruhte auf Gegenseitigkeit, weil Rory mich vielleicht ein-, zweimal küsste, als wir im Dunkeln, im Billardzimmer im Untergeschoss, Verstecken spielten. Ich wollte danach immer wieder Verstecken spielen, um zu sehen, ob er es wieder tun würde.

Letztlich hatte er all diese wirklich wunderhübschen Freundinnen, und ich war immer so eifersüchtig – mein Gott, ich hielt es kaum aus. Es brach mir das Herz.

Mit ungefähr sechs oder sieben verbrachte ich den Sommer in Graceland, bis mein Dad auf Tour ging. Da kam mich die Mutter meiner Mom abholen. Wir flogen zusammen nach New Jersey, um mit ihr und meinem Großvater die anderen fünf Geschwister meiner Mom in Mount Holly zu treffen.

Zu meiner Großmutter hatte ich nie eine echte Verbindung. Einmal saß ich in der Badewanne und sie beugte sich vor, um mich abzuduschen. Da fiel mein Blick in ihr Dekolleté und auf dieses riesige dunkle Muttermal an ihrer Brust. Kaum sah ich es, schrie ich Zeter und Mordio. »Heb mich bloß nicht raus mit diesem Ding, was du da hast!«

Ich hatte den Sommer bei meinem Vater verbracht, wo keine Regeln gegolten hatten. Also musste mir die Verwöhntheit wieder ausgetrieben werden, wogegen ich mich mit allen Mitteln wehrte. Die Eltern meiner Mom waren davon überzeugt, dass ich nichts Besonderes war, keine besondere Behandlung verdiente und einfach so war wie der Rest ihrer Familie. Diese Umstellung brachte mich dermaßen durcheinander, dass ich oft schrie, was das Zeug hielt. Ich weiß noch, dass ich einmal eine gute Stunde lang so laut schrie, dass die jüngeren Brüder meiner Mom mich alle auslachten.

Meine Mom hatte die kühle Art meiner Großmutter, die diese wiederum von ihrer Mutter, also meiner Urgroßmutter, hatte.

Einmal besaß ich eine kleine, hübsch verzierte Dose mit parfümiertem Puder, die ich liebte. Eines Tages konnte ich sie nicht finden und war untröstlich, weinte, und alle halfen mir, sie zu suchen. Ich erinnere mich, dann im Auto gesessen und in die Handtasche meiner Großmutter geblickt zu haben. Da lag sie drin. Ich sagte: »Was ist das?« Sie meinte: »Du hast gar nichts gesehen, da ist nichts.« Und dann zog sie ihre Tasche weg.

Ich dachte: *Oh mein Gott! Die Hexe hat sie mir gestohlen!*

Klar benahm ich mich manchmal wie eine Prinzessin. Aber das ist seltsam, denn ich steckte – stecke – voller Selbstzweifel. Jedenfalls fand ich das alles sehr verwirrend.

Wenn ich so zurückblicke, war ich mir eigentlich nur einer Sache wirklich sicher: dass mich mein Dad liebte.

Die Party zu meinem neunten Geburtstag feierten wir in der *Lisa Marie*, dem Flugzeug meines Dads. Er hielt sich hinten in seinem Schlafzimmer auf, kam dann aber dazu, als alle sich aufstellten, um *Happy Birthday* zu singen. Charlie Hodge, der quasi sein Sidekick auf der Bühne war, kam zu mir, leerte seine Taschen auf einen Tisch aus und sagte: »Nimm dir, was du willst.« Er hatte kein Geschenk, also schnappte ich mir eben das Geld.

Damals war mein Dad mit Ginger Alden zusammen. Er hatte einen Haufen verschiedener Freundinnen, und ich mochte die meisten von ihnen. Da gab es Sheila Caan und Linda Thompson, die ich liebte. Ich merkte, dass ihnen wirklich etwas an mir und meinem Dad lag. Als die beiden Schluss machten, sagte er mir nichts davon, und so rannte ich los, um seine Freundin zu umarmen, und dachte, es wäre Linda. Doch es stellte sich raus, dass es Ginger war. Gegen die hatte ich nichts, aber ich mochte sie nicht. Niemand tat das.

Zu mir war sie immer sehr lieb – ein ziemlich durchsichtiges Manöver, wenn man nicht ganz blöd war. Aber mir gefiel nicht, wie sie ihn immer aufregte. Ich belauschte nämlich ihre Telefonate. Dad hatte so ein altmodisches Telefon, bei dem die Leitung aufleuchtete und man dann von einem anderen Apparat aus mithören konnte. Diese Gespräche machten mich total verrückt. Sie war nicht für ihn da. Ich konnte erkennen, dass sie ihn überhaupt nicht liebte. Einmal geriet er in Streit mit ihr, und ich erinnere mich noch an das Geräusch seines Lieblingsautos, eines Stutz, als er mit quietschenden Reifen davonfuhr. Weil ich wusste, dass sie gestritten hatten, machte ich mir Sorgen, als er in hohem Tempo durch das Tor brauste.

Und ich weiß noch, dass er mich zu fragen pflegte: »Hast du Ginger gesehen? Ist sie hier irgendwo? Wo ist sie?«

»Ich weiß nicht, wo sie ist«, sagte ich.

Sie machte ihn verrückt und spielte ihm übel mit. In einem Moment schien sie für ihn da zu sein, im nächsten einfach verschwunden. Eines Tages begleitete ich sie zu einem Besuch bei ihrer Familie. Ihm sagte ich nichts davon, aber anderen Leuten. Und weil sie mich ja mitnehmen wollte, dachte ich, es wäre okay. Als ich zurückkam, war er sauer, was mich fertigmachte.

Diese ganze Beziehung war so chaotisch.

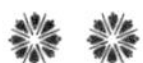

Meine Mom lernte aus diesen Erfahrungen, ihre Kinder über ihre Partner zu stellen.

Jedes Mal, wenn sie einen neuen Partner hatte, holte sie uns in die Küche und sagte: »Kinder, das ist (Namen einsetzen).« Dann lächelte sie und beobachtete einen unbehaglichen Austausch. Aber immer wollte sie unsere Meinung über den neuen Freund hören – sie traute unserem Bauchgefühl.

Später pflegte sie zu fragen: »Was denkt ihr? Mochtet ihr ihn?« Wenn wir Nein sagten, bekam er den Laufpass. Falls er irgendwas Falsches zu uns sagte, wies sie ihn zurecht.

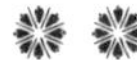

Später in dem Jahr, am Ende eines weiteren fantastischen Sommers in Graceland, machte mein Dad sich wieder für eine Konzerttour bereit. Neben der Haustür standen all die großen Tourkoffer, fertig zum Einladen. Er sollte am nächsten Tag aufbrechen und ich musste zurück nach Kalifornien, weil die Schule wieder anfing.

Das deprimierte mich wirklich, denn ich wollte nicht weg.

Mein Dad hatte eine riesige Racquetball-Halle bauen lassen. Meine Freunde und ich hatten uns dort die Zeit vertrieben und bis spät in die Nacht gespielt. Richtig spät, deutlich nach Mitternacht. Ich kam gerade durch die Hintertür rein, als mein Dad rausging, und stieß mit ihm zusammen.

Er sagte: »Geh schlafen«, und ich sagte: »Okay.« Dann umarmte ich ihn, gab ihm einen Kuss, und wir sagten beide: »*I love you.*« Anschließend ging ich nach oben und legte mich schlafen.

Am frühen Nachmittag wachte ich schlagartig auf und verspürte Panik. Ich dachte: *Irgendwas stimmt nicht.* Es fühlte sich an wie eine andere Form von Energie.

Es war nichts Ungewöhnliches, dass ich von irgendwelchem Trubel geweckt wurde. Eines Nachts war ich von Rumpeln, Hämmern, Singen und sonstigen Geräuschen wach geworden. Mein Dad hatte sich gewünscht, dass seine Orgel nach oben gebracht würde. Damit er in seinem Schlafzimmer spielen und Gospel singen konnte. Doch das Instrument passte nicht durch die Türen, also mussten irgendwelche baulichen Maßnahmen durchgeführt werden, um es reinzubekommen.

Ich traf auf Joe Esposito und sagte: »Was ist mit meinem Dad, wo ist er?«

»Dein Daddy ist krank«, sagte Joe.

»Was bedeutet das?«, sagte ich und lief schon in Richtung seines Badezimmers. Das war so riesengroß, dass es ein Waschbecken nur für seine Haare gab. Die Dusche war auch gigantisch, begehbar und mit Wasser von allen Seiten. Es gab auch noch eine riesige Nische mit einem Bett darin, falls jemand ein Nickerchen machen wollte, denke ich. Es gab zwei Eingänge, einer führte in mein Zimmer.

Ich rannte also ins Badezimmer, und da war er. Kaum hatte ich meinen Dad am Boden ausgemacht, versuchte ich, zu ihm zu laufen, doch jemand packte mich und zog mich zurück. Sie standen über ihm, bewegten ihn und versuchten, etwas mit ihm zu machen. Ich schrie Zeter und Mordio.

Mir war klar, dass es nicht gut um ihn stand. Dann wurde ich aus dem Zimmer gebracht.

So viele Male hatte ich ihn am Boden vorgefunden oder unfähig, seinen Körper richtig zu kontrollieren. Das lag an den Barbituraten.

Sie hielten mich fest und führten mich nach unten. Eine Trage wurde nach oben gebracht. Ich befand mich im Wohnzimmer. Die Haustür stand weit offen. Die Trage wurde die Treppe runter und direkt an mir vorbei transportiert. Sein Gesicht sah ich nicht, aber seinen Kopf, seinen Körper, seinen Pyjama, und ich sah seine Socken am Fuß der Trage.

Ich riss mich los aus dem Griff von wem auch immer, der mich festhielt, und rannte zu ihm.

Doch irgendwer riss mich zurück. Sie mussten weiter an ihm arbeiten.

Das Ganze passierte blitzschnell.

Er war noch nicht für tot erklärt worden. Sie brachten ihn raus, und ich fing an zu schreien, dass ich zu ihm wolle, dass ich ihn brauche. Und ich fing an zu treten und zu schlagen, wer auch immer mich festhielt. Ich versuchte, mich loszureißen, aber sie ließen es nicht zu.

Dann wurde die Haustür zugemacht.

Fairerweise muss ich sagen, wenn ich es geschafft hätte, zu ihm zu gelangen, dann hätte ich sein verzerrtes Gesicht gesehen, und das hätte mich noch mehr traumatisiert.

Dann mussten wir warten. Immer und immer wieder sagte ich: »Wird er wieder gesund, wird er wieder gesund, wird er wieder gesund?«

Irgendwer antwortete: »Wir warten darauf, dass das Krankenhaus anruft und uns genau das sagt.«

Ich schnappte mir meine Freundin Amber – sie war Gingers Nichte – und wir liefen hinauf in mein Zimmer. Ich zündete mir eine Zigarette an, während wir warteten, und sprühte Glasreiniger in die Luft, damit es keiner riechen würde.

Ich erinnere mich noch daran, dass Ginger irgendwie Zeit genug gehabt hatte, um ihre Haare und ihr Make-up zu machen. Sie war piekfein angezogen.

Ungefähr eine Stunde war vergangen, als ich meinen Großvater heulen hörte. Heulen. Dieses Geräusch. Über das Geräusch, als er heulte, werde ich nie hinwegkommen. Ich konnte nicht verstehen, was er sagte, also ging ich nach unten.

Als ich näher kam, hörte ich: »Ohhhh, ohhhh, er ist von uns gegangen, er ist von uns gegangen.« Alle befanden sich im

Raum – mein Großvater, Ginger, Tante Delta, meine Urgroßmutter, alle.

Alle, bis auf meinen Dad.

»Wer ist gegangen?«, fragte ich.

»Dein Daddy ist von uns gegangen, er ist von uns gegangen! Mein Sohn ist tot!«, sagte mein Großvater.

Ich war fuchsteufelswild. Erst wurde ich knallrot, dann drehte ich mich um und rannte los. Ginger versuchte, meine Bluse zu fassen zu kriegen, um mich festzuhalten, doch ich rannte weg. Ich weiß nicht mal, wohin. Die Treppe rauf, glaube ich, zurück in mein Zimmer. Dort schloss ich die Tür ab, und ich erinnere mich nicht mehr, was ich danach tat.

Ich wusste auch einfach nicht, was ich machen sollte. Wut, extreme Wut, das war meine erste Reaktion. Die Trauer kam später. Ich weiß eigentlich nicht genau, warum, nur dass ich wütend aufs Universum war, weil das hatte passieren können. Mit meinem Golfcart fuhr ich später zu einem der Trailer hinter dem Haus. Wir sahen es in den Nachrichten, und da traf es mich. Hart.

Mein Leben, wie ich es bisher gekannt hatte, war ganz und gar vorbei.

Das ist die größte Kindheitsangst: Wenn man jemanden liebt, will man die Person nicht verlieren. Es ist eine verdammte Schreckensvision, und sie quält einen. Die meisten Kinder kennen diese Sorge. Wann immer ich meinem Dad sagte, ich hätte Angst, er werde sterben, meinte er: »Ich gehe nirgendwo hin, ich gehe nirgendwo hin.«

Doch genau das tat er.

Noch später lief ich im Haus die Treppe hinunter und sah die Tourkoffer stehen. Es wirkte, als würde er jeden Augenblick die Stufen runterkommen und sie würden auf Tour gehen. Ich erinnere mich, dann gedacht zu haben: *Werde ich auch nur nach Memphis zurückkehren können?*

Nachdem sie ihn an jenem Nachmittag mitgenommen hatten – und das ist etwas, worüber ich mich mein ganzes Leben lang aufgeregt habe –, verwandelte sich das Ganze in eine Art Selbstbedienungsladen. Jeder legte sich ins Zeug. Alles wurde geklaut und abgegriffen – Schmuck, Kunstgegenstände, persönliche Erinnerungsstücke – und das, bevor er auch nur für tot erklärt worden war.

Man kann auf Auktionen immer noch Sachen finden, die an dem Tag verschwunden sind.

Ich hörte, meine Mutter würde mich holen kommen. Das war das Schlimmste. Es fühlte sich an wie eine Invasion – Graceland war mein Zuhause mit Dad, und ich wollte sie dort nicht haben. Sie würde die ganze Atmosphäre kaputtmachen. Ich hatte meine Freundinnen, ich hatte Leute um mich herum. Aber sie würde nicht nur kommen, um mich nach Hause zu holen, was mir schon nicht gefiel, sie würde auch kommen, um an der Beerdigung teilzunehmen.

Dann kam mir noch ein anderer Gedanke dazu, dass ich vielleicht nicht mehr herkommen könnte. Mein Großvater lebte ja noch, also hätte ich einen Grund.

Aber würde sie mich lassen?

Schließlich tauchte sie auf, während ich gerade mit ein oder zwei Freundinnen auf einem Golfcart herumfuhr. Ich erinnere mich, dass sie in der Tür am Vordereingang von Graceland stand und meinen Namen rief. Sie versuchte, mich mit einer Handbewegung zum Anhalten zu bringen. Doch ich winkte nur zurück und fuhr weiter. Da schrie sie mich an: »Wie kannst du jetzt in einem Golfcart sitzen?« Ich schenkte ihr trotzdem keinerlei Aufmerksamkeit – so aufgebracht war ich.

Ich verstand überhaupt nicht, warum ich angeschrien wurde. Doch rückblickend kann ich nachvollziehen, dass sie wahrscheinlich an die Fans auf der Straße dachte. Die konnten mich sehen, und vermutlich dachte sie, es gäbe schlechte Presse, wenn man mich kurz nach dem Tod meines Vaters in einem Golfcart herumfahren und mit meinen Freundinnen spielen sah.

Denn die ganze Welt hatte doch aufgehört, sich weiterzudrehen.

Die Aufbahrung war als öffentliches Ereignis angesetzt. Mein Dad wurde ins Haus zurückgebracht. Sie legten ihn ins Wohnzimmer, in den Raum vor dem Zimmer mit dem Flügel, gleich rechts, wenn man durch die Haustür trat. Ich war so froh, ihn dazuhaben. Ich fühlte mich glücklich.

Mit ein paar meiner Freundinnen saß ich auf den Stufen der Treppe nach oben und beobachtete den endlosen Strom von Menschen, die in der Schlange standen, in Ohnmacht fielen, kreischten, weinten und so schrecklich trauerten. Keine Ahnung, ob irgendwer mich sah, vielleicht schon, aber die Leute waren zu sehr damit beschäftigt, ihn anzusehen.

Endlose Stunden saß ich da und beobachtete das Ganze.

Ständig waren Krankenwagen draußen in Bereitschaft, um Ohnmächtige abzutransportieren. Es fühlte sich an, als wäre das gesamte Land da. Man konnte nicht einmal mehr die Straßen sehen, weil so viele Leute kamen.

Ich war derart damit beschäftigt, mir die Trauer der anderen anzusehen, dass ich noch gar nicht zu meiner eigenen kam. Zwar versuchte ich, um meinen Dad zu trauern, aber gleichzeitig begriff ich, dass er »Elvis Presley« war. Ich verstand seine Rolle und wie sehr er es geliebt hatte, Elvis zu sein.

Dass ich andere um meinen Vater trauern sah, bewirkte, dass ich es in der Öffentlichkeit nicht tat. Ich machte es einfach nicht. Es gelang mir nicht.

Ich weiß nicht mehr, wie lange die öffentliche Aufbahrung dauerte, aber es passierte so viel Dramatisches. Das merkte ich mir alles. Ich dachte mir: *Wow, schau dir diese Person an, die verliert völlig die Fassung.* Dann ging ich zum Trauern in mein Zimmer, wo keiner mich sehen konnte. Oder ich tat es abends vor dem Einschlafen.

Ich wusste nicht, wohin mit meiner Trauer. Deshalb lenkte ich mich mit irgendwelchen Sachen ab, was für einen kurzen Moment funktionierte. Doch nach einer Minute war es schon wieder vorbei.

Ich ging zu ihm nach unten, wo er im Sarg lag, einfach um bei ihm zu sein, sein Gesicht zu berühren, seine Hand zu halten und mit ihm zu reden. Dann fragte ich ihn: »Warum passiert das? Warum machst du das?«

Bald würde er nicht mehr hier sein, das wusste ich. Ansonsten erinnere ich mich nicht mehr an viel. Ich war neun. Das ging alles so verdammt weit über mein Verständnis hinaus.

Es trifft mich immer noch, kommt und geht unvermittelt. Ich hatte Abende als Erwachsene, an denen ich mich einfach betrank, während ich seine Musik hörte. Dann saß ich bloß da und weinte.

Die Trauer überfällt mich immer noch.

Sie ist immer noch da.

Nachdem mein Dad gestorben war, veränderte meine Welt sich vollkommen. Abgesehen von meinem Großvater und meiner Urgroßmutter blieb ich mit Patsy und ein, zwei Leuten aus der Memphis-Mafia in Kontakt, etwa mit Jerry Schilling. Der Rest verblasste irgendwie.

Meine Mom blieb in Memphis, bis alles vorbei war und mein Dad im Oktober vom Forest Hill Cemetery in den Garten hinter dem Haus in Graceland umgebettet worden war. Damals spürte ich zum ersten Mal wirklich den Verlust – natürlich auch, weil mein Dad gestorben war, aber vor allem, weil ich den Eindruck hatte, jetzt bei dieser Frau festzusitzen. Es war ein Doppelschlag: Er ist tot, und jetzt bleibt mir nur sie.

Meine Mom reiste mit mir in Begleitung ihrer Schwester nach Europa. Nach Rom, Frankreich und London. Sie versuchte, mich durch richtig viel Beschäftigung abzulenken.

Wir besuchten den Buckingham Palace. Die Presse drehte schier durch. Die stöberten uns überall auf. Aber dort am Palast erlebte ich einen ruhigen Tag. Ich sah das *Changing of the Guard* und ärgerte mich. *Was machen wir hier draußen? Warum können wir nicht reingehen? Warum stehen wir hier draußen und würden gerne rein, während die Leute in Graceland einfach reinkommen können?* Das verstand ich nicht.

Eines Abends in Frankreich erklärte ich meiner Mom, ich sei die wiedergeborene Marie Antoinette und müsse nach Versailles. Also fuhr sie mit mir dorthin. Ich lief herum und behauptete: »Ja, ich erkenne dies, ich erkenne das …«

Vor der Europareise war ich für sechs Wochen nach Rancho Oso geschickt worden, ein Sommercamp in den Bergen nördlich von Santa Barbara.

Im Camp gab es ein Pferd, das ich liebte und oft ritt. Das wirkte heilend. Ich tobte dort auch mit all den anderen Kindern im Pool und hatte Spaß. Bis ich mich plötzlich nicht gut fühlte. In einer Minute war ich abgelenkt, in der nächsten fiel mir ein: »Oh Gott, mein Dad ist gestorben.« Einmal lag ich in der Sonne, als ein Elvis-Song im Radio kam. Daraufhin blieb ich einfach eine Stunde lang so liegen und weinte.

Die meisten anderen Kinder wussten nicht, wer ich war, und ich hatte eigentlich auch kein Interesse, es ihnen zu sagen. Doch dann fingen einige an, vor mir damit zu prahlen, sie seien bei Elvis Presleys Beerdigung in Memphis gewesen.

»Ich habe seine Leiche gesehen«, sagte jemand.

»Nein, hast du nicht«, sagte ich.

»Doch, wir waren da …«

»Ich bin seine Tochter«, sagte ich. »Du warst nicht da. Ich war da. Ich weiß es.«

Nach dem Camp wollte meine Mom mich auf eine gute Schule schicken, also steckte sie mich in eine stinkvornehme in Los Angeles. Alle dort hatten berühmte Eltern und ich mochte das überhaupt nicht.

Dann hatte meine Mom einen französischen Freund und war verrückt danach, französisch zu leben. Also steckte sie mich in eine französische Schule und verdonnerte mich zu verdammten Französischstunden.

Ich wollte mein altes Leben zurück.

Ich wollte immer nach Memphis und mich vergewissern, dass das auch möglich war. Damit erpresste sie mich manchmal: »Du wirst nicht nach Memphis können, wenn du nicht blablabla …« Das regte mich richtig auf, aber ich tat, was immer ich musste. Sie wusste, dass es mir alles bedeutete.

Ich wachte genau über meine Zeit in Memphis.

Immer zu Weihnachten, Ostern und im Sommer erlaubte sie es mir. Dann wohnte ich bei Patsy – die für mich ein Muttterersatz war – und verbrachte Zeit mit ihr und ihren Kindern. Es war mir so wichtig, ein Teil dieser Familie zu sein.

Jeden Sonntag war Putztag. Dann sahen wir uns Filme an, aßen Biscuits mit Bratensauce, Biscuits mit Fleischsauce, tranken Riesenflaschen Pepsi, gingen in die Videothek oder verbrachten den Abend in Graceland. Meine Tante wohnte nach dem Tod meines Dads noch einige Jahre dort. Ich ging zum Übernachten zu ihr, solange sie noch lebte. Die Küche war damals noch nicht öffentlich zugänglich, daher wohnte ich im direkt daran angrenzenden Zimmer.

Die obere Etage war tabu. Ich konnte zwar kurz hinaufgehen, musste aber wieder runterkommen. Keine Ahnung warum, vielleicht, weil sich dort auch sein Zimmer befand. Ich glaube, es gab viele Diskussionen darüber, was man mit den oberen Räumen machen sollte, um sie zu erhalten. Allerdings entschieden Vernon und meine Mom, dass ich nicht zurück in mein Zimmer ziehen durfte.

Vernon starb 1979 und ein Jahr später meine Urgroßmutter. Ich erinnere mich, dass beide Male ein Wagen mich von der Schule abholte. Es wurde so eine regelmäßige Sache, dass unvermittelt ein Auto auftauchte. Ich gewöhnte mich daran und fing an zu denken: *Da steht der Wagen, wer ist es diesmal?*

Zu meinem Großvater hatte ich wie gesagt keinerlei emotionale Bindung. Er hatte eine sehr strenge Art und ich bin nie mit ihm warmgeworden.

Ich erinnere mich noch, wie meine Freundin und ich mit seinem Gesicht Blödsinn machten, als er im Sarg lag und wir allein im Zimmer waren. Ich erzähle das nicht leichthin, weil ich weiß, dass es eigentlich fürchterlich ist. Er war zugenäht worden – ich begriff damals nicht warum, aber ich schätze, sie mussten ihn öffnen und irgendwas rauslassen.

Ich war wie betäubt gegen alles. Einfach noch eine Beerdigung, noch ein Verlust. Memphis wurde zu einem Ort, an den man nur für Beerdigungen zurückkehrte. Es hatte genug traumatische Ereignisse gegeben, sodass nichts mehr an mich herankam. Alle rechneten quasi damit, dass ich traurig war, aber nichts brachte mich aus der Fassung. Es gab einfach so viele traumatische Eindrücke.

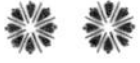

Manchmal betrat ich das Schlafzimmer meiner Mom und fand sie allein auf dem Boden sitzend, betrunken, während sie weinend Musik ihres Vaters hörte. Doch sie sprach nie darüber oder hörte sich seine Musik in nüchternem Zustand an.

Es ist schwer, im Alltag nicht irgendwo einen Elvis-Song zu hören, aber ich erinnere mich noch daran, als meine Mom im Auto zum ersten Mal Elvis anmachte. Es passierte natürlich hin und wieder, dass seine Songs in einem Café liefen oder sie beim Suchen eines Radiosenders auf einen stieß. Wenn das vorkam, ertappte ich sie dabei, wie sie ihn laufen ließ. Doch an diesem speziellen Tag, als meine Schwestern noch klein waren, fuhren wir zusammen irgendwohin und ich merkte, dass sie zum ersten Mal *entschied*, seine Musik zu spielen. Sie stellte, während sie fuhr, Elvis Radio auf SiriusXM ein. Zu meinen Schwestern sagte sie: »Das ist euer Großvater.« Ich weiß noch, wie seltsam ich das fand, aber auch sehr süß.

Damals war ich zweiundzwanzig.

Ich glaube nicht, dass sie den Verlust je verarbeitet hat. Meiner Ansicht nach fing sie in ihrem letzten Lebensjahr damit an – von Begriffen wie Trauma sprach sie erst ab 2021. Aber ich weiß mit Sicherheit, dass sie mein ganzes Leben lang untröstlich war. Ich erinnere mich, als Kind wütend auf Elvis gewesen zu sein, weil er meine Mutter im Stich gelassen und all diesen Schmerz verursacht hatte.

Wann immer ich Elvis hörte, spürte ich den Kummer meiner Mutter. Darüber, dass sie ihn verloren hatte.

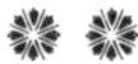

Mein Großvater hatte gewusst, dass ich für Rory Miller schwärmte.

Nach Vernons Tod erfuhr ich, dass die Millers nach Colorado ziehen würden. Ich sollte Rory vor ihrem Aufbruch noch mal treffen – tatsächlich hatte ich es so eingerichtet, dass ich den ganzen

Tag mit ihm verbringen konnte. Patsy wusste das, doch dann erhielt ich im letzten Moment einen Anruf: »Deine Mom möchte, dass du heute nach L.A. nach Hause fliegst.« Patsy hatte meiner Mom davon erzählt, und die duldete es nicht.

Ich war am Boden zerstört. Rory brachte mich zum Flughafen. Ich erinnere mich, damals zum ersten Mal tatsächlich echten Hass auf meine Mutter verspürt zu haben.

Als ich viele Jahre später auf Tour war, traf ich Rory wieder. Wir aßen alle zusammen zu Abend – er, seine Frau, Patsy und ich. Rory meinte: »Dein Vater hat mich beiseitegenommen und gesagt: Ich kann dir nur raten, ja nichts zu machen, sonst bring ich dich um.« Wörtlich hatte er gesagt: *»I'll fucking kill you.«* Weil mein Dad das F-Wort nicht leichtfertig benutzte, kam die Botschaft laut und deutlich an. Rory sagte, er habe meinem Dad versprochen, nie irgendwas Romantisches mit mir anzufangen, und er versprach auch, mir von ihrem Gespräch nie etwas zu sagen.

»Aber ich glaube, jetzt kann ich es wohl gefahrlos tun«, meinte Rory.

Meine Mutter schickte mich häufig weg, aber ich muss ihr lassen, dass sie zu Geburtstagen richtig gut war.

In einem Jahr sah ich Queen im Forum. Ich hatte erfahren, dass Freddie Mercury ein Riesenfan meines Dads war, deshalb nahm ich ihm einen Schal von ihm mit. Ich besuchte das Konzert und durfte dann backstage kommen und Freddie treffen. Der war sehr süß, sehr bescheiden und sehr gerührt über das Geschenk.

Als ich zehn wurde, hatte meine Mom John Travolta kennengelernt und arrangierte zu meinem Geburtstag ein Treffen mit ihm – er war damals wegen der Fernsehserie *Welcome Back, Kotter* total gefragt. Nachdem er ihr von Scientology erzählt hatte, wurde sie ein paar Tage später Mitglied. Ich saß mit ihr im Auto und sie beschrieb mir, wie es einem helfen könne, richtig stark zu werden. Ich war immer verrückt nach *Verliebt in eine Hexe* und *Bezaubernde Jeannie* – ich wollte auch Superkräfte haben.

Okay, dachte ich, *das ist richtig cool. Das will ich machen.*

Also waren wir jetzt Mitglieder der Church of Scientology.

Meine Mom setzte mich nach der Schule bei deren Standort in Hollywood ab. Mir kam es vor, als würde sie mich dorthin abschieben, damit die mit mir fertigwerden sollten, sodass sie es nicht selbst tun musste. Scientology half tatsächlich. Es gab mir einen Ort, wo ich sein und Selbstbeobachtung betreiben konnte. Einen Ort, um darüber zu reden, was passiert war, und irgendwie damit umzugehen. Ich gewöhnte mich schnell daran und mochte es wirklich.

Ich übernahm die Vorstellung, dass wir mehr sind als nur unsere Gehirne, mehr als nur unsere Körper und unsere Gefühle. Zwar besitzen wir diese Dinge, aber das ist nicht alles. Wir sind geistige Wesen. Ich pflegte mich zu fragen: »Warum sind wir hier? Warum bin ich hier? Was ist der Sinn von allem?« An diesem Punkt kam Scientology mir aufregend radikal vor – es fühlte sich eigentlich nicht wie eine organisierte Religion an. Coole, ungewöhnliche, künstlerisch veranlagte Leute fühlten sich davon angezogen.

Es wurde mein *Tribe*.

An der französischen Schule, auf die meine Mom mich schickte, schienen alle Kids Abkömmlinge von Promis zu sein – die Töchter von Tony Curtis gingen da hin, die Tochter von Peter Sellers, Vidal Sassoons Tochter Catya. Catya ging in meine Klasse, und ich war verrückt nach ihr, weil ihre Mutter ihr alles kaufte. Sie besaß immer die neuesten Sachen, etwa ein Paar Sandalen mit Absätzen, die ich dann auch haben musste. Irgendwann brachte sie Liquid Paper, also ein Korrekturweiß, mit, und ich musste auch das haben. Meine Mom ärgerte sich darüber. Ich erinnere mich, dass ich einmal bei Catya übernachten wollte – alle meine Freundinnen durften das auch, und sie hatte einen Aufzug in ihrem

Haus! Ich freute mich schon so darauf, aber meine Mom erlaubte es nicht. Sie hielt Catya für verwöhnt und wollte nicht, dass das auf mich abfärbte. Später freundete meine Mom sich mit Vidal und Beverly Sassoon an, und traurigerweise starb Catya mit dreiunddreißig an einer Überdosis Drogen.

Inzwischen erkenne ich, dass meine Mom auf gute Art stark war – am meisten Sorge machte ihr die Vorstellung, ich würde verwöhnt und verzogen. Ich glaube nicht, dass ich das war – ich konnte gedankenlos in Bezug auf manche Dinge sein, aber ich glaube nicht, dass ich bewusst verzogen war. Ich weiß, mein Dad hat mich verwöhnt, doch meine Mom tat das Gegenteil.

Tatsächlich war meine Mom sehr streng und mir nie eine Freundin oder jemand, mit dem ich reden konnte.

Ich fühlte mich wie ihre Trophäe. Sie wollte einen Debütantinnenball für mich. Ich wusste nicht mal, was das war, aber sie wollte immer einen. Sie wollte, dass ich eine *finishing school*, also ein Mädchenpensionat für höhere Töchter, besuchte. Mir kam es so vor, als hätte sie eine andere Tochter haben sollen. Es ging darum, wie Dinge aussahen – die äußere Erscheinung war immer wichtiger als Gefühle. Meine Mom hätte sich nie erlaubt, die Kontrolle zu verlieren. Alles war stets, wie es zu sein hatte.

Meine Mom war viel weg. Mal war sie auf einer Insel und aß irgendwas, das sie im Meer gefangen hatte, mal in irgendeinem fremden Land oder erlebte irgendwelche neuen Abenteuer mit einem neuen Mann, so fing ich an, immer mehr Nannys und Köchinnen zu haben. Sie stellte eine Menge Leute ein und ich wurde mit vielen von ihnen vertraut.

Am sichersten fühlte ich mich, während meine Tante und mein Onkel, Michelle und Gary, mit in unserem Haus wohnten. Damals hatten wir einen langen Flur und mein Zimmer lag fast an dessen Ende. Das Zimmer von Michelle und Gary befand sich ganz am Ende. Abends fürchtete ich mich vor diesem Flur, aber wenn sie da waren, fühlte ich mich besser.

Michelle und Gary waren die beiden Einzigen, mit denen ich richtig reden konnte.

Wenn meine Mom verreist war, durfte ich eine Freundin zum Übernachten einladen – das war immer meine Rettung. Aber es fiel mir nicht leicht, Freundschaften zu schließen. Das tut es immer noch nicht. Vielleicht hielten sie mich für ein verzogenes Gör, während ich in Wirklichkeit bloß Angst hatte.

Da besuchte ich irgendeine piekfeine Schule mit all diesen Promi-Kids, und alle sprachen Französisch, reisten durch die Weltgeschichte und lernten wie verrückt, weil sie die Besten sein wollten.

Mir sagte das alles nicht zu. Ich war schrecklich unsicher, furchtsam, verängstigt, was auch immer. Man befreundete sich nicht mit mir, oder es artete in Konkurrenz aus – wessen Eltern waren reicher, wer besaß das größere Haus.

Das passiert immer noch. Leute denken, ich wäre eine Bitch, weil ich leider die kühle Art meiner Mom habe.

In jedem Schulfach sackte ich ab. Ich schloss mich in mein Zimmer ein und hörte meine Platten – Musik, immer, immer, immer Musik.

Nach seinem Tod träumte ich zweimal pro Jahr von meinem Vater. Die Träume waren so real, dass ich beim Wachwerden aufschrie, weil es sich anfühlte, als wäre ich bei ihm gewesen, und ich nicht wollte, dass es zu Ende war. Ich gab mir große Mühe, wieder einzuschlafen, damit ich noch mal bei ihm sein konnte.

Ich glaube nicht wirklich, dass es Träume waren, sondern denke, es handelte sich um Visitationen.

Viele Leute werden mir nicht zustimmen und es für Unsinn halten. Vielleicht haben auch andere solche Träume und tun sie einfach als Träume ab. Das ist in Ordnung. Aber ich glaube, dass geliebte Menschen aus unserer Vergangenheit uns aufsuchen können.

Und mein Dad tat das regelmäßig.

In den Träumen waren er und ich zusammen in meinem Zimmer. Ich bin in meinem Hamburger-Bett und er auf dem Sessel. Wir sind uns vertraut und eng verbunden, reden miteinander. Plötzlich gerate ich in Panik und sage: »Warte! Du musst damit aufhören, Daddy! Du musst warten! Du nimmst eine Überdosis, du wirst einen Herzanfall bekommen. Daddy! Du wirst sterben. Das wird passieren.«

Und in dem Traum sieht mein Dad mich so gelassen, so wissend an, lächelt und sagt: »Darlin', es ist schon passiert.«

Und dann wachte ich auf.

Diese Träume hörten erst 1992 auf, nachdem mein Sohn zur Welt gekommen war.

DREI

THE WALL

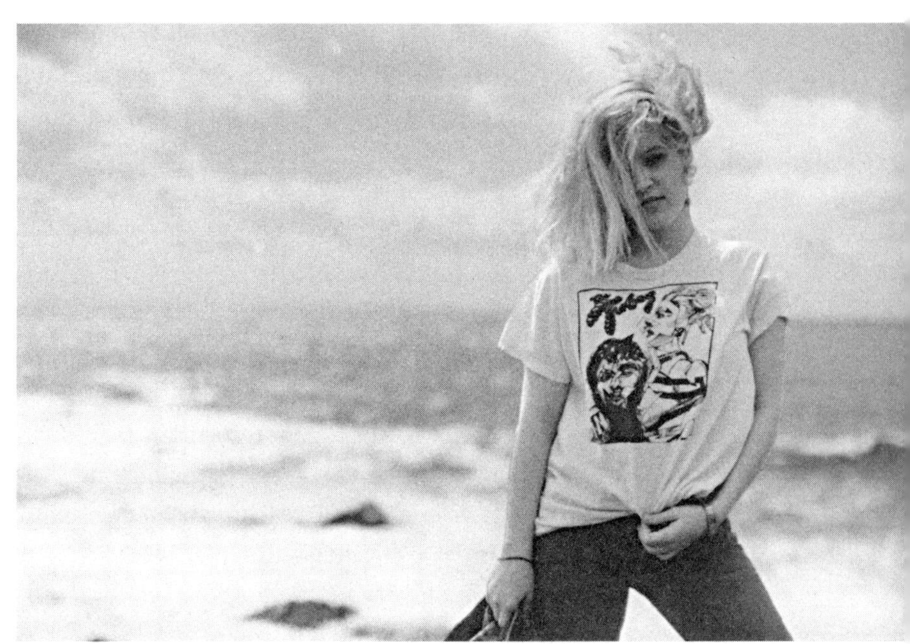

Als ich ungefähr zehn Jahre alt war, schickte mich meine Mom auf verschiedene Schulen in Los Angeles. Eine war in Los Feliz, eine weitere in Culver City. Unsere Haushälterin, eine wundervolle Schwarze Frau namens Ruby, brachte mich morgens zur Schule, und auf dem Weg dorthin spielte sie immer Gospel-Songs ab und das war alles, was ich hören wollte, weil mein Vater diese Musik auch immer hörte.

Diese Schulen waren superlässig eingestellt – keine Schuluniformen, nicht so streng wie die vorherigen, neureichen Schulen, auf denen ich war – und mir gefiel das besser. Ich schlug mich in den neuen Schulen gut, denn ich durfte in meinem eigenen Tempo lernen. Ich erledigte einfach die Aufgabe und hakte sie ab, fertig. Dort musste ich auch niemand Besonderes sein. Ich habe überhaupt keinen Druck verspürt. In Gruppen komme ich nicht gut zurecht – sei es bei der Arbeit, in der Schule oder sonst wo –, darum entsprach mir das individuelle Lernen sehr. Auch die anderen Kinder waren sehr bescheiden und normal – es gab keine Vibes wie in Cliquen, keine reichen Kids, keine verwöhnten Kinder, keine Rabauken, keine Zicken.

Und dennoch entwickelte ich in den kommenden Jahren ein wirklich übles Verhalten und wurde stark drogenabhängig. Aus der Schule in Culver City wurde ich rausgeschmissen. Scientology wollte mich allerdings nicht völlig rausschmeißen, also schickte man mich auf die von Scientology geleitete Apple School in Los Feliz. Sie waren der Ansicht, dass mich die neue Schule besser in den Griff bekommen könnte, aber ich habe sie jedes einzelne verdammte Mal enttäuscht.

Ich wollte gar nicht schlecht sein. Es war mir einfach alles richtig scheißegal. Ich trug nur schwarze Klamotten, färbte mir das Haar schwarz. Ich war eine von denen mit einer »Fuck you, fuck Autoritäten, fuck jedes System, fuck Lehrer, fuck Eltern«-Attitüde. Etwa zu der Zeit entdeckte ich das Pink-Floyd-Album *The Wall.*

Ununterbrochen hörte ich diese Platte, sie war alles, was mich interessierte. Das war meine Bibel und meine Autobiografie.

We don't need no education …

Ich musste dauernd ins sogenannte »Ethikbüro«, eigentlich das Büro des Schuldirektors. (Ich kann gar nicht sagen, wie viele Leute ich seitdem getroffen habe, die meinten: Ich habe Sie damals im Ethikbüro kennengelernt …) Ich war probeweise auf dieser Schule und kam nie aus diesem Status heraus. Entweder erschien ich nicht zum Sportunterricht, den ich noch nie gemocht hatte, oder ich erschien überhaupt nicht in der Schule.

Meine Mom konnte mich nicht kontrollieren. Es gab nichts, was sie dagegen tun konnte. Ich war für sie nicht einfach. Man konnte mich nicht dazu zwingen, lernen zu wollen. Ich hatte kein Interesse daran, ein braves Kind zu sein. Also holte mich meine Mom eines Freitags von der Schule ab und wir fuhren nach Montecito, wo sie ein Haus hatte. Und als wir dort ankamen, sagte sie: »Pack deine Sachen, du gehst jetzt in Ojai zur Schule.«

Zu dem Zeitpunkt wusste ich schon, dass sie darüber nachdachte, mich auf ein Internat in der Schweiz zu schicken oder in einen Kibbuz in Israel – ich hatte vier oder fünf Bewerbungen für verschiedene Unterbringungen gefunden. Immer schon hatte ich das Gefühl, meine Mom versuchte aktiv, herauszufinden, wie sie mich loswerden konnte – unabhängig von den Plänen für die Schweiz und Israel hatte sie mich vor allem bei Scientology abgeladen, weil sie glaubte, die könnten richtig mit mir umgehen. Gewissermaßen hat mich Scientology für sie aufgezogen. Aber jedes Mal, wenn sie versuchte, mich in ein Internat zu stecken, habe ich den Aufnahmetest vermasselt und man hat mich nicht angenommen.

Aber jetzt stand ich kurz davor, Internatsschülerin an der Happy Valley School in Ojai zu werden, und ich fühlte mich gedemütigt. Die Schule war ganz klar eine Einrichtung für Eltern, die ihre Kids loswerden wollten. Sicher, manche waren da, um eine gute Bildung zu erhalten, aber die anderen »einfach so«.

Ich war dort »einfach darum«.

Das Erste, was ich tat, als ich da ankam, war, nach Leuten Ausschau zu halten, die kifften. Ich fand schnell heraus, die meisten Kids waren gleichgesinnt und ähnlich eingestellt wie ich, also fing ich an, es da zu mögen. Wir hockten in der Pampa und hatten nichts zu tun.

An den Wochenenden war ich bei meiner Mom in Montecito – das war bloß eine Stunde entfernt –, es sei denn, ich hatte eine Ausgangssperre, weil ich unter der Woche in Schwierigkeiten geraten war und deshalb nicht nach Hause durfte. Und ich geriet immer wieder in Schwierigkeiten, sodass meine Probezeit an der Schule immer wieder verlängert wurde. Ich machte so Dinge wie, mich nicht im Unterricht blicken zu lassen, auch wenn wir gefühlt nur wenige Meter vom Klassenzimmer entfernt schliefen. Manchmal wurde eine Drogenrazzia durchgeführt, und dann wurde untersucht, wer damit zu tun hatte, obwohl klar war, dass ich immer dabei war.

Ich geriet mit dem Lernen in Rückstand, war völlig lustlos. Ich war schon immer schlecht in Mathe, einfach schlimm, und ich hatte kein Interesse an irgendeinem Beruf oder auch nur an einem Thema, an irgendetwas. Und ich hatte null Interesse, ein braves Kind zu sein.

Wie gesagt, es war mir einfach alles richtig scheißegal.

Ich machte verschiedene Phasen durch. In Ojai war ich mal eine Art Hippie-Girl, dann ein Punkrock-Chick und ein Funk-Rock-Kid. Alles, was ich wollte, waren Drogen, hauptsächlich Gras und Koks. Ich war nicht süchtig nach einer bestimmten Substanz. Ich mochte sie alle. Ich wollte alles in die Finger kriegen, das ich schlucken, schnupfen, essen oder schnüffeln konnte, ganz egal was. An Heroin bin ich allerdings nie geraten. Damals hielt ich mich, Gott sei Dank, nicht mal in seiner Nähe auf. Mein Hauptziel im Leben war es, an irgendetwas ranzukommen. Bald kam ich in meine Heavy-Metal-Phase, färbte mir die Haare schwarz oder bleichte sie und nahm Drogen.

Doch Happy Valley wollte mich gar nicht unbedingt rauswerfen, denn sie wussten, dass mein Leben zu Hause nicht gerade toll war.

Die Direktorin der Apple School fuhr jeden Sommer mit einer Gruppe von Schülern nach Spanien, wo sie ein Haus besaß, und obwohl ich gar keine Schülerin dieser Schule mehr war, zwang mich meine Mom, da mitzufahren. Wir fünf Kids kümmerten uns um das Haus – die Gartenarbeit, etwas Landwirtschaft – und vergnügten uns dann abends am Strand und machten Party.

Irgendwie habe ich dann dieses erste Jahr in Ojai überstanden.

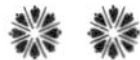

Als ich klein war, fuhr meine Mom mit mir bei jeder sich bietenden Gelegenheit nach Ojai, um im Valley reiten zu gehen. Seit ihrer Schulzeit dort hatte sie eine besondere Verbindung zum Ojai Valley – und Pferde hat sie immer geliebt, sie wusste, wie man mit ihnen umgeht, wie man erkennt, wann sie Angst haben oder gereizt sind. Aber sie wollte nicht nur irgendwo entlangtraben. Sie wollte immer galoppieren, richtig galoppieren. Für sie bedeuteten die Pferde eine Art Freiheit. Ihr war, glaube ich, nie so ganz bewusst, dass ihre Mutter dieselbe Verbindung zu Pferden hatte.

Auf dem Weg nach Ojai hörte sie immer Michael Martin Murpheys Song über die geheimnisvolle Frau vom Yellow Mountain und ihr Pony Wildfire – zu meinen Teenagerzeiten hörte sie diesen Song echt in Endlosschleife.

Meine Mom besaß in ihrem Leben ein paar Pferde, zu denen sie eine besondere Beziehung hatte. Als wir auf Hawaii lebten, bettelte sie in einem Gestüt in der Nähe immer, ihr ein Pferd namens Misty zum Ausritt zu überlassen – sie wollte Misty sogar mit nach Hause nach L.A. nehmen, aber die Leute von dem Stall wollten das nicht.

Während der Covid-Pandemie ist sie die ganze Zeit zum Reiten nach Ojai gefahren. Das letzte Pferd, auf dem meine Mom geritten ist, hieß Corona. Sie fand das sehr witzig.

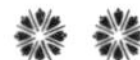

An diesem Punkt in meinem Leben spielte meine Mutter nur noch die Rolle eines permanenten Stopp-Schilds. Sie versuchte nicht, mit mir zu reden, mit mir etwas zu unternehmen, mir eine Freundin zu sein. Ich war sehr verliebt in die Familie meines Vaters – eine verrückt bunte Truppe – und ich hatte zu ihnen eine Verbindung, wie ich sie zu meiner Mutter nie haben konnte.

Ich weiß, sie hat ihr Bestes gegeben. Auch sie versuchte, das Ganze zu begreifen und erwachsen zu werden, und ich machte ihr das Leben wirklich schwer. Ich habe sie nie angeschrien, sie nie beschimpft, sie nie verflucht, war nie gewalttätig in ihrer Nähe, absolut nichts dergleichen. Ich ließ einfach nur den Kopf hängen, war extrem melancholisch, launisch, düster gestimmt. Sie wusste schlicht nicht, was sie damit anfangen sollte.

Als ich aus Spanien zurückkam, wollte ich nicht wieder nach Ojai, aber ich hatte keine Wahl. Ich verpasste die erste Woche, und als ich schließlich dort ankam, war ein neues wildes Mädchen da. Sie hatte auf mich gewartet und fing sofort an, hinter mir herzulaufen. Sie sagte: »Ich habe schon alles über dich gehört …« Sie schien cool zu sein und interessant, aber ich hatte dieses Ding mit diesem deutschen Jungen laufen, und dann hatte sie aber Sex mit ihm, und da dachte ich: *Ich habe es hier echt satt.* Also tat ich meiner Mom gegenüber so, als wäre ich voll auf Drogen.

»Mom«, sagte ich, »wenn ich hierbleibe, werde ich sterben.«
Und tatsächlich, sie holte mich aus dem Happy Valley ab.

Meine Mom war mit einem Typen namens Michael Edwards zusammen. Alles in allem waren sie etwa sechs Jahre ein Paar.

Edwards war Schauspieler und Model, ein theatralischer Typ mit einer schrecklichen Veranlagung. Er war auch oft auf Drogen. Er und meine Mom haben ständig gestritten, und das auch handgreiflich. Ich hörte, wie Mom schrie.

Sie feierten oft, gingen in Diskotheken, und es war viel Kokain im Spiel. Wenn sie von solch einer Nacht nach Hause kamen, hörte ich ihn herumbrüllen und wie die Möbel flogen. Die Beziehung war nicht stabil.

Die verrückteste Wende des Schicksals war, dass Edwards eine Rolle in dem Film *Meine liebe Rabenmutter* bekam und den Liebhaber von Joan Crawford spielte. Eines Tages, er drehte noch den Film, kam meine Mom in mein Zimmer, durchsuchte meinen Wandschrank und schrie mich an, weil ich Drahtbügel benutzte: »Warum hast du die? Die kommen aus der Reinigung! Die müssen gegen die schönen, die aus Plastik getauscht werden!«

Während sie laut schimpfte, hörten wir Gelächter aus dem Flur.

»Diese Ironie!«, rief Michael. »Es ist echt zu verrückt, dass du deine Tochter wegen Drahtbügeln anbrüllst und ich spiele in *Meine liebe Rabenmutter*!«

Meine Mom merkte, wie irre das Ganze war, und fing auch an zu lachen. Ich dachte: *Das also ist jetzt mein Leben. Ihr seid doch beide beschissen verrückt.*

Meine Mom hatte vor, mich wieder auf die Apple School zu schicken, aber ich war mit dem Lernen so weit zurück, dass man ihr erklärte, ich bräuchte tägliche Nachhilfe, also blieb ich einfach bei Mom zu Hause, zusammen mit Edwards. Aber natürlich, da wollte ich eigentlich auch nicht sein. Ich wollte eigentlich nirgendwo sein. Ich weiß nicht, was ich wollte.

Wahrscheinlich wollte ich einfach nur meinen Dad.

Ich war ständig aufbrausend und hörte den ganzen Tag brülllaut Heavy Metal auf meinem Plattenspieler.

Eines Abends hatte meine Mom Dinner gemacht, und als ich die Hühnerbrust durchschnitt, war sie nicht gar, also sagte ich das. Das Nächste, an das ich mich erinnern kann, war, dass Edwards seinen Teller umwarf, dann flog der durch den Raum und krachte an die Wand. Ich hob beide Hände, als wollte ich damit sagen: »*What the fuck?*«, woraufhin er aufsprang, unverständliches Zeug schrie und aus dem Zimmer stürmte.

Als er zurückkam, hielt er das Ende des Kabels von meinem Plattenspieler in der Hand – er hatte es mit einer Schere abgeschnitten. Er schrie immer noch herum.

»Deine Mutter kocht extra und du beschallst bloß alles mit deinem verfluchten Rock and Roll, deiner beschissenen Musik, deiner Rock-and-Roll-Musik …« Totaler Unsinn. Schließlich brüllte er mich an, dass ich verschwinden sollte. Ich war schockiert. Als ich die Küche verließ, hörte ich noch, wie sie anfingen, über mich zu reden, wie sie überlegten, was man mit mir anstellen sollte.

Daraufhin suchte ich nach etwas Kokain. Irgendwo hatte ich welches versteckt, aber ich wusste nicht mehr, wo.

Zum ersten Mal mitten in der Nacht in mein Zimmer gekommen, betrunken, auf den Knien, war Edwards ein paar Jahre zuvor. Ich glaube, ich war zehn. Ich wachte davon auf, dass er neben meinem Bett kniete und unter der Decke mit den Fingern mein Bein hochstrich, und wenn ich mich bewegte, hörte er auf – also bewegte ich mich. Ich war wach, aber ich versuchte weiterzuschlafen.

Er sagte, er werde mir beibringen, was passieren werde, wenn ich älter würde. Er legte eine Hand auf meine Brust und sagte, ein Mann werde mich da berühren, dann legte er seine Hand zwischen meine Beine und sagte: »Sie werden dich hier berühren.« Ich glaube, dann hat er mich sanft geküsst und ist in jener Nacht wieder verschwunden.

Am nächsten Tag, im Auto, erzählte ich meiner Mom davon, und ich sah, wie sie mit dem Fuß auf das Gaspedal drückte. Zu Hause rannte ich in mein Zimmer und sie flüchtete in ihr Zimmer und warf die Tür hinter sich zu. Schließlich rief sie mich zu sich und sagte, dass Edwards sich entschuldigen wollte.

Edwards saß auf der Bettkante und wirkte sehr übel gelaunt und eingeschnappt. Er meinte: »Es tut mir sehr leid, aber in Europa bringt man das den Kids so bei, also habe ich das auch so gemacht.«

Ich wusste nicht, was ich sagen sollte. Immer wenn er sich entschuldigte, tat er mir leid.

Irgendwann danach kam es dazu, dass er mich anfasste, mir den Po versohlte und und mir befahl, nicht hinzusehen – »Sieh mich nicht an!«, sagte er, »dreh ja nicht den Kopf um!« Wahrscheinlich holte er sich einen runter. Er war nicht wütend auf mich, er tat das alles ganz ruhig, saß einfach auf einem Stuhl und haute mir den Hintern. Mein Hintern war danach schwarz, blau, orange, grün.

Es war jedes Mal die gleiche Prozedur. Er kam ins Zimmer und tat, was er tat. Einmal habe ich meiner Mom meinen Po gezeigt und sie meinte: »Wie hast du das denn wieder hingekriegt?« Als hätte er mir den Hintern versohlt, weil ich mich danebenbenommen hatte. Und dann schrie sie ihn an. Er sagte immer: »Oh, da war ich betrunken«, oder: »Sie hat wirklich mit mir geflirtet.« Und dann zwang sie ihn, sich zu entschuldigen. Ich bekam ein schlechtes Gewissen und verzieh ihm.

Ich war elf, zwölf, dreizehn.

Er kam trotzdem ab und zu in mein Zimmer, aber ich bewegte mich oder tat irgendwas, damit er dachte, ich würde aufwachen, und dann rannte er den Flur entlang, zurück in Moms Schlafzimmer, rastete aus und blieb weg von mir.

Zu diesem Zeitpunkt meines Lebens versuchte meine Mom, Karriere zu machen. Sie probierte, Model und Schauspielerin zu werden, und drehte Werbespots, also war sie nicht immer in der Stadt. Und so verrückt das auch klingen mag, war Edwards häufiger da als meine Mutter. Ich war mehr daran gewöhnt, ihn um mich zu haben als sie.

Jedes Jahr zu Weihnachten bekam ich von meiner Mom tolle Geschenke, aber er hatte nicht viel Geld, um mir auch etwas zu schenken, und ich weinte immer am Weihnachtstag, weil er mir so leid tat. Er war sehr hart zu sich selbst und spielte die Rolle des bemitleidenswerten Opfers.

Dennoch hatte er diese schreckliche Veranlagung. Eines Morgens machte er eine Bemerkung, dass ich meine Slips aus dem Trockner holen sollte oder so. Ich glaube, ich erwiderte flüsternd etwas Böses wie: »Tu doch nicht so, als würdest du das nicht genießen …«, während ich aus dem Zimmer ging. Er nahm einen Esszimmerstuhl und warf ihn nach mir. Er traf mich am Rücken – nicht sehr hart, aber genug, um mir eine Heidenangst einzujagen. Ich weinte auf dem ganzen Weg zur Schule.

Ich heulte den ganzen Morgen, und eine der Lehrerinnen, die ich sehr mochte, sah mich weinen und fragte mich, was passiert sei. Sie nahm mich beiseite und sagte: »Da *muss* man ja eines Tages durchdrehen und ausrasten!«, weil ich ja sonst die meiste Zeit so ein Toughie war.

Zu Hause herrschte eine Menge Gewalt. Ich hörte meine Mutter schreien und weinen, er behauptete immer irgendeinen Scheiß. Ich wollte sie beschützen. Ich wusste nicht, wie.

Richtig schlimm war es bei einem seiner Model-Job-Trips zu den Virgin Islands. Meine Mom und ich begleiteten ihn. Mom hatte den Verdacht, dass er eine Affäre mit einem der Models hatte, und sie rekrutierte mich, um dabei behilflich zu sein, ihn zu erwischen. Irgendwann ging meine Mom in sein Zimmer und ich hörte, wie sie sich angifteten. Auch ich ging in das Zimmer und sah, wie er sie packte und aufs Bett warf. Ich stürmte quer durch den Raum und sprang ihm auf den Rücken, und er warf mich auch aufs Bett. Meine Mom schrie: »Los, weg hier, schnell weg hier!« Wir rannten aus dem Zimmer, den Flur hinunter, kamen zum Aufzug, drückten den Knopf, und er verfolgte uns, während wir verzweifelt darauf warteten, dass sich die Lifttür öffnete, wie in einem Horrorfilm. Irgendwie schafften wir es zurück in mein Zimmer und er rief sie dort an – inzwischen hatte er sich wieder in einen Welpen verwandelt und flehte sie an, zu ihm zurückzukommen.

Als sie es dann tat, war ich stinksauer.

Am nächsten Tag fuhr ich nach Memphis, aber ich war verdammt am Ende.

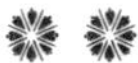

Mitanzuhören, wie meine Mutter von alldem erzählte, brach mir das Herz. Ich weiß, dass es sich dabei um eines ihrer schlimmsten Kindheitstraumata handelte. Aber ich glaube nicht, dass sie – oder irgendjemand von uns, der sie kannte – je ganz verstanden hat, wie es sich auf einige ihrer innersten Gefühle, wie ihre Scham und ihren Selbsthass, ausgewirkt hat.

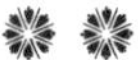

Ich wurde vierzehn und mein erster fester Freund war ein Junge, mit dem ich zur Schule ging. Anfangs waren wir echt gemein zueinander – meine Freundinnen meinten, das läge daran, dass er in mich verknallt war, und ich würde mich auch in ihn verknallen. Aber dann, als nach den Sommerferien die Schule wieder losging, war er plötzlich gut aussehend und seine Stimme war tiefer – er war nicht mehr der kleine, pummelige, nervige Arsch. Wir gingen also ein Jahr lang miteinander und taten alles, außer Sex zu haben. Er war ein guter Junge, aber auch er hatte ein furchtbares Naturell.

Meine Mutter arbeitete als Schauspielerin, ein großer Film mit Michael Landon, gedreht auf den Bahamas. Ich besuchte sie, und da war dieser dreiundzwanzigjährige Typ, der eine kleine Rolle in dem Film hatte. Erst einen Tag vor meiner Abreise hatte ich eine Verabredung mit ihm und ich habe mich voll verliebt. Wir spazierten am Strand, redeten die ganze Zeit, und er war echt süß. Ich saß bei ihm, als er seine Sachen packte. Ich war echt traurig, dann küsste er mich und dann fuhren wir ab. Ich erinnere mich, auf dem Rückflug immer und immer wieder den Song *Torn Between Two Lovers* gehört zu haben, denn ich hatte ja in L.A. auch noch meinen Freund, mit dem ich seit einem Jahr zusammen war.

Als ich nach Hause kam, machte ich mit ihm Schluss.

Ich rief den Dreiundzwanzigjährigen dauernd an und sagte dann nichts. Also gewöhnte er sich an den schweigsamen Anrufer. Er wusste nicht, dass ich es war – damals gab es noch keine Rufnummernanzeige oder so. Beim ersten Mal rief er verärgert: »Hallo, wer ist da, hallo, hallo?« Beim nächsten Mal meinte er: »Du bist es wieder.« Dann schließlich tippte ich bestimmte Zahlen, um seine Fragen mit Ja oder Nein zu beantworten. »Sind wir uns schon mal begegnet?« Piep. »Kennen wir uns?« Miep. Dann hat er es herausgefunden. Ich war mit den Nerven am Ende.

Der Typ hatte verständlicherweise schreckliche Angst, mich zu sehen, und ich wusste nicht, wie ich es anstellen sollte, mich tatsächlich mit ihm zu treffen. Eines Tages sagte ich zu meinen Lehrern in der Schule, dass ich zum Zahnarzt müsse, und er holte mich ein, zwei Blocks entfernt ab.

Wir sind den ganzen Tag in Beverly Hills herumgelaufen. Es war mir egal, was wir taten, es war mir egal, wo wir waren, es war mir alles egal. Ich wollte nur mit ihm zusammen sein.

Am Ende hat er mir seinen Ring gegeben. Dann lieferte er mich pünktlich wieder an der Schule ab.

Ich war hin und weg. Wirklich, wirklich weg.

Meine Mom kam dahinter und ich bekam Stubenarrest, durfte nicht mehr mit ihm sprechen oder ihn kontaktieren, was – natürlich – nicht funktionierte. An ihrer Stelle hätte ich vermutlich genau das Gleiche gemacht, glauben Sie mir, aber ich ließ mich nicht aufhalten. Ich war total und wahnsinnig verliebt.

Danach gab es viele Heimlichkeiten mit ihm. Irgendwann meinte meine Mom, ich dürfe ihn sehen, aber wir dürften nicht allein sein. Wir mussten an irgendeinem Ort sein, von dem meine Mom wusste und wo sie uns sehen konnte. Er konnte bei uns vorbeikommen und mit mir Zeit verbringen, oder ich konnte ihn einladen, uns irgendwo zu treffen, wo auch meine Mom sein würde, und er hat sich natürlich mit Edwards angefreundet. Er war ein dreiundzwanzigjähriger Kerl, der unter der Aufsicht der Mutter von jemand stand. Außerdem wiederholte sich damit die Geschichte. Meine Mutter war vierzehn, als sie meinen Vater kennenlernte. Ich habe ihr Leben auf merkwürdige Weise nachgespielt, aber sie und mein Dad haben mit dem Sex gewartet, bis sie achtzehn war. Ich war vierzehn, als ich meine Jungfräulichkeit an diesen Kerl verlor.

Wenn ich ihn sah, wollte ich nur noch Sex mit ihm haben oder mit ihm rummachen. Das war alles, woran ich denken konnte. Wir suchten uns irgendeinen Platz oder waren in seinem Auto auf einem Parkplatz. Meiner Mom erzählte ich, dass ich sie irgendwo treffen würde, dass wir einfach herumlaufen würden, und dann fanden wir einfach etwas und machten rum.

Aber er war ein totaler Womanizer. Er hatte jede gehabt. Er war dieser eine Typ in der Highschool, dieser eine Typ am Filmset, dieser eine Typ eben. Frauen jeden Alters verliebten sich in diesen Motherfucker. Und es fiel ihm so leicht, seinen normalen Alltag weiterzuleben, seine anderen Frauen zu haben, denn ich konnte ihn nicht so oft treffen, und wenn, dann nur für kurze Zeit.

Als ich später Leute kennenlernte, die ihn kannten und mit ihm zur Schule gegangen waren, erzählten sie mir von seinem Lieferwagen, in den die Mädchen in jeder Pause, während der Essenszeit mittags und in jeder Freistunde einstiegen. Er war ein absolut heilloser Aufreißer.

Und mehr noch, jede Frau war in ihn verliebt. Es war verrückt. Damals kannte meine Mutter eine Frau, die ein *Playboy Bunny* war. Als ich anfing, diesen Typen zu daten, hatte das Playboy Bunny schon eine Affäre mit ihm, und meine Mom erzählte mir, dass diese Frau versuchte, sie dazu zu bringen, mich in diesen Kibbuz in Israel zu schicken, um mich aus dem Weg zu schaffen.

Ich war mit ihm zweieinhalb Jahre zusammen.

Das Ende war der pure Albtraum.

Er ging mit mir in einen Park und ließ einen Freund heimlich Fotos von uns machen. Sie verkauften die Geschichte, ließen sich die Fotos bezahlen. Ich war ihm völlig egal. Ihm bot sich bloß eine Gelegenheit. Unsere Beziehung war illegal und der Verkauf dieser Bilder hat ihn geoutet, aber der Presse war es damals egal, dass ich minderjährig war, und sie haben diese persönlichen Informationen einfach veröffentlicht.

Ich wusste nichts von diesen arrangierten Fotos. Er stritt alles ab, aber meine Mom sagte mir, dass er dahintersteckte.

Als ich davon erfuhr, habe ich zwanzig Valium geschluckt, aber ich habe auch dafür gesorgt, dass mich jemand dabei gesehen hat. Diesen Selbstmordversuch habe ich nicht so ernst gemeint. Ich kam ins örtliche Krankenhaus und bekam ein Brechmittel, damit ich mich übergebe, und das war's dann. Aber ich war wirklich am Boden zerstört. Das war meine erste große Liebe und der erste große Verrat.

Ich war erst glücklich, als ich mich gerächt hatte. Meine Mom hatte einen Plan ausgeheckt. Sie wollte mir die Einzelheiten nicht verraten, weil ich manchmal doch noch mit dem Kerl sprach. Doch er hat auch mit Drogen gedealt und so wurde eine Drogenrazzia von ein paar Polizisten außer Dienst organisiert. Mom wollte, dass er bei der Razzia gedemütigt wird.

Sie erzählte mir, dass eine Analuntersuchung durchgeführt wurde.

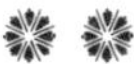

Als meine Mutter mir zum ersten Mal von diesem Verrat erzählte, meinte sie, dass sie sich damals erstmals benutzt gefühlt hatte, dass sie zum ersten Mal merkte, dass man mit ihr ein Ziel verfolgte. Sie sprach ihr ganzes Leben lang regelmäßig darüber – es war ein wesentliches Trauma für sie. Eigentlich nur eines in einer Reihe von Kindheitsereignissen, die sich zu einem Fundament zusammenfügten, das hieß, Leuten zu misstrauen – ein Misstrauen, das sie nie wirklich überwand.

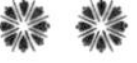

Ich ging wieder zur Schule, aber kaum hielten sie mir ein Algebra-Buch vor die Nase, war ich wieder weg. Ich habe nicht begriffen, warum ich überhaupt dort war. Niemand fragte mich, wofür ich mich interessierte. Wenn man ein Kind all die Jahre in die

Schule steckt, sollte man wenigstens wissen, wofür es sich interessiert. Niemand hat mir je erklärt, warum ich überhaupt zur Schule ging.

Ich weiß noch, wie ich meine Zeugnisse anschaute, und seit Kindertagen stand da nur, dass ich immer sehr, sehr müde war und Sport gehasst habe. Und dass ich ein aussichtsloser Fall war.

Eigentlich meinte jeder, der mich ab meinem neunten Lebensjahr gesehen hat, der mich gesehen hat, nachdem mein Vater gestorben war, dass ich sehr traurig aussah.

Meine Mom zwang mich, wieder bei ihr zu wohnen – aber wieder war ich nur unglücklich, also benahm ich mich grauenvoll. Es war klar, dass sie mich nicht dahaben wollte. Sie versuchte, mich auf andere Internate zu schicken, aber das klappte nie, also zwang sie mich mitten in der Nacht, meine Koffer zu packen, brachte mich zum Scientology Celebrity Centre und setzte mich dort ab.

Die Frau, die das Zentrum leitete, brachte mich in ein kleines Zimmer im zweiten Stock. Ich war einfach nur froh, aus dem Haus meiner Mom raus zu sein.

Am ersten Morgen entfernte ich den großen Spiegel von der Wand, rief meinen Kokaindealer an und lud ihn und etwa sechs oder sieben andere Leute zu mir ein. Wir hatten dann ein viertägiges Gelage in dem Zimmer.

Irgendwann wachte ich auf und alle anderen schliefen. Es gab einen Moment, da war ich einfach fix und fertig. Ich schrie: »Wacht alle auf, verpisst euch, raus hier, raus!« Ich nahm das ganze restliche Koks und spülte es die Toilette runter.

Ich ging nach unten, wo sie die Leute checkten, und ich zitterte, schwitzte und weinte. »Helft mir«, sagte ich, obwohl ich kaum sprechen konnte.

Sie brachten mich in ein wirklich schönes Zimmer im fünften Stock – ein Luxuspalast mit einer Küche und einem Esszimmer und allem drum und dran. Ich musste ihnen versprechen, mich zu benehmen und zu lernen, etwas zu schaffen, wirklich etwas zu tun. Aus irgendeinem Grund funktionierte das. In den nächsten Monaten ging es mir sogar richtig gut. Dann versuchte meine Mutter, mich dazu zu bewegen, wieder zu ihr zu ziehen. Und damit begann fucking DEFCON 3. Alarmstufe Rot.

Es war Weihnachten.

Warum auch immer, ich musste mit Mom und Edwards nach Pensacola in Florida reisen, wo seine Tochter lebte. Sie und ich sollten im Haus bleiben und wir taten so, als würden wir uns dran halten, gingen aber raus. Wir nahmen null Drogen, ich glaube, wir versuchten vielleicht, an Alkohol zu kommen, aber der springende Punkt war, dass ich gelogen hatte. Meine Mom und Edwards tauchten überraschend bei der Tochter zu Hause auf. Ich sah, wie meine Mutter aus dem Auto stieg, und rannte dann davon, die Straße runter, und meine Mutter hinter mir her.

Ich flog geradezu, meine Mom schrie, aber sie konnte mich nicht fangen. Letztlich stieg ich ins Auto – sie saß auf dem Beifahrersitz, ich hinten, und sie brüllte mich an, weil ich ihren Versuchen, mich zu schlagen, auswich. Edwards versuchte, sie von mir wegzukriegen. Ich schlug mir selbst ins Gesicht und versuchte, es wirklich dramatisch wirken zu lassen, damit es so aussah, als hätte sie das getan.

Am nächsten Tag flogen wir zurück nach L.A., und Mom ließ mich nicht aus den Augen. Bei der Zwischenlandung suchte ich verzweifelt nach einem Telefon, um das Celebrity Centre um Hilfe zu bitten. Aber meine Mom ließ mich nicht mal alleine zur Toilette gehen.

Zurück in L.A. begleitete mich meine Mutter durch die Lobby des Celebrity Centre, um ein paar meiner Sachen aus meinem Zimmer zu holen, und es kam mir vor, als würde mir jemand eine Pistole an den Rücken halten. Im Gehen sah ich einen Typen, den ich von irgendwoher kannte – ich werde nie vergessen, dass er eine schwarze Lederjacke, Boxershorts und schwarze Boots trug –, und ich riss die Augen auf und versuchte, lautlos »Hilf mir!« mit den Lippen zu formen.

An dem Abend brachte mich meine Mom zu sich nach Hause, am nächsten Tag begannen strenge Verhandlungen. Sie war einverstanden, mich zurück ins Celebrity Centre zu lassen, aber ich musste mich im Narconon Office von Scientology melden und dort einen Entzug anfangen.

»Gib mir mal ne Minute«, sagte ich und rief den Vater einer Freundin an und fragte ihn, was ich tun sollte. Er riet mir, um vierundzwanzig Stunden Bedenkzeit zu bitten, und das tat ich dann auch. Und am darauffolgenden Tag sagte ich zu den Leuten vom Entzug, dass ich anscheinend drei Optionen hätte: mit meiner Mom und Edwards zusammenleben, bei Narconon mitmachen oder auf der Straße landen.

Ich erklärte ihnen, mich für die dritte Option zu entscheiden.

»Warte mal, warte!«, meinten sie. Die Verhandlungen gingen weiter, diesmal mit einer faustdicken Überraschung, ich sagte, ich wollte wieder zurück in das Zimmer, in dem ich da gewohnt hatte, mit meiner Freiheit, zu tun, was immer ich will – lesen, lernen –, denn alles, was ich wollte, war, im Celebrity Centre zu wohnen, in meinem Zimmer. Schließlich waren sie einverstanden.

Und so kam es dann. Bald darauf lag ich als Alkoholleiche vor meinem Zimmer.

Und dann hatte man eine echt tolle Idee. Ich übernahm die Betreuung von einem Mädchen, das da ankam und richtig drogenabhängig war. Sie gaben mir ein Auto, damit ich sie herumfahren und ihr helfen konnte, ihr Leben zu meistern. Ich kam diesem Mädchen wirklich nahe und nahm es unter meine Fittiche. Sie war junge Mutter und heroinabhängig. Ihr Mann und die Kids wussten das nicht mal. Ich blühte echt auf, als ich mich um sie kümmerte und jemand anderem half.

Mittlerweile hatte ich im Grunde mein eigenes Apartment im Celebrity Centre und fand eine Menge Freunde dort. Von Zeit zu Zeit machte ich wieder mit dem älteren Typen rum, dem, der die Fotos von mir verkauft hatte. Ich weiß noch, dass er mit einer Frau zusammenlebte – keine Ahnung, ob er sie geheiratet hatte –, aber eines Nachmittags war ich bei ihm in der gemeinsamen Wohnung des Paares, und wir hatten Sex, weil sie weg war.

Der Typ wollte sich wieder öfter mit mir treffen, wollte so was wie eine Beziehung mit mir, aber damals hatte ich gerade einen Kerl namens Danny Keough kennengelernt und mich in ihn verliebt.

VIER

THERE'S A BLUEBIRD IN MY HEART

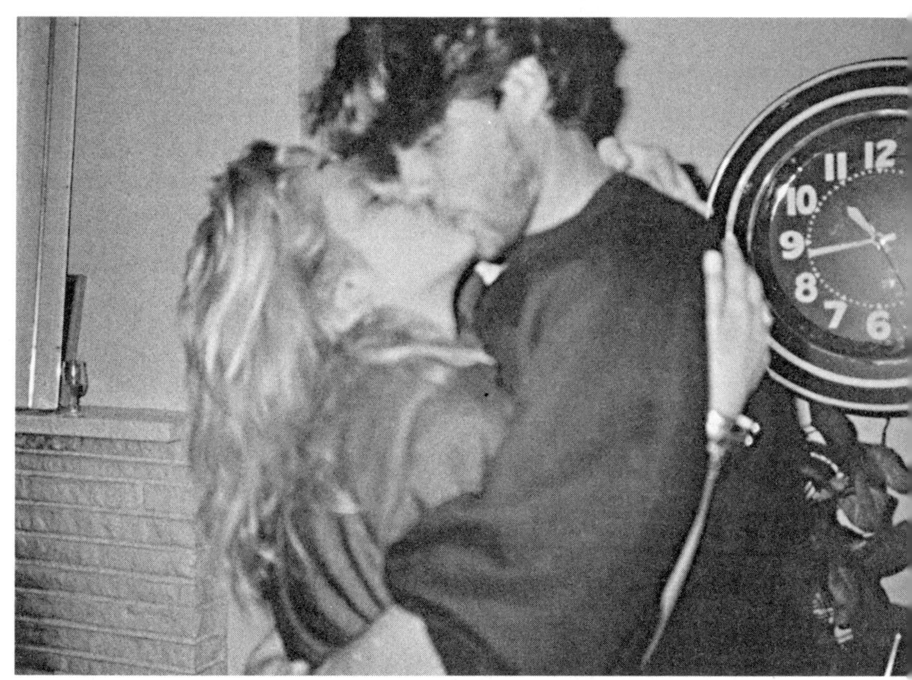

Ich hatte schon viel über Danny Keough gehört.

Er war einundzwanzig, als ich ihn kennenlernte; ich war gerade siebzehn geworden. Aus Oregon nach L.A. gekommen, spielte er in einer Band namens D'bat Bass und hatte kleine Gigs an verschiedenen Orten in der Stadt. Sie waren alle ziemlich süß und hatten eine Fangemeinde. Alle Mädchen waren vor allem in Danny verknallt. Sie liebten auch den Leadsänger, einen Typ namens Alex, aber Alex war nicht so cool oder abweisend wie Danny – und Alex war selbstverliebt. Sehr sogar. Wir zogen ihn immer damit auf, weil er ständig sein Spiegelbild in der Rückseite von Esslöffeln checkte.

Später erfuhr ich, dass alle Jungs von D'bat in mich verknallt gewesen waren, aber ich kriegte das nicht mit. In solchen Dingen war ich immer wirklich dumm. Ich nehme nichts für selbstverständlich und besaß damals null Selbstvertrauen. Und sobald ich erfuhr, dass jemand ein Herzensbrecher oder Frauenheld oder Womanizer war, reagierte ich wachsam. Ich war ohnehin schon gewarnt, aber ganz besonders wachsam verhielt ich mich, wenn jemand ein Arschloch war und nachdem das mit dem älteren Boyfriend passiert war, der die Fotos verkauft hatte. Ich traf also meine Sicherheitsvorkehrungen, konnte aber auch richtig albern wie ein Schulmädchen sein.

Damals wohnte ich noch im Celebrity Centre, obwohl ich auch übergangsweise versuchte, wieder bei meiner Mutter zu leben. Im Rose Garden Café hinter dem Centre veranstaltete ich meine Geburtstagsparty, und da war ich zum ersten Mal im selben Raum mit Danny. Unsere erste Interaktion war nur ein kurzes Aneinandervorbeirauschen, und ich vergaß es rasch wieder. Etwa eine Woche später war ich wieder ganz ins Haus meiner Mom gezogen, und alle Leute von der Gartenparty im Rose trafen sich zum Abendessen im Moustache Café an der Melrose. Danny war dort und gab ein paar Kommentare von sich, die mich nervten –

ich fand ihn arrogant und superselbstbewusst. Darauf reagierte ich und merkte, dass ihn das ärgerte. Später am Abend landeten wir alle auf einer Party oben in den Hollywood Hills, und als dann die Geburtstagstorte gebracht wurde, beschmierte ich ihn vor allen anderen mit ein bisschen von der Glasur. Er nahm auch was davon und schmierte es mir auf die Wange, bevor er es ableckte.

Ich flippte aus.

Erst hielt ich es bloß für ein handfestes, dreistes Geplänkel, aber später erfuhr ich, dass er sich etwas vorgenommen hatte. Ich meinte zu ihm, er sei kein Boyfriend-Material, und das stachelte ihn an, mich zu erobern. Je eingebildeter und weniger interessiert er wirkte, desto verknallter wurde ich.

Ich war mit einer Freundin da, die mit mir im Haus meiner Mutter wohnte. Sie verließ die Party in den Hills vor mir. Ich ging raus, um sie zu suchen, und ertappte sie, wie sie Danny einen Kuss verpasste. Er schob sie weg und ich konnte die beiden streiten hören. Trotzdem war ich wütend und dachte: *Danny, du bist so ein Schwein. Gerade hast du mich da drinnen angebaggert, und dann gehe ich raus und sehe dich meine Freundin küssen.*

Ein paar Wochen später erzählte er mir, meine Freundin hätte ihn total überrumpelt. Wahrscheinlich hatte sie das sogar absichtlich getan, weil sie wusste, ich würde rauskommen und sie suchen. Danny war jedenfalls beschämt.

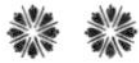

D'bat kleidete sich im neoromantischen Stil, mit Ohrringen, Seidenblusen, Ketten, Bandanas, Federn. Mein Dad besaß unglaubliches Charisma – alle sprachen von ihm. Er war sehr attraktiv, fuhr eine knallrote Kawasaki GPZ 550 und alle Mädchen liebten ihn.

Und wie meine Mom machte er sich rein gar nichts aus Prominenz - vielleicht war er sogar geradezu allergisch dagegen, genau wie sie.

Als mein Dad meine Mom das erste Mal sah, reparierte er gerade sein Motorrad, während sie mit ihrer Mutter über den Parkplatz des Celebrity Centre lief. Sie trug eine schwarze Lederjacke und er dachte: Wer ist diese Person mit so einer Ausstrahlung? Ihre Blicke trafen sich, als sie vorbeiging, und er hatte das Gefühl, sie habe ihm direkt in die Seele geschaut.

Mein Dad stand auf Jazz und wusste nicht mal, dass Elvis eine Tochter gehabt hatte, noch viel weniger klar war ihm, dass diese junge Frau in der schwarzen Lederjacke dieses Kind war.

Das nächste Mal sah er sie im Moustache Café. Zwischen meinen Eltern funkte es nicht auf Anhieb. »Du denkst also, du wärst *hot shit*, was?«, sagte meine Mom an diesem Abend mit Verweis auf seinen Ruf zu ihm.

Er fand sie einfach unnahbar.

Aber er hatte auch den Eindruck, dass dieses kleine Geschöpf am Ende des Tisches eine große Power und Präsenz ausstrahlte, und das hatte nichts damit zu tun, dass sie das Kind von Elvis Presley war. (Tatsächlich unterhielten sie sich während ihrer Beziehung null über Elvis - er wusste, dass der Verlust sie tief getroffen hatte, doch sie erwähnte es nie.) Er erkannte sofort, dass sie nicht das Bedürfnis hatte, irgendwen zu beeindrucken - und er fand sie auch physisch unglaublich umwerfend. Außerdem besaß sie eine intensive Ausstrahlung, die ihn anzog.

Das scherzhafte Geplänkel ging während des Abendessens weiter, bis er sich dachte: *Irgendwie mag ich diese Person.* Er sagt, er habe sich in sie verliebt, weil sie unerreichbar wirkte. Mein Dad sagt: »Sie hat sich nicht einfach hingelegt und war mit allem einverstanden. Sie war wirklich temperamentvoll und beharrte auf ihrem Standpunkt - auf ernsthafte Weise, nicht nur provokativ. Ich mochte diese Wortgefechte. Als sie sagte, ich sei kein Boyfriend-Material, wollte ich sie erst recht.«

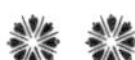

Ich hatte nie einen Hang zu kurzen Beziehungen oder One-Night-Stands. Wenn ich auf jemand stehe, dann stehe ich auf ihn, wenn nicht, dann nicht. Heiß oder kalt.

Nach einer weiteren Party kurze Zeit später fuhr ich Danny zu sich nach Hause – er hatte ein Zimmer in irgendeiner seltsamen Gegend von L.A. gemietet, Highland Park oder so. Seine Mitbewohnerin, eine Dreiundzwanzigjährige, war in einem Zeugenschutzprogramm, weil sie gegen einen wichtigen Drogendealer in Denver ausgepackt hatte.

Ich erinnere mich, mit in sein Zimmer gekommen zu sein. Wir hingen zusammen ab, redeten, und dann übernachtete ich dort. Nichts passierte. Wir hatten keinen Sex oder so. Ich lag einfach nur neben ihm, wir knutschten ein bisschen und redeten. Ich blieb bis in die frühen Morgenstunden, dann fuhr ich alleine nach Hause.

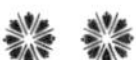

Mein Dad hat diese Nacht anders in Erinnerung:

»Wir hatten ein paar Drinks und rangelten miteinander, warfen Sachen rum, und dann stießen wir einen alten Schrank um und machten ihn kaputt. Aber meine Mitbewohnerin konnte sich nicht groß aufregen, weil sie ja untergetaucht war.«

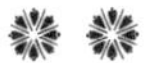

Anschließend machten Danny und ich eine feste Beziehung daraus. Ich war immer noch sehr vorsichtig. Schließlich hatte er eine Spur gebrochener Herzen hinterlassen – immer machte er mit den Frauen Schluss, die ihn weiterhin liebten. Seine längste Beziehung hatte sechs Wochen gedauert. Er war so jung, aber ich war sogar noch jünger, insofern war er trotzdem schon weiter als ich. Ich versuchte, mein Leben zu ändern – legte mich ernsthaft ins Zeug, fing an, mich zusammenzureißen, beendete meine verrückte Phase und meine frühen Drogenexperimente. Ich war nicht drogenabhängig gewesen, nur superneugierig, und ich probierte alles aus, was mir unterkam.

Im Grunde genommen war es bloß Rebellion.

Man braucht etwas, das größer ist als der Rausch, den Drogen einem verschaffen, größer als dieses Gefühl, als dieser Glückszustand, diese Leere. Und genau das fing ich an zu entwickeln. Ich wollte wissen, was zum Teufel ich hier tue, wollte etwas über das Leben erfahren, über Menschen. Ich wollte keinen Scheiß mehr machen.

Aber ich würde mir nicht einfach einen Job besorgen, Essen auf den Tisch bringen und damit zufrieden sein.

Ich brauchte Antworten.

Dannys Selbstbewusstsein und seine forsche Art fand ich attraktiv. Ich habe eine Schwäche für attraktive Alphamännchen. Wahrscheinlich liegt das an meinem Dad. Mein Vater war ziemlich alpha und ich absolut *daddy's girl.* Aber auch wenn ich eine wirklich starke Frau bin, bedeutet das nicht, dass ich die Hosen anhaben oder am Drücker sein will. Es stört mich nicht, wenn jemand anders diese Rolle übernimmt.

Das zwischen Danny und mir dauerte zunächst etwa vier Monate – definitiv die längste Beziehung, die er bis dahin hatte. Aber es machte mir Sorgen, dass Danny anderen Frauen nachschaute.

Er konnte ein schwer zu packender *Son of a bitch* sein, kaum zu halten. Ich war bis über beide Ohren in ihn verliebt, aber dann verknallte er sich in irgendein italienisches Mädchen, das kein Englisch sprach und Haare unter den Achseln hatte. Danach war es praktisch vorbei zwischen uns.

Aber ich hatte immer das Gefühl, noch an ihm zu hängen. Nachdem wir Schluss gemacht hatten, plagte mich zwei Jahre lang ein gebrochenes Herz. Ich kam nicht über ihn weg und war wie besessen. Ich war eines dieser Mädchen geworden. Keiner sollte davon wissen, aber ich war wie besessen von ihm.

Die Italienerin war nur was Vorübergehendes, aber ich am Boden zerstört. Man konnte mich nicht wieder aufrichten.

Inzwischen datete ich andere als uninteressanten Zeitvertreib. Einer davon war Brock der Bug Squasher. Ein Kerl, der sich im wahrsten Sinne des Wortes daran aufgeilte, Kartoffelkäfer auf den Boden zu schmeißen und zu sehen, wie sie zerplatzten. Das bescherte ihm tatsächlich eine Erektion. Es war eklig, aber Brock sah auch richtig gut aus und war bei den Anonymen Alkoholikern. Ich benutzte den Bug Squasher nur, um Danny eins auszuwischen. Allerdings wussten alle, die ich datete, dass ich tatsächlich in diesen Danny verliebt war und ihm immer noch nachtrauerte.

Ich wusste nicht, was ich wollte, nur dass ich mit Danny zusammen sein wollte. Und ich wusste, dass ich auch Kinder mit Danny haben *musste*, was das Seltsamste, Verrückteste an der ganzen Sache war. Ich hatte das Gefühl, es sei mir bestimmt, Kinder mit ihm zu haben – irgendwie wusste ich, dass wir uns immer verbunden sein würden, dass es immer okay wäre und nie eine schlimme Situation für ein Kind.

Für eine Weile zog Danny aus L.A. weg, und immer, wenn er zurückkam, waren meine Antennen auf ihn ausgerichtet. Ich sah ihn auf Partys, und es machte mich fertig. Vor allem, wenn er dort mit einem Mädchen aufkreuzte. Was er von mir dachte, hätte ich nicht sagen können. Eine Zeitlang war es ein Katz-und-Maus-Spiel – ich tauchte auf einer Party mit einem Kerl auf, wenn ich wusste, Danny würde dort sein. Zu tausend Prozent verhielt ich mich hinterhältig, manipulativ und berechnend. Ich beobachtete Danny, wenn er mich mit einem Typen sah, und seine ganze Stimmung änderte sich. Er war dann sichtlich enttäuscht, seine Energie ließ nach. Trotzdem glaubte ich nicht, dass es ihn wirklich einen Dreck kümmerte.

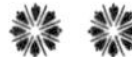

Sie stellte ihm zwei Jahre lang nach. Ohne sich zu schämen. Aber er fürchtete sich einfach vor ihrer Prominenz, flüchtete vor dem Phänomen, das sie verkörperte. Er wusste, sie wäre sein Untergang. Als er noch jünger war, fürchtete er sich vor kaum irgendwas, aber sie jagte ihm eine Scheißangst ein.

Er kam sich vor wie ein kleiner Fisch in einem Meer voller Haie. Er war doch bloß ein Bassist. Diese Nummer war ihm viel zu groß.

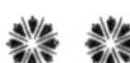

Eines Tages tauchte ich bei ihm zu Hause auf und wir hockten uns draußen auf den Bordstein und redeten. Ich sagte: »Mich macht das echt fertig, also lass uns einfach drüber reden, was wir wirklich empfinden, keine Spielchen mehr.« Wir waren ehrlich zueinander. Und dann hatten wir ein paar Wochen später ein Date … Wir gingen zusammen zu den MTV Music Awards.

An dem Abend wurde Danny beinah verhaftet. Irgendwann kam ein Kerl – wie sich rausstellte, ein Paparazzo – im Dunkeln auf uns zugestürmt und Danny schlug ihn reflexartig nieder. Der Kerl fiel über eine dieser massiven Absperrungen. Daraufhin mussten wir der Zeitschrift *People* ein Foto überlassen, damit der Fotograf keine Anzeige erstattete. Sie bezahlten 70 000 Dollar dafür.

Wir fanden es nicht cool, berühmt zu sein. Und wir hingen auch nicht wirklich mit anderen Promis ab. Wir waren unauffällig und kein bisschen extravagant. Ich musste die Dinge für Danny runterspielen, weil er so stolz war und ich ihn nicht abschrecken wollte. Er übernahm alle möglichen Jobs, als Anstreicher, Dachdecker, Bauarbeiter, und er spielte die Gigs, die er kriegen konnte.

Ich lebte auch nicht wie eine Prinzessin. Mein erstes Auto war ein gebrauchter Toyota Celica Supra.

Allerdings gab es diesen einen Abend im China Club, als ich mit meinen Freunden in einer Nische saß und Rick James direkt neben mir aufschlug. Rick und ich waren uns vorher schon ein paarmal zufällig begegnet, und er wirkte so fertig. Er sagte: »Ach, mir geht's nicht so gut«, oder: »Ich versuche ja, aufzuhören und mein Leben in Ordnung zu bringen.« Ich hatte eine Schwäche für ihn und wollte ihm helfen.

An jenem Abend war Rick total zugedröhnt und Danny sah, wie er mir immer näher auf die Pelle rückte. Er schüttelte in Ricks Richtung den Kopf. Plötzlich machte es *Wumm*, Rick sprang auf und stürzte sich wie ein wildes Tier auf Danny. Zum Glück sah es der Türsteher, packte Rick quasi aus der Luft und warf ihn aus dem Club.

Ungefähr zu der Zeit besorgte ich mir einen Job als Jerry Schillings Assistentin. Der gehörte inzwischen dem Vorstand von Elvis Presley Enterprises an. Und meine Mom verpflichtete mich, an deren Sitzungen teilzunehmen. Ich hatte keine Ahnung, was zum Teufel ich da tun sollte, also saß ich einfach nur dabei und hörte zu. Meine Mom hatte da das Sagen und wollte mich quasi ausbilden für die Zeit, wenn ich mit fünfundzwanzig das Ruder übernehmen würde.

Eines Tages beging ich den Fehler, mich bei der Vorstandssitzung ans Kopfende des Tischs zu setzen. Meine Mom kam rein und sagte: »Setz dich ja nicht noch mal auf meinen Platz am Kopfende des Tischs. Für wen hältst du dich? Das ist mein Unternehmen, ich bin es, die Graceland eröffnet hat. Du kannst hier nicht einfach reinkommen und dich hinsetzen, als wärst du jemand!«

In der kurzen Zeit, die ich für Jerry Schilling arbeitete, passierten aber auch lustige Sachen. Er managte damals Jerry Lee Lewis, und der war die schlimmste Person, die man sich als Manager vorstellen konnte. Aber mich liebte Lewis, und er war immer großartig zu mir. Eines Tages flog ich von Memphis zurück nach L.A. und saß zufällig neben Jerry Lee. Als wir landeten, bekam ich noch im Flugzeug eine Nachricht aus dem Büro: »Steigt nicht aus. Holt nicht sein Gepäck. Das FBI erwartet ihn am Gate.«

Anscheinend hatte Jerry Lee einen Aktenkoffer – der vermutlich voll mit Drogen war. Wahrscheinlich Demerol. Anstatt also sein Gepäck zu holen, türmten Jerry Lee und ich aus dem Flughafen wie zwei Kriminelle auf der Flucht.

Ich bin überhaupt nicht fürs Telefonieren gemacht. – Tatsächlich ist das Schlimmste, was man mit mir machen kann, mich gottverdammte Anrufe entgegennehmen zu lassen. Aber ich musste das für Jerry Schilling tun.

Nach ungefähr sechs Monaten feuerte er mich.

Diesmal blieben Danny und ich für ein Jahr zusammen. Ein ganzes Jahr. Ich war neunzehn. Ihm zuliebe tat ich sogar so, als würde ich seinen Helden, den Bassisten Jaco Pastorius, mögen, obwohl ich kein Fan von Jazz war.

In jenem Jahr, als wir zusammen waren, wurde ich schwanger. Aber es war nicht die erste Schwangerschaft von Danny.

Als ich das erste Mal schwanger war, merkte ich es nicht einmal. Während der ersten vier Monate, die wir zusammen waren, kam ich mit schrecklichen Schmerzen in die Notaufnahme und wurde sofort operiert. Die Ärzte dachten, es wäre mein Blinddarm, doch als ich wieder zu mir kam, erklärten sie mir, ich hätte eine extrauterine Schwangerschaft gehabt (weil sie schon dabei waren, entfernten sie den Blinddarm auch gleich).

Nie war ich von irgendwem anders schwanger geworden, was schon faszinierend ist, weil ich total nachlässig gewesen war und nicht verhütet hatte oder so. Aber mit Danny passierte es zum ersten Mal und dann erneut, als wir wieder zusammen waren.

Beim zweiten Mal wusste ich nicht, was ich tun sollte, und Danny wusste es genauso wenig. Am Ende hatte ich eine Abtreibung. Und es war die dümmste Sache, die ich je in meinem ganzen Leben gemacht habe. Ich war am Boden zerstört. Ich ließ es machen, und dann weinten wir beide. Wir waren wie vernichtet und nicht lange danach ging alles in die Brüche und wir trennten uns. Ich hielt es mit mir selbst nicht aus.

Danny ging mit der Band auf ein Kreuzfahrtschiff, das durch die Karibik schipperte. Ich machte mich mit einem Eurail-Pass für ein paar Monate auf den Weg durch Europa. Die ganze Zeit über konnte ich nicht fassen, dass ich eine Abtreibung hatte machen lassen. Ich war so wütend auf mich selbst.

Also schmiedete ich einen Plan.

Ich plante akribisch und insgeheim. Dafür bestimmte ich sogar genau, wann mein Eisprung stattfand – zuerst reiste ich nach Memphis zu meiner Tante Patsy, um auszuhecken, wie es funktionieren könnte. Es war eine Gemeinschaftsleistung. Ich machte die reinste Wissenschaft daraus – dann buchte ich gezielt eine Reise, um Danny auf dem Schiff zu treffen.

Über Nacht besuchten wir Aruba oder irgendeine andere Insel.

Ich erinnere mich noch daran, in der Hoffnung auf das Schiff zurückgekehrt zu sein, ich hätte es verdammt noch mal geschafft.

Danny hatte keine Ahnung von meinem Plan. Aber mich kümmerte tatsächlich nicht mehr, was er davon gehalten hätte. Es kümmerte mich nicht, ob er daran beteiligt sein wollte oder nicht. Ich hatte das Gefühl, etwas wettmachen, wiedergutmachen zu müssen, denn ich konnte immer noch nicht glauben, dass ich eine Abtreibung hatte machen lassen. Ich dachte: *Ich werde dieses Kind bekommen. Es gibt ein Kind, das ich bekommen muss.* Ich sprach zu dem verlorenen Kind und sagte: »Es tut mir so leid, ich kann nicht glauben, dass ich das verdammt noch mal getan habe. Bitte verzeih mir und steh mir bei, bis ich wieder schwanger bin.«

Dann verließ ich Aruba, wartete zwei Wochen, machte einen Schwangerschaftstest. Und rief Danny an.

»Ich bin schwanger«, sagte ich.

Danny wusste, dass er mich heiraten musste. Ich habe ihm eine Falle gestellt. Es war nicht wirklich meine Absicht gewesen, aber ich habe es getan.

Meine Mom erzählte mir später jede Einzelheit vom Timing ihres Eisprungs für jenen Moment auf Aruba. Sie hatte so eindeutig vor, meinen Dad in diese Falle zu locken.

An jenem Tag, als mein Dad erfuhr, dass er Vater würde, hatte er in der Disco geprobt. Das Schiff schwankte hin und her und er musste das Becken des Schlagzeugers festhalten, damit es nicht zu Boden krachte.

Neben der Disco gab es einen Greenroom, aus dem jemand ihm zurief: »Danny, da ist ein Anruf für dich.« Das war lange vor den Mobiltelefonen und ein Anruf auf einem Schiff war was total Seltenes – man musste dafür eine Vermittlungsstation anrufen, um dann via Breitbandfunk eine Verbindung zu dem Schiff zu bekommen. Oder irgendwas in der Art jedenfalls.

Kleid, für meine Familie und Freunde, damit alle sich einbezogen fühlten.

Inzwischen war ich schon sehr schwanger.

Dass ich wegen des Babys zugenommen hatte, machte mir zu schaffen, und die Presse stürzte sich darauf. Damals wurdest du fett genannt, wenn du schwanger warst. Mir folgten so viele Paparazzi, meine Schwangerschaft erzeugte dermaßen Aufmerksamkeit, dass ich es kaum aushielt. Ständig wurde ich belästigt. Zum ersten Mal erlebte ich Verfolgungsfahrten mit Autos und fuhr wie eine Verrückte, um sie loszuwerden. Selbst wenn ich nur zum Einkaufen wollte.

Danny und ich bezogen unser erstes Haus, ein ganz normales Haus im Valley. Wir bereiteten uns darauf vor, unser Baby zu bekommen, doch der Druck war wahrscheinlich so schlimm, wie ich es noch nie erlebt hatte.

Die Polizei half uns, ins Krankenhaus und wieder zurück zu kommen. Das war auch stressig, zu versuchen, ein Kind zu gebären und Sicherheitsleute und Polizisten auf dem Stockwerk postieren zu müssen, während Paparazzi versuchten, reinzukommen, und die Polizei sich bemühte, uns rauszubringen, wie sonst nur, wenn der Präsident ein Gebäude verlässt.

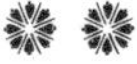

Am Tag meiner Geburt tricksten meine Eltern die Paparazzi aus, die vor unserem kleinen Haus in Tarzana einfach auf der Straße campiert hatten. Damals hatten wir noch keine Security am Zaun oder Ähnliches. Aber ein Freund von meinem Dad wohnte am Sunny Cove, einer kleinen Sackgasse, die vom Mulholland Drive in den Hollywood Hills abzweigt. Mein Dad wusste, die Paps würden ihnen zum Krankenhaus folgen, also verständigte er seinen Freund, als bei meiner Mom die Wehen einsetzten. Dann fuhren sie ans

Ende des Sunny Cove, die Paparazzi im Schlepptau. Rasch holte der Freund seinen eigenen Wagen raus und blockierte die Straße, sodass meine Eltern entwischen konnten.

Mom und Dad hatten Lamaze-Kurse besucht. Dort erhielten sie eine Konzentrationspyramide – das ist deren Lieblingsmethode –, die man während der Geburt an einem Platz aufstellen soll, wo die Frau sie sieht und sich darauf konzentrieren kann.

Als die Wehen heftiger wurden, schrie meine Mom vor Schmerzen, entschied sich aber zunächst gegen eine Epiduralanästhesie. Mein Dad versuchte, ihr zu helfen, und sagte, sie solle sich doch auf die Pyramide konzentrieren.

»Scheiß auf die Pyramide und scheiß auf dich!«, brüllte sie.

Meine Eltern nannten mich Riley, aber ihnen fiel kein *middle name* ein. Priscillas Mutter Ann (auch Nana genannt) schlug vor, mich nach meinem Dad zu nennen. Weil meine Eltern sonst keine Ideen hatten, überließen sie es dem Krankenhaus. Irgendwer dort fand, Danielle vor Riley würde besser klingen, und darum ist mein offizieller Name Danielle Riley Keough.

Nicht lange nach meiner Geburt kamen Fotografen ins Zimmer. Auf meine Mom wurde Druck ausgeübt, sie solle ein Foto von mir veröffentlichen, damit die Presse aufhören würde, uns zu verfolgen. Das Bild war 300 000 Dollar wert, was in den Achtzigern eine noch viel gigantischere Summe darstellte. Heute entspricht das einer knappen Million. Das Foto erschien auf dem Cover von *People* mit der Schlagzeile, *ELVIS' ERSTES ENKELKIND. HIER IST SIE!*

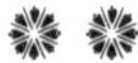

Und dann bekam ich einen Crashkurs im Muttersein.

Mit zwanzig war ich verheiratet, mit einundzwanzig Mutter, fast so wie meine eigene Mutter.

Aber als Riley zur Welt kam, waren alle glücklich. Sie war so eine besondere Fackel, ein einzigartiges geistiges Wesen, ein Licht in diesem Universum. Ich glaube, ich war ein Gefäß und diente einem höheren Zweck – Riley gehörte mir, aber auch allen anderen.

Ich verliebte mich in die Mutterrolle. Die Berufung, für jemand anderen zu sorgen, wurde mir bewusst. Eine Mom zu sein, bedeutete mir alles, und Riley war der kostbarste Schatz. Ich würde alles tun, was in meiner Macht stand, um sie zu beschützen und großzuziehen.

Es ist ja so eine Sache, entweder machst du, was deine eigenen Eltern getan haben, oder das genaue Gegenteil dessen, was du selbst erlebt hast. Ich tat das Gegenteil.

Danny wurde Mitglied einer Band namens Ten Inch Men und fing an, Gigs in der Stadt zu spielen. Ich verknallte mich ein bisschen in den Leadsänger – der Typ hatte ein ernsthaftes Leadsänger-Syndrom – und das wurde ein Thema in unserer Ehe. Eines Abends meinte der betrunkene Sänger zu mir: »Weißt du, wenn Danny nicht wäre, dann, denke ich, wären du und ich perfekt füreinander.« Ich erzählte Danny, was er gesagt hatte – ich war immer sehr ehrlich zu ihm. Aber es war so schwer, weil Danny ja auf der Bühne stand, während ich den Leadsänger beobachtete. Das machte Danny absolut verrückt und es zerstörte die Band.

Danny fing mit halluzinogenen Pilzen an, rauchte Gras und das sorgte für Riesenstreitereien zwischen uns, weil ich zu dem Zeitpunkt total gegen Drogen eingestellt war.

Aber im Großen und Ganzen kamen wir schon zurecht.

Wir zogen in ein Haus am Mountaingate Drive, oberhalb der 405. Ansonsten waren wir einfach ein normales Ehepaar. Wir veranstalteten Partys und grillten mit meiner Familie.

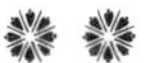

Da sind wir drei also nun und wohnen oberhalb der 405 in Los Angeles. Es ist das Jahr 1991.

»Jaco ist abgehauen!«

Das ist meine erste Erinnerung.

Mein Dad rennt. Meine Mom rennt. Sie trägt mich auf dem Arm. Immer wieder schreit sie: »Jaco ist abgehauen! Jaco ist abgehauen!« Als könne sie es ungeschehen machen, indem sie es sagt. Sie ist ganz außer sich. Wir laufen unsere Straße hinunter. Normalerweise konnte ich die Autos auf der 405 unten im Canyon hören, aber heute höre ich nur meine Mutter schreien: »Jaco ist abgehauen! Jaco ist abgehauen!«

Jaco war unser Mops. Sie hatten ihn nach Jaco Pastorius benannt. Einmal war mein Dad dem legendären Jaco begegnet, an Stanley Clarkes Geburtstag in dessen Haus. Jaco war in einem alten Mercedes dort aufgekreuzt – damals war er noch nicht obdachlos und völlig den Drogen verfallen. Die klassischen Alben mit Joni Mitchell und Weather Report hatte er damals aber schon gemacht. Mein Dad war sechzehn, als er sein Idol traf.

Jetzt ist er zehn Jahre älter und rennt auf der Suche nach einem anderen Jaco die Straße runter.

Wir haben Jaco nie wiedergefunden. Vielleicht hat ein Nachbar ihn sich geschnappt, vielleicht ein Kojote. Meine Eltern waren zu der Zeit nicht besonders verantwortungsvoll, aber sie liebten mich so sehr. Daran zweifelte ich niemals. Nie und nimmer.

Dieses Gefühl hatte Elvis meiner Mom gegeben. Sie wollte es mir geben.

Doch der Flirt mit dem Leadsänger war für meinen Dad unglaublich hart, weil seine zwei Lebensbereiche – Familie und Band – gefährdet waren.

Nach einer Tour kam mein Dad zurück und sagte, er hätte ein bisschen mit Zwillingen rumgemacht, während er weg war. Er hatte keinen Sex mit ihnen – er war sogar stolz darauf, dass es nur Küsse und erotisches Tanzen gewesen waren –, aber er gestand es meiner Mom. Daraufhin warf sie ihm einen Teller wie eine Frisbee durch die Küche an den Kopf.

Viele Jahre später diskutierten sie das vor mir und es klang so:

Mom: Zwei gleich? Ich dachte, es wäre eine gewesen.

Dad: Vielleicht war das ein anderer Vorfall.

Mom: Ich weiß nichts von irgendwelchen Zwillingen.

Dad: Es waren keine richtigen Zwillinge. Es waren zwei Freundinnen.

Mom: Ach, zwei *Freundinnen* …

Ziemlich bald, nachdem wir in dieses Haus gezogen waren, ging es mit Morddrohungen los, die meine Eltern erhielten. Da gab es vor allem einen Kerl aus den Bergen im Süden. Mein Dad sagte, er hätte keine Zähne und wäre 2 Meter 13 groß. Der schrieb Briefe, in denen es hieß, er würde mich holen kommen, weil ich offensichtlich seine Tochter wäre. »Ich werd Danny umlegen und mir mein Kind zurückholen«, schrieb er aus dem letzten Winkel von Arkansas.

Mein Dad schickte meine Mom und mich nach Hawaii und saß mit einem Gewehr auf dem Schoß in unserem Haus, um auf ihn zu warten. Privatdetektive meiner Eltern spürten den Mann auf, als er in die Stadt kam, doch die Polizei konnte ihn in L.A. nur ein paar Tage lang festhalten. Deshalb das Gewehr.

Ein andermal rief mein Dad die Cops, weil da ein Kerl mit einer Waffe vor unserem Haus war. Sie kamen und schlugen ihn nieder, woraufhin er meinen Dad verklagte.

Anschließend wohnten wir hauptsächlich in bewachten Wohnanlagen. Weil wir mussten.

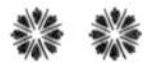

Ich liebte es so sehr, Mom zu sein, dass ich mir noch ein Kind wünschte, und ich wollte unbedingt einen Jungen. Meine Mom hatte mir gesagt, wie man einen Jungen oder ein Mädchen bekam. Im Grunde genommen, meinte sie, ist das Jungs-Sperma schneller als das Mädchen-Sperma, aber es stirbt schneller ab, also wenn du einen Jungen willst, musst du Sex ganz knapp vor Beginn deines Eisprungs haben (um nur das erste Sperma zu erwischen).

So wie damals, als ich diese Reise plante, um schwanger zu werden, war ich diesmal entschlossen, einen Jungen zu bekommen. Ich musste es also planen und wir hatten nur ein gewisses Zeitfenster. Wir machten es dreimal an einem Tag und dann nicht mehr, weil ich nicht riskieren wollte, dass weibliches Sperma das Rennen für sich entschied.

Nachdem ich schwanger war, reisten wir nach Florida und mieteten uns dort ein Haus. Es war eine sehr leichte Schwangerschaft. Ich machte damals viel Sport und war daher wirklich gut in Form. Weil ich das brauchte, um ein gesundes Baby zu bekommen, peilte ich an, exakt 26 Pounds (11,8 Kilo) zuzunehmen. Und tatsächlich nahm ich exakt 26 Pounds zu, und zwar nur am Bauch, sonst nirgends.

Als meine Fruchtblase platzte, fuhren wir nach Tampa, wo ich meinen Sohn Ben bekam, natürlich. Ungefähr eineinhalb Jahre lebten wir in Florida, und es war toll – wir waren zu dem Zeitpunkt beide quasi gezähmt. Zur Ruhe gekommen.

Doch dann fing ich an, Gesangsstunden zu nehmen.

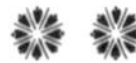

Je extremer das Wetter, desto glücklicher war meine Mom.

Wenn man an einem Ort wie Florida lebt, hat man das Gefühl, es gibt einmal pro Woche eine Tornado- oder Hurrikan-Warnung.

Mutter Natur ist dort sehr stark. Meine Mom liebte dieses ganze Extremwetter einfach. Obwohl sie den größten Teil ihres Lebens in Südkalifornien verbrachte, hasste sie das Klima dort. Sie mochte Sonnenschein nur an einem Strand auf Hawaii. Meine Mom wünschte sich Schnee, Regen und Tropenstürme ... einfach *irgendwas*.

An dem Tag, als mein Bruder zur Welt kam, saß ich mit Thomas, dem Bruder von meinem Dad, und dessen Frau Eve im Wartebereich des Krankenhauses in Tampa. Es war spät und schon dunkel. Das Nächste, woran ich mich erinnere, ist, im Zimmer meiner Mom zu sein – verglichen mit der Höhe ihres Betts bin ich winzig. Ich schaue nach oben. Es ist still. Meine Mutter und mein Vater sind da, und mein neuer Bruder. Ich kann mich nicht wirklich erinnern, ob ich Ben im Arm hielt, aber ich habe noch das Wesentliche des Dort-Seins in Erinnerung: dieses nächtliche Neugeborenen-Gefühl, das den Raum erfüllte.

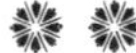

Schon mein ganzes Leben lang hatte ich singen wollen, es aber einfach nicht getan. Ich nahm die Stunden nur, um meine Stimme aufzuwärmen, doch eines Tages bat ich die Lehrerin, sie solle sich umdrehen und mich nicht ansehen.

Ich sagte: »Hören Sie mir einfach zu, und wenn ich eine Chance damit habe oder falls Sie glauben, dass da irgendwas in mir steckt, sodass ich das hier weiterverfolgen sollte, lassen Sie's mich wissen. Wenn nicht, dann tun wir einfach so, als wäre es nie passiert.«

Danach sang ich eine Strophe und den Refrain eines Songs von Aretha Franklin, *Baby I Love You*.

Als die Frau sich wieder zurückdrehte, schien sie ehrlich überwältigt. Sie holte ihren Mann und noch ein paar andere Leute dazu, und dann ließ sie es mich noch mal singen. Obwohl ich wusste, gegen was ich hier antrat, dachte ich: *Wow. Vielleicht schaffe ich das …*

Ich erzählte Danny, dass ich mir wünschte, er würde diese Nummer für mich produzieren. Ich sagte ihm: »Entweder mache ich das und es funktioniert, oder es wird die größte Blamage meines Lebens, und dann tun wir einfach, als wäre es nie passiert.«

Danny produzierte *Baby I Love You* im legendären Studio One on One in L.A. (Dort hatte er mal gejobbt, war aber auch gefeuert worden, weil er nicht ans Telefon ging – er war zu beschäftigt damit gewesen, Bass zu spielen.) Ich spielte die Aufnahmen Leuten aus meiner Familie vor. Allen blieb vor Staunen der Mund offen. Sie konnten nicht glauben, dass das meine Stimme war. Also fingen Danny und ich an, gemeinsam Musik zu schreiben, und ich machte ein Demotape. Es sprach sich irgendwie herum, und dann fingen Prince und Michael Jackson und einfach alle an aufzutauchen.

Diese Demoaufnahme sollte unser Leben für immer verändern.

FÜNF

MIMI

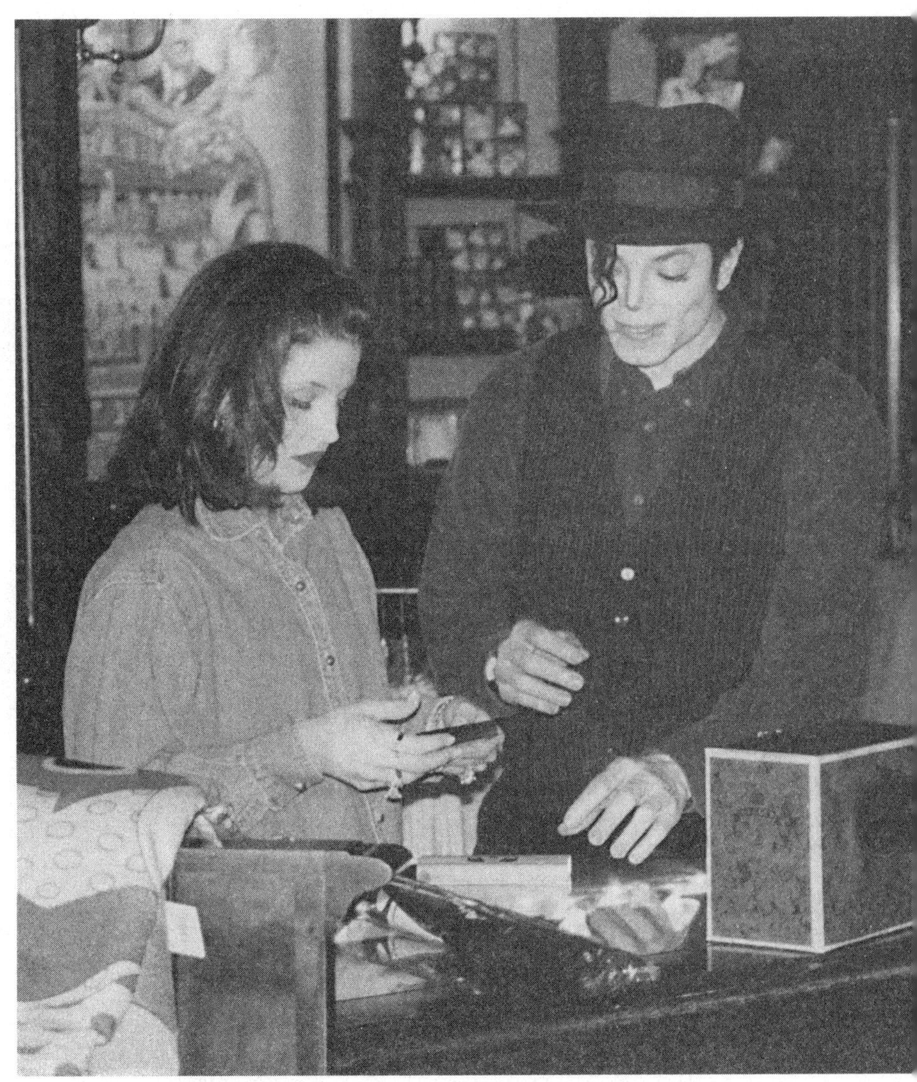

Ich war noch ein kleines Mädchen, als ich Michael Jackson in Las Vegas kennenlernte. Ich glaube, ich war etwa sechs Jahre alt. Mein Dad trat im Hilton auf und The Jackson 5 irgendwo in der Nähe. Michael erinnerte sich später, dass ich hinter die Bühne kam und alle zum ersten Mal traf. Ich kann mich daran überhaupt nicht erinnern.

In meinen Teenagerzeiten – ich muss so fünfzehn oder sechzehn gewesen sein – rief Michael meine Mom an, weil er sie zum Dinner ausführen wollte. Als ich erfuhr, dass er angerufen hatte, sagte ich: »Mom, was zur Hölle machst du? Warum ruft dich Michael Jackson an?« Später erfuhr ich, dass er hoffte, ich würde meine Mom zu der Verabredung begleiten. Er sprach das aber nicht so deutlich aus, weil er nicht *weird* rüberkommen wollte.

Ein paar Jahre danach, als ich für Jerry Schilling arbeitete und ihn beim Management von Jerry Lee Lewis unterstützte, versuchte Michael, mich über den Geschäftsmann John Branca zu kontaktieren. Der kümmerte sich um Elvis' Nachlass und hatte Michael auch dabei geholfen, das Gesamtwerk der Beatles zu kaufen. Doch zu der Zeit stand ich kurz davor, Danny zu heiraten, also wurde nichts daraus. Nach der Hochzeit mit Danny war ich auf dem Cover vom *People*-Magazin und Michael erzählte mir später, dass er deshalb am Boden zerstört war. Er fand, statt Danny sollte er mit mir zusammen sein.

Ich hatte von alldem keine Ahnung.

Die erste Begegnung mit Michael, an die ich mich tatsächlich erinnern kann, war 1993, direkt nach seinem berühmten Halftime-Auftritt beim Super Bowl und seinem Interview mit Oprah. Er und ich lernten uns dank eines gemeinsamen Freundes kennen. Ich hatte ein Demoband eingesungen – Michael meinte, er hätte es sich angehört und wollte sich dazu mit mir treffen. Zuerst wollte ich das nicht. Ich hatte keine Lust, das Projekt von jemand anders zu werden. Prince hatte das auch schon versucht, und auch wenn ich die Arbeit der beiden respektierte, wollte ich doch mein eigenes Ding.

Trotzdem bin ich zu der Verabredung mit Michael hin.

Als er erschien, war ich schockiert, dass er ganz allein war, und noch mehr schockiert, dass er wirklich dezent und extrem nett war. Danny war mit mir mitgekommen und sorgte dafür, dass alle den Raum verließen, damit Michael und ich ungestört miteinander reden konnten.

Zwischen uns hat es einfach klick gemacht. Wir tauschten Telefonnummern aus und er rief mich immer mal an. Zu der Zeit lebte ich in Clearwater, gab mir bei Scientology echt viel Mühe und machte Fortschritte. Damals nahm ich nicht mal Advil, echt verrückt. Und Michael rief an. Wir hatten ein Signal vereinbart: Wenn es dreimal klingelte und dann aufhörte, war es Michael, und alle mussten mir verdammt noch mal vom Hals bleiben, damit ich mit ihm telefonieren konnte. Wir telefonierten sehr lange miteinander. Ich dachte, dass er bloß einsam sei und einen Freund brauchte. Aber er war hinter mir her.

Irgendwann lud er mich ein, ihn in Atlanta zu besuchen, und ich fuhr mit meiner Assistentin dorthin, sie war die Frau von Dannys Bruder. Ich verbrachte die Zeit ausschließlich mit Michael. Wir gingen in Vergnügungsparks. Keine Ahnung, warum Danny das zuließ, keine Ahnung, warum er mir vertraute.

Fehler.

So ging das ein paar Monate, dann erschienen diese Belästigungsvorwürfe. Michael verschwand von der Bildfläche, tauchte unter. Niemand konnte ihn finden. Ich ließ ihn wissen, dass ich für ihn da sei, wenn er mit mir reden wolle. Er rief mich so gut wie jeden zweiten Tag an. Ich war eine der wenigen Personen, mit denen er sprach oder die wussten, wo er sich aufhielt.

Er war in der Schweiz, für einen Schmerztabletten-Entzug, und kam danach zurück nach Los Angeles. Damals war da dieses

Northridge-Erdbeben und ich hörte, dass Michael im Pyjama aus seinem Haus rannte, in seinen Jeep sprang, zum Flughafen fuhr und eine Gulfstream nach Las Vegas nahm, weil er Angst vor Erdbeben hatte.

Ich fand das sehr lustig.

Er rief mich aus Vegas an und lud mich wieder ein, ihn zu besuchen. Ich ging ins Mirage, wo er wohnte – ich hatte die Kinder bei mir und erneut meine Schwägerin. Michael und ich hatten zwei Zimmer, aber jeden Abend ging ich zu ihm, und wir blieben die ganze Nacht auf, redeten, wie man es tut, wenn man jemanden ganz frisch kennenlernt, und schauten Filme, zum Beispiel *Der weiße Hai*, wir tranken und sprachen über unsere jeweilige Kindheit, unsere Leben und wie wir uns fühlten.

Er besaß eine besondere Energie und Präsenz, und in dieser Woche ließ er mich völlig in seine Welt eintauchen, in sein Denken. Mir war klar, dass er das nicht sehr oft tat. Ich glaube eigentlich nicht, dass er das jemals getan hat, bis wir anfingen zu reden. Er wusste, dass ich ihn verstand, und wir empfanden eine Verbindung, weil ich ihn nicht verurteilte. Ich verstand vollkommen, wer er war und warum er den Scheiß dachte, den er dachte. Wir kamen aus ähnlichen Verhältnissen und befanden uns auch jetzt in ähnlichen Verhältnissen. Alles in unserem Leben war so unglaublich unnormal. Es gab keinen Grund, warum wir uns *nicht* verstehen sollten.

Und das erste Aufeinandertreffen, als ich noch ein Kind war? Er erinnerte sich an jedes Detail – wo ich gesessen hatte, was ich gesagt hatte.

»Erinnerst du dich an das weiße Kleid?«, fragte er.

Ich antwortete: »Warum erinnerst du dich an das weiße Kleid, das ich anhatte? Mein Gott. Du *erinnerst* dich daran? Ich erinnere mich an *gar nichts*. Alles, woran ich mich erinnern kann, ist, dass ich Angst hatte, meinem Dad zu sagen, ich wollte den Auftritt von jemand anderem sehen.«

Eigentlich war geplant, zwei Tage in Vegas zu sein, aber ich blieb schließlich acht Tage dort. Sexuell ist zwischen uns nichts passiert, aber die Verbindung war wahnsinnig stark. Niemand hatte je diese Seite an ihm gesehen. Er war nicht dieser hochgestochene, berechnende Typ. Das war nur gespielt.

Irgendwann in dieser Woche kam Danny nach Las Vegas geflogen und versuchte, mich im Mirage zu finden, er hämmerte an Türen. Ich sagte Danny, dass ich Michael nur freundschaftlich helfen wollte, und dass er uns in Ruhe lassen und nach Hause fahren sollte. Und das tat er dann auch.

Am letzten Abend lud mich Michael wieder in sein Zimmer ein. Als ich ankam, sagte er: »Sieh mich nicht an, ich bin echt nervös. Ich möchte dir etwas sagen.« Er machte das Licht aus.

Und im Dunkeln sagte Michael: »Ich weiß nicht, ob du es bemerkt hast, aber ich bin total verliebt in dich. Ich möchte, dass wir heiraten und dass du die Mutter meiner Kinder wirst.« Dann spielte er mir ein Lied über seine Gefühle für mich vor, und als er fertig war, sagte er: »Du brauchst nichts zu sagen. Ich weiß, ich habe dich überrumpelt, aber ich will dich wirklich. Ich möchte mit dir zusammen sein.«

Ich habe nicht gleich geantwortet, aber schließlich meinte ich: »Ich fühle mich so geschmeichelt, dass ich gar nichts sagen kann.« Da spürte ich, dass auch ich in ihn verliebt war. Ich sagte zu ihm, dass meine Ehe in ernsten Schwierigkeiten wäre.

Ich habe mich echt zurückgehalten, aber als ich wieder in meinem Hotelzimmer im Mirage war, bin ich völlig ausgerastet. Ich weiß noch, wie ich in mein Ankleidezimmer ging, mich an die Wand lehnte und einfach nur vor mich hin starrte. Ich war dermaßen verknallt, so aufgewühlt … *Oh mein Gott, verdammt,* dachte ich, *was ist da gerade passiert?*

Ich hatte ihm nicht sagen wollen, dass ich genauso empfand, denn ich hatte ja meine beiden Kinder bei mir und musste erst mal nach Hause und es meinem Mann erklären. Aber auch ich war total verliebt.

Am nächsten Morgen flogen Michael und ich gemeinsam in einem Privatjet zurück nach Los Angeles. Als wir landeten, sagte Michael: »Ich werde dich vermissen.« Und dann meinte er, dass er es mir überlassen würde, was auch immer ich entscheiden sollte, und dass er mich anrufen würde.

Als ich nach Hause kam, lag Danny im Bett und schlief. Ich war vollständig geschminkt. Jedes Mal, wenn ich Michael sah, war mein Haar ordentlich frisiert, ich trug etwas Schönes, hatte die Nägel gemacht – alles war perfekt.

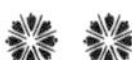

Die Nägel waren feuerwehrrot und sie klopfte damit ungeduldig auf den gläsernen Couchtisch. Ich versuchte, es ihr nachzumachen, aber ich war zu klein, um Nägel zu haben, die ein Geräusch machten.

Meine Mom kaute Nägel – sie biss sie beinahe bis zur Nagelhaut ab, dann waren sie blutig, und sie wollte nicht, dass Michael das sah. Sie wollte die perfekte Frau für ihn sein – Michael wusste zum Beispiel nicht, dass meine Mom rauchte –, wiederum nicht unähnlich der Beziehung von ihrer Mutter und ihrem Vater. Aber nachdem sie und Michael eine Weile zusammen waren, meinte er schließlich zu ihr, dass ihm ihre Nägel im natürlichen Zustand am besten gefielen – er *verlangte* ganz sicher nicht von ihr, perfekt zu sein. Danach konnte sie es nicht fassen, dass sie ein ganzes Jahr Tausende von Dollars für ihre Nägel ausgegeben hatte, während er die angeknabberten lieber mochte.

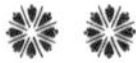

Da stand ich nun, voll herausgeputzt, obwohl ich die ganze Nacht nicht geschlafen hatte.

Danny sagte: »Komm zu mir ins Bett.«

»Ehrlich gesagt, kann ich das nicht«, reagierte ich und verließ das Schlafzimmer.

Danny stand auf und fand mich irgendwo im Haus.

»Lass uns reden«, sagte er. »Was ist passiert?«

»Na ja«, sagte ich, »Michael hat mich gebeten, dich zu verlassen und ihn zu heiraten und Kinder mit ihm zu bekommen.«

»Was hast du geantwortet?«

»Nichts.«

»Dann war's das jetzt«, sagte Danny. »Das war's. Vergiss es.«

Und dann packte Danny seine Sachen, nahm den Hund und fuhr durch das verfluchte Tor.

Weg war er.

Im Laufe des Tages rief Michael an. Würde ich Danny nun verlassen oder nicht? Als Michael erfuhr, was geschehen war, war er sehr aufgeregt und schickte riesige Körbe voller Blumen. Ich besuchte ihn ab da in L.A. Mir war immer ganz mulmig, ich war so nervös. Ich weiß noch, dass ich sehr geschwitzt habe.

Er gestand mir, noch Jungfrau zu sein. Ich glaube, er hatte mal Tatum O'Neal geküsst, und er hatte was mit Brooke Shields laufen, doch außer einem Kuss war da nichts Körperliches gewesen. Er erzählte, Madonna habe auch einmal versucht, mit ihm zu schlafen, aber es sei nichts passiert.

Ich hatte große Angst, weil ich nichts falsch machen wollte. Als er beschloss, mich zum ersten Mal zu küssen, tat er es einfach. Er hat das Tempo vorgegeben. Die körperlichen Dinge passierten einfach so, ganz schnell, was mich etwas schockierte. Ich war davon ausgegangen, dass wir vielleicht nichts tun würden, bis wir verheiratet waren, aber er meinte: »Ich warte nicht!«

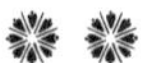

In einem Hotelzimmer in Clearwater, Florida, saß ich auf dem Schoß meiner Mom, als sie mir sagte, dass sie und mein Dad sich scheiden lassen würden. Ich wurde hysterisch und schluchzte unkontrolliert, weil ich dachte, das bedeute, dass er nicht mehr mein Dad wäre.

»Nein, nein, natürlich ist er dein Dad«, sagte meine Mom.

An diesem Tag nahm Ben einen ihrer knallroten Lippenstifte und malte einen langen Strich an der Wand entlang. Er liebte es immer, mit ihrem Make-up herumzuspielen, aber diesmal würde er sehr viel Ärger bekommen.

»Ich werde dich verraten«, sagte ich, und das tat ich auch.

Ich weiß noch, dass ich dann hörte, wie Ben im anderen Zimmer angeschrien wurde und er weinte, und ich hatte ein so schlechtes Gewissen. Ich trug schwer an dieser Schuld, diese Schuld, die große Schwester zu sein, trug ich jahrelang mit mir herum.

Ben war jederzeit imstande, mir das Herz zu brechen.

Ich glaube, Michael hat mitten ins Herz meiner Mom getroffen. Sie wollte ihn in Ordnung bringen und spürte, dass er unverstanden war, ein Gefühl, das sie sehr gut kannte.

Mein Vater war völlig fertig. Nach der Scheidung von meiner Mom reiste er drei Monate lang umher, zuerst mit Freunden auf einem Boot um Italien herum und dann nach Mexiko. Er las ein damals kurz zuvor veröffentlichtes Gedicht von Bukowski, *Bluebird*, und er dachte dabei an meine Mom. Einmal verirrte er sich im Dschungel und bekam von einem Getränk, das ihm Einheimische gaben, Halluzinationen und wurde von einem Hund namens Searchlight gerettet. Als er zurückkehrte, hatte er ein Tattoo, ein blaues Auge und orangefarbene Haare. Ich weinte, als ich ihn sah, denn ich konnte spüren, wie sehr er litt. Mein Bruder ging in sein Zimmer und holte einen Radiergummi, um zu versuchen, das Tattoo wegzuradieren.

❋ ❋

Als wir die Kanzlei des Anwalts betraten, sagte Danny: »Ich will nichts.« Wir hatten keinen Ehevertrag abgeschlossen, aber ich meinte, er müsse schon etwas annehmen, darum zwang ich ihn, ein wenig Geld zu nehmen.

Danny war großartig in so was. Er hat nie irgendetwas unternommen, um mich übers Ohr zu hauen. Immer, immer war er für mich da. Er unterzeichnete die Scheidungspapiere, damit ich Michael heiraten konnte.

Danny und ich waren beste Freunde. Wir haben jeden Familienurlaub miteinander verbracht. Riley und Ben haben zwischen Danny und mir nie irgendetwas Negatives mitbekommen. Was die beiden angeht, haben wir das wirklich toll hingekriegt.

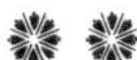

Wir nannten Michael »Mimi«, weil mein Bruder damals seinen Namen nicht aussprechen konnte. Michael war der Allergrößte, er erinnerte Mom an ihren Vater. Sie erzählte mir, dass nie irgendjemand auch nur annähernd so war wie ihr Dad, außer Michael.

Zuerst hatten wir keinen Schimmer, ob die beiden eine romantische Beziehung hatten oder ob er nur ein Freund war, den sie mit nach Hause brachte. (Ich scherze gerne, dass sie es immer gut hinkriegte, ihren Kindern die verschiedenen Ehemänner vorzustellen.) Mit Mimi, auch mit den anderen, unternahmen wir gemeinsam etwas Schönes, lange bevor sie uns sagte, dass sie und derjenige eine Beziehung hatten.

Ich kann mich nicht mehr an den Augenblick erinnern, als sie mir erzählte, sie und Michael würden heiraten, aber ich weiß noch, dass er irgendwann anfing, bei uns zu übernachten.

Wenn er vorbeikam, blieb ihre ganze Welt stehen. Das Tor zu unserem Grundstück surrte, und eine Stimme sagte: »MJ ist da.« Die Fahrt von der Pforte bis zum Haus dauerte etwa sechs Minuten –

in dieser Zeit wuselte meine Mutter nervös herum, um sich die Lippen zu schminken und Make-up aufzutragen.

Für gewöhnlich kam er dann durch die Hintertür in die Küche. Normalerweise stapelten sich auf dem Küchentresen Geheimhaltungsverträge für Besucher sowie Boulevardzeitungen, die Moms Assistentinnen für sie dort auslegten – *OK!, Star, National Enquirer, Globe* –, damit meine Mom die Titelgeschichten über sich lesen konnte. Aber wenn Michael zu Besuch kam, räumte sie die Zeitschriften rasch weg und er musste keine Geheimhaltung unterschreiben. Wahrscheinlich war er die einzige Ausnahme.

Michael und meine Mom waren schnell eine ganz große Nummer. Wenn wichtige Dinge in unserem Leben geschahen, Dinge, die die Presse in Aufruhr versetzten, nahm sie uns aus der Schule – wir mussten zu Hause bleiben, bis sich die Lage etwas beruhigt hatte. Sobald wir wieder in die Schule durften, stand den gesamten Tag draußen Security für uns. Und wenn ich bei einer Freundin übernachtete, saßen die Sicherheitsleute auch dort die ganze Nacht vorm Haus. Meiner Mom machte es echt was aus, was die Leute über sie schrieben. Sie hatte keine Geschwister, die die Last mit ihr teilten, niemanden, der verstand, wie sich das tatsächlich anfühlte. In gewisser Weise war sie die Prinzessin von Amerika und wollte das nicht sein.

Ihre Abneigung machte für die Presse die Jagd nach ihr nur noch interessanter. Die Fotografen hockten in den Bäumen. Mein Dad hat irgendeinen Paparazzo geschubst oder mit ihm gestritten.

Mom hat wirklich ihr ganzes Leben lang versucht, dem Ganzen zu entkommen. Und trotzdem verliebte sie sich paradoxerweise in Michael Jackson.

Als Michael in unser Leben trat, wuchs der Ruhm exponentiell. Ich glaube nicht, dass irgendjemand das ganze Ausmaß erahnt hatte. Meine Mutter jedenfalls nicht. Sie dachte selten über Konsequenzen nach.

Zwanzig Tage nach ihrer Scheidung von meinem Vater heirateten Michael und meine Mom in der Dominikanischen Republik. Dem Magazin *Playboy* erzählte sie später, dass sie das nicht einmal ihrer Mutter verraten hatte, bis Priscilla sie anrief und sagte: »Da fliegen Hubschrauber über mein Haus und machen mich verrückt. Es heißt, du hast Michael Jackson geheiratet.«

Mom antwortete bloß: »Yep, hab ich.«

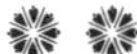

Ich war wirklich sehr glücklich.

Ich war danach nie wieder so glücklich.

Wir heirateten in der Dominikanischen Republik, heimlich. Es gab nur zwei Trauzeugen.

Und dann gab es nur noch uns beide, ganz allein. Wir zogen von einem gemieteten Haus zum nächsten. Wir gerieten in jede Menge Schwierigkeiten. Manchmal rief Michael seinen wichtigsten Sicherheitsmann zu sich, damit er sich bei uns aufhielt, aber am Ende ließen wir ihn stehen, weil wir einfach allein sein wollten, und mitunter begaben wir uns sogar in gefährliche Gegenden, in denen wir besser nicht hätten sein sollen. Aber wir wollten einfach nur allein sein, normal, anonym. Ich habe seine Wäsche gewaschen und wir haben gemeinsam Besorgungen gemacht, eingekauft. Für unsere Flitterwochen mieteten wir ein malerisches kleines Haus im Gay-Viertel von Orlando, spazierten herum, sahen uns Häuser an und fuhren jeden zweiten Tag nach Disney World.

Damals nahm Michael überhaupt keine Drogen. Wir waren die ganze Nacht wach und redeten, auch ohne Alkohol.

Mit Michael konnte man sich unglaublich toll unterhalten. Er wollte nie über sich selbst sprechen, er hasste es sogar, also lenkte er immer ab. Er war sehr an Menschen interessiert und konnte einen wirklich aufmuntern. Er tat alles, um ein Gespräch wieder auf sein Gegenüber und dessen Arbeit zu lenken – er war von allem, was man über die eigene Arbeit erzählte, zutiefst fasziniert. Es herrschte eine Energie, da war etwas an ihm, das wirklich bemerkenswert war, etwas, das ich in meinem ganzen Leben noch nie erlebt oder gespürt hatte, abgesehen von meinem Dad.

Ich schätze mich wirklich, wirklich glücklich, dass Michael sich mir geöffnet hat. Ich habe mich in ihn verliebt, weil er normal war, einfach verdammt normal. Seine normale Seite sah sonst niemand. Seine Mom meinte: »Das hat er dir *erzählt*?« Und Janet sagte: »Ich hab noch nie gehört, dass er über irgendetwas in der Art gesprochen hat.« Ich wünschte, er hätte diese Seite mehr Menschen gezeigt. Damals sprach er nicht wirklich viel mit seinen Brüdern, und ich glaube, sie waren überrascht, dass unsere Beziehung einfach echt war. Aber sie fanden das richtig cool.

Niemand hatte ihn je mit offenem Visier gesehen. Mir war klar, dass das sehr selten vorkam. Bei allen anderen schnippte er mit den Fingern, sobald etwas angesprochen wurde, das ihm missfiel – schnipp, und raus bist du. Denn er konnte sich eine eigene Welt schaffen. Und in dieser Welt musste jeder dem zustimmen, was er sagte.

Aber in unserer Welt sagte ich, was ich fühlte, und das liebte er an mir, weil es nicht gegen ihn gerichtet war. Ich konnte echt sein, ohne irgendetwas zu verbergen. Er wusste, dass ich eine Löwenmutter war – nicht nur, was meine Kinder anging, sondern für jeden, den ich liebte. Er ließ mich mit den Leuten fertigwerden, den Bad Cop spielen. Er respektierte, wie und was ich fühlte, und er stimmte mir in der Regel zu, wenn es um die Leute um ihn herum ging und um den Shit, der vor sich ging.

Na ja, er liebte das an mir, bis wir anfingen zu streiten und er zum Ziel meiner Ehrlichkeit wurde, was das Ende bedeutete.

❋ ❋

Michael lebte bei uns in Hidden Hills. Manchmal waren wir auch in Neverland, aber meist war er bei uns zu Hause. In Hidden Hills schlief ich immer beim Jaulen der wilden Kojoten ein, aber in Neverland wachte ich auf und eine Babygiraffe stand vor dem Fenster meines Zimmers.

Zu Hause waren Mom und Michael ein ganz normales Ehepaar. Morgens fuhren sie mich zur Schule, wie in einer gewöhnlichen Familie, auch wenn Michael hin und wieder einen Schimpansen bei sich hatte.

Bevor Fragen aufkommen: Nein, das war nicht Bubbles.

Michael sang häufig für uns. Für meine Mom sang er den Bart-Simpson-Song *Lisa*. Für Ben das Lied *Ben*, seinen ersten Solo-Nummer-1-Hit. Und für mich sang er *You Are Not Alone*.

Eines Tages war Ben im Garten auf der Schaukel an der Eiche, er trug noch Windeln – er trug oft bloß eine Windel und sonst keine Kleidung – und er schaukelte echt hoch. Dann rief er: »Guck, Mimi! Guck, Mimi!« Er wollte Michael zeigen, wie hoch er schaukelte, wollte ihn beeindrucken. Aber Michael spielte gerade mit mir. Mein Bruder fiel rückwärts von der Schaukel, schlug mit dem Kopf auf die Erde auf und weinte. Wir liefen alle zu ihm, um uns um ihn zu kümmern.

Am nächsten Tag entschied sich Ben aus Protest, einen Haufen unter die Schaukel zu setzen.

Nach ihrer Hochzeit mit Michael war meine Mutter immer mit zehn Sicherheitsleuten unterwegs. Wenn wir herumfuhren, warfen sich die Leute auf unser Auto, schlugen die Scheiben ein, schrien und versuchten, nach uns zu greifen. Mein Bruder drehte sich einmal zu mir um und meinte begeistert: »Sie verfolgen uns!« Ich blaffte ihn an: »Sie verfolgen *Mimi*.«

Wir durften nicht ohne Kopfbedeckung oder Sonnenbrille nach draußen. Keine Ahnung, was sich Mom oder Michael davon versprachen, aber ich weiß noch, dass ich die beiden irgendwann so sehr lachen hörte, dass ich zu ihnen ging und sah, wie meine Mom eine alberne Perücke mit langem roten Haar anprobierte. Beide hatten Perücken auf und hofften vergeblich, auf diese Weise unerkannt in der wirklichen Welt da draußen herumlaufen zu können.

Meine Mom und Michael gingen immer sehr frech miteinander um. Sie sprachen miteinander wie Tante Delta und Patsy. Michael und Mom brachten beide generationenalte Suchtprobleme mit in die Beziehung und beide Familien stammten aus armen Verhältnissen: Vernon hatte früher ein kleines Stück Land gepachtet und bestellt und arbeitete als Tischler, Joe Jackson war Kranführer. Und sowohl Michael als auch der Vater meiner Mutter wussten nur zu gut, wie es war, zu gottgleichem Ruhm zu kommen, einem Ruhm, der scheinbar über Nacht entstanden war.

Meine Mom fühlte sich in Michaels Familie sehr wohl. Sie liebte die Dinner mit allen in Hayvenhurst.

Von der ersten Minute, die sie zusammen waren, wünschte sich Michael Kinder mit meiner Mom, aber sie war sich da nie ganz sicher. Das Gefühl, das sie mit meinem Vater gehabt hatte, stellte sich nicht ein. Die Frage, Kinder, ja oder nein, war von Anfang an ein grundlegender Konflikt in der Ehe mit Michael. Ich weiß, dass er hin und wieder sagte: »Wenn du keine Kinder mit mir willst, werde ich jemand anderen finden.« Er sagte auch: »Debbie Rowe hat zu mir gesagt, sie bekommt meine Kinder.«

Worauf meine Mutter eifersüchtig reagierte: »Dann geh doch und fick Debbie Rowe.« Ich wusste damals von Debbie nicht viel mehr, als dass sie eine nette Lady war, die sich bei meinen Mittelohrentzündungen um mich gekümmert hatte.

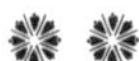

Als Michael mich nach den Anschuldigungen gegen ihn anrief, erzählte er mir, dass ihn Evan Chandler erpresste, der Vater von einem der Beschuldiger, und ich glaube, ich riet Michael, er solle die Sache beilegen, jeder riet ihm dazu, weil sich das Ganze sonst zu einem verdammten Albtraum entwickeln würde.

Was den Kindesmissbrauch angeht, habe ich nie irgendetwas dergleichen mitbekommen. Ich persönlich hätte ihn umgebracht, wenn es anders gewesen wäre.

Ich wollte nicht an vorderster Linie stehen, wollte nicht in die Schlagzeilen. Ich bin damit aufgewachsen, sie zu meiden und die Presse zu hassen. 1995 habe ich Diane Sawyer ein Interview gegeben, um Michael zu schützen. Ich dachte, er braucht mich, und der Gedanke gefiel mir. Es war wirklich schön, einmal die weibliche Rolle spielen zu können, in der ich auf meinen Mann achtgab.

Nach diesem Interview wurde ich von Chandler verklagt, weil Michael eine Vertraulichkeitsvereinbarung mit ihm unterschrieben hatte und damit dazu angehalten war, das Ganze nicht zu thematisieren, aber ich hatte nie irgendetwas unterschrieben. Also kam ich direkt auf das Thema zu sprechen und sagte, dass die Anschuldigungen nicht wahr seien, und so kam es zu dem Gerichtsverfahren. Das ging bis zur eidesstattlichen Zeugenaussage, aber ich gewann den Prozess.

1995 veröffentlichte Michael das Album *HIStory*. Ich war die ganze Zeit mit ihm im Studio, als er es produzierte. Als das Pre-Press anstand, war klar, dass großer Druck auf ihm lag. Ich bemerkte, dass er sich veränderte.

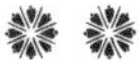

Ein Jahr ungefähr lebten sie im Rausch der neuen Liebe, dann ging es bergab.

Meine Mutter begann zu spüren, dass Michael Drogen nahm, und bemerkte Verhaltensweisen, die sie von ihrem Vater kannte.

Er begann, ihr gegenüber verschlossener zu werden. Sie erzählte mir später, sie fand, er würde seine Sucht schützen. Zu dieser Zeit war meine Mutter sehr gegen Drogen – sie nahm damals auch an einer Demonstration in Washington teil, um gegen den Einsatz von Psychopharmaka bei Kindern zu protestieren. Als sie anfing, ihm mehr Fragen über seine Sucht zu stellen, kam es zu heftigen Auseinandersetzungen. Sie stritten nun oft und er zeigte ihr tagelang die kalte Schulter. Ich kann mich noch an einen wirklich schlimmen Streit erinnern – es wurde mit einem Teller Obst nach dem anderen geworfen. Sie hatten beide einen starken Geist und waren sehr temperamentvoll.

In beiden wuchs die Paranoia und sie waren von Leuten umgeben, die ihnen nur zu gern etwas zuflüsterten.

Bei den MTV Video Music Awards 1994 hatte Mom keine Ahnung, dass er sie küssen würde, bis es passierte. Schließlich schlich sich bei ihr der Gedanke ein: Hat er das nur für die Presse getan? War er bloß eine andere Ausgabe ihrer ersten Liebe, des Mannes, der die Fotos aus dem Park verkauft hatte? Sie befürchtete, er war vielleicht nur in ihrer Nähe, weil sie die Tochter von Elvis war, etwas Neues. Sie vertraute ihm nicht mehr. Sie glaubte, dass auch Michael ihr nicht mehr vertraute und er das Gefühl hatte, sie kam seiner Sucht auf die Schliche.

Das Misstrauen gegenüber den Menschen in Moms Nähe wuchs weiter. Irgendwann war Michael tagelang verschwunden und meine Mom konnte ihn nicht finden. Sie wandte sich an die Leute in seinem Umfeld, aber niemand sagte ihr etwas.

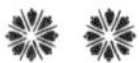

Damals fing Michael an, oft zum Arzt zu gehen. Ich holte ihn ab, und er war völlig weggetreten. Ich glaube, es waren Demerol-Spritzen. Er meinte, die bräuchte er wegen seiner Kopfhautverletzung, aber mir war klar, dass dahinter eine längere Geschichte steckte, etwas Großes. Jemand aus Michaels Familie erzählte mir, dass er tablettenabhängig war.

Er stand kurz davor, eine riesige Sache mit dem Sender HBO zu machen, und ich glaube, er wollte das nicht, also täuschte er einen Sturz vor und war dann im Krankenhaus. Ich habe ihn immer wieder gefragt, was mit ihm los sei, und jeden Tag bekam ich eine andere Antwort. Karen, seine Make-up-Artist, erzählte mir, dass er das alles total geplant hatte, weil er die HBO-Sendung nicht machen wollte.

Ich bin nach New York geflogen, wo er im Krankenhaus lag, und war jeden Tag bei ihm. Seine Mom war auch da, zusammen mit seinem Team, einschließlich seines privaten Anästhesisten. Niemand hat einen eigenen Narkosearzt – Krankenhäuser ja, aber Privatpersonen? Das war eine große Red Flag. Zuerst fiel es mir schwer, zu verstehen, was zum Teufel da los war, aber dann kapierte ich: Er brauchte jemanden in seiner Nähe, der ihm die Medikamente legal verabreichen konnte. Ich erklärte einem aus dem Security-Team, dass ich in sein Badezimmer wollte, um zu sehen, was er nahm. Eines seiner Familienmitglieder bat mich, zu versuchen, Urin von ihm zu bekommen, damit man das testen konnte, aber das habe ich nicht getan.

Michael war wirklich furchtbar – er wurde sauer auf mich, weil ich Fragen stellte. Ich sagte: »Was geht hier in Wirklichkeit vor sich? Wenn du ein Problem hast, werde ich dich in die Entzugsklinik begleiten.« Dieser Privatarzt war dann hinter mir her, er bedrohte mich und meinte, ich sollte aufhören, so viele Fragen zu stellen. Ich antwortete: »Ich versuche bloß, herauszufinden, was mit meinem Ehemann los ist.«

Der Arzt und Michael hatten eine Unterredung, und als der Arzt aus Michaels Zimmer kam, sagte er: »Er will mit Ihnen sprechen.«

Michael meinte dann zu mir: »Du verursachst hier zu viele

Probleme. Man wird dich jetzt zum Flughafen bringen, du musst nach Hause, bis ich hier fertig bin. Wir sehen uns, wenn ich zurück bin.«

Also fuhr ich nach Hause. Ich wollte, dass er bald nachkam, aber das tat er nicht.

Kurz danach reichte ich die Scheidung ein.

Irgendwer hatte zu meiner Mom gesagt, dass Michael vorhatte, die Scheidung einzureichen, und dass es besser für sie wäre, wenn sie das vor ihm täte. 2010 erzählte meine Mom Oprah, dass sie die Entscheidung getroffen hatte, zu gehen, weil sie die ganzen Medikamente und die Ärzte sah, und das machte ihr Angst, denn es versetzte sie sofort zurück in all das, was sie mit ihrem Vater durchgemacht hatte.

Also reichte sie die Scheidung ein. Aber in Wahrheit hatte Michael nie vorgehabt, sich scheiden zu lassen. Wie bei Romeo und Julia: Das Gift wurde versehentlich getrunken. Michael war unglaublich verletzt und meine Mom versuchte immer und immer wieder, ihn zu erreichen, rief ihn an, schrieb ihm. Doch er weigerte sich, mit ihr zu sprechen.

Meine Mom hat immer gesagt, dass sie damals gelernt hat, wie man Leuten die kalte Schulter zeigt, sie hat es von Michael gelernt. Irgendwann fingen sie dann doch wieder an, zu reden und sich zu treffen. Zu der Zeit war das eine On-off-Sache, eine Art toxische Beziehung. Er sagte zu ihr, er würde Debbie heiraten, weil er Kinder wollte. Moms und seine Scheidung wurde im August 1996 ausgesprochen, und drei Monate später heiratete Michael Debbie. Trotzdem fuhren wir immer noch nach Neverland.

Ich bin mir nicht ganz sicher, wie die Atmosphäre zwischen meiner Mom und Michael war – keine Ahnung, ob sie damals immer noch miteinander schliefen oder nicht –, wir waren auf jeden Fall oft bei ihm zu Hause.

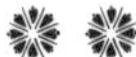

Jahrelang ging es mit Michael und mir auf und ab.

Er wollte so unbedingt Kinder von mir und ich wollte nicht. Ich wusste, dass er letztlich das volle Sorgerecht über diese Kinder wollte. Michael wollte die Dinge kontrollieren. Er wollte weder den Einfluss der Mutter noch von irgendjemand anderem, um genau zu sein.

Ich stellte mir vor, dass ich Michael diese Kinder schenken und er mich dann abservieren würde, mich aus dem Bild bekommen wollte. Ich konnte ihn lesen wie die Uhr. Ich verstand alles und ich wusste alles über ihn, denn wir haben einander unsere Seelen offenbart. Ich kannte seine Eigenarten und er war sehr kontrollierend und berechnend.

Einmal, als er arbeitete, rief er mich an. Während des Gesprächs sagte ich: »Du bist wie eine Schlange – ich hab keine Ahnung, unter was du als Nächstes hervorkriechen wirst …«

Michael antwortete: »Oh, das ist toll. Ich rufe zu Hause an und spreche mit meiner Frau und sie erklärt mir, ich bin eine Schlange.«

»Tja«, sagte ich, »bist du ja auch.«

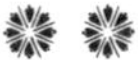

1997 flog meine Mom mit uns allen nach Südafrika, wo wir zum letzten Mal ein Konzert von Michael sahen. (Wir saßen während des Auftritts am Rand der Bühne und er holte mich und ein paar andere Kinder für *Heal the World* zu sich nach vorn.)

Auf dem Weg zum Konzert wäre unser Privatflugzeug fast

abgestürzt – wir mussten in einem Dorf mitten im Nirgendwo notlanden. Die Beinahekatastrophe kam meiner Mom wie ein schlechtes Omen vor.

Nach Südafrika wurde meiner Mom klar, dass sie diese Beziehung beenden musste, was auch immer daraus geworden war. Es tat ihr nicht gut, und sie verbannte Michael aus ihrem Leben.

Jahre danach rief Michael meine Mom an. Sie erzählte später, er klang bei dem Anruf nicht nüchtern. Er meinte zu ihr: »Du hattest recht. Alle um mich herum wollen mich umbringen.«

Das war ihr letztes Gespräch.

An dem Tag, als Michael starb, war meine Mom in London, um die Songs für ein Album zu schreiben. Später erzählte Mom Oprah, dass Michael oft gesagt hat, er hätte Angst, wie ihr Vater zu enden. Immer wieder hat er gefragt, wann Elvis gestorben ist, wie es passiert ist, wo und warum. Michael sagte: »Ich habe das Gefühl, dass ich auch so enden werde.«

Bei Michaels Trauerfeier saß meine Mutter, nachdem alle anderen bereits gegangen waren, noch stundenlang an seinem Sarg, genauso wie sie es bei ihrem Vater getan hatte. Sie erzählte Oprah, dass sie nicht glaubte, damit ihren Frieden machen zu können, sondern dass sie sich vielmehr dafür entschuldigen wollte, nicht da gewesen zu sein.

Noch Monate nach seinem Tod, so erzählte mir meine Mom später, sprach sie mit Michael in ihren Träumen.

SECHS

ZEHN JAHRE

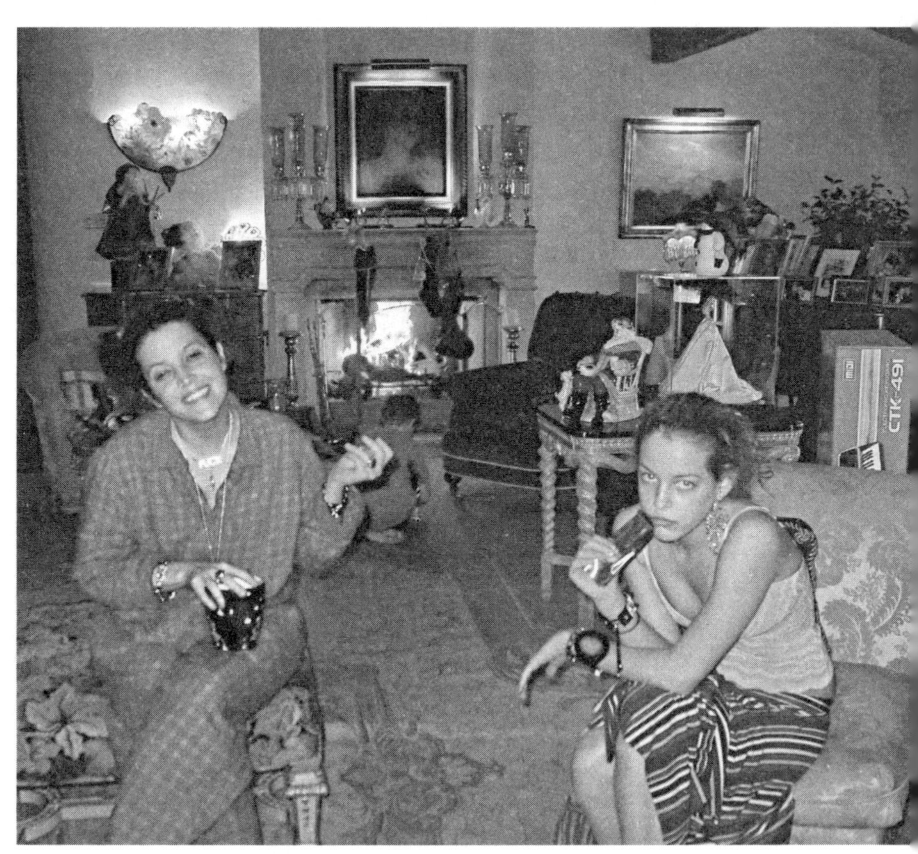

Im Vorwort habe ich bereits angedeutet, dass meine Mutter, als sie die Erinnerungen für dieses Buch aufnahm, nicht in der Stimmung war, all die schönen und lustigen Momente ihres Lebens zu erzählen. Hauptsächlich beschäftigte sie ihr Trauma.

Dementsprechend gibt es viel weniger Tonbandaufnahmen über die Jahre zwischen ihrer Scheidung von Michael Jackson und ihrer Heirat mit Michael Lockwood, eine Lücke von etwa zehn Jahren, in denen sie für mich und meinen Bruder ein märchenhaftes Leben schuf und von einem großen und treuen Freundeskreis umgeben war. Diese Jahre gehörten zu den glücklichsten ihres Lebens. Aber es war auch eine Zeit, in der die Intensität ihres Lebens fast übergroß wurde.

Glücklicherweise hat mir meine Mutter alles über ihr Leben erzählt (was mir als ihre Tochter manchmal wie ein Fluch vorkam, aber bei der Arbeit an diesem Buch war ich froh, dass sie es getan hatte). Ein Großteil dieses Kapitels stammt also aus meiner Erinnerung an das, was sie mir erzählt hat.

In Florida lebten wir in einem Viertel namens Belleair. Dort herrschte eine Art warm-sumpfiges Südstaaten-Feeling, mit Glühwürmchen und Alligatoren und moosbewachsenen Bäumen.

Wir wohnten in einem großen, alten Haus. Rechts von der Eingangstür befindet sich ein Schlafzimmer und ich spähe durch den Türspalt. In dem Zimmer ist es dunkel – alle Jalousien sind heruntergelassen, obwohl es mitten am Tag ist. Ich beobachte meine Mutter, wie sie meinen Bruder beruhigt – sein Kopf liegt an ihrer Schulter. Ich erinnere mich an den Rhythmus, das *Sch-sch-sch,* drei sich immer wiederholende Laute.

Heute weiß ich, dass ich da zum ersten Mal die Tiefe ihrer mütterlichen Instinkte begriffen habe – von allen Müttern, denen ich je begegnet bin, hatte meine Mom die stärksten Mutterinstinkte. Mir war klar, sollte jemand Ben oder mir etwas antun, würde Mom denjenigen so lange wie nötig verfolgen, um ihn aufzuspüren, wie in einem alten Western. So groß war ihre Präsenz und man konnte sie spüren. Sie war erschreckend groß.

Noch etwas, das erschreckend ist: Ich habe nur liebevolle Erinnerungen an Ben, aber meine Mom erzählte mir einmal, dass ich kurz nach seiner Geburt sagte: »Ich wünschte, alle Babys auf der Welt würden sterben.« Eindeutig meine Art auszudrücken, dass mich dieses Baby verärgerte.

Ich hatte das Gefühl, Ben war für meine Mom die Liebe ihres Lebens.

Mein Bruder und ich haben später oft darüber gesprochen, wie märchenhaft schön unsere Kindheit war. Vielleicht lag es nur an der Zeit und am Ort, vielleicht hatten wir einfach Glück, dass wir uns in so etwas wie einem goldenen Moment befanden. Sicher war, dass wir außergewöhnliche Eltern hatten, die uns eine glückliche Kindheit ermöglichen wollten.

Meine Mom engagierte für Ben und mich je eine Nanny – ich hatte Idy, ein junge Frau, noch keine zwanzig, und Ben hatte Uant, die aus Südafrika stammte und ungefähr sechzig Jahre alt war (ihr richtiger Name war Suzanne, aber das konnte er nicht aussprechen). Uant war toll für ihn – die beiden spielten den ganzen Tag im Garten, gossen die Pflanzen und machten sich dabei dreckig. Als Ben sprechen lernte, entwickelte er einen leichten südafrikanischen Akzent, weil er die ganze Zeit mit Uant zusammen war.

Ben hatte lange Locken, die ihm bis zum Po reichten, und viele Leute hielten ihn für ein Mädchen. Er liebte es, im Freien zu sein, ein kleiner Naturbursche, süß, leise und sanft, eine alte Seele.

Wie Elvis mit seiner Mutter und meine Mom mit Elvis hatten mein Bruder und meine Mom so eine Art »Ich kann nicht ohne dich leben«-Beziehung, eine sehr tiefe Seelenverwandtschaft.

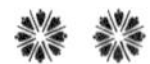

Ben ähnelte sehr seinem Großvater, sehr, sehr, sehr und in jeder Hinsicht – er sah sogar aus wie er. Ben war ihm so ähnlich, dass es mich ängstigte. Ich wollte es ihm nicht sagen, weil ich dachte, das wäre zu viel für ein Kind.

Wir standen uns sehr nahe – er hat mir alles erzählt. Ben und ich hatten die gleiche Beziehung wie mein Vater und seine Mutter. Ein verdammter Generationenkreislauf.

Gladys liebte meinen Vater so sehr, dass sie sich vor Sorge um ihn zu Tode trank. Und dann wurde mein Dad von seinen Dämonen heimgesucht und versuchte, sie in den Griff zu kriegen. Ich habe alles in mir, das genau das Gleiche will. Und dann erhielt mein Sohn das gleiche Erbgut – ich habe das Gefühl, dass er genetisch mehr von mir hatte als von Danny.

Ben hatte nicht den Hauch einer verfluchten Chance.

Als ich ungefähr sieben Jahre alt war, zogen wir in ein neues Haus, etwas weiter nördlich in Clearwater, an der Osceola Avenue – unser Strandsteg führte direkt ins Meer. Wenn Ebbe war, sprangen Ben und ich vom Steg in den Schlamm, wälzten uns mit dem ganzen Körper darin, schmierten uns mit diesem ekelhaften Meeresschlick ein und spielten mit dem Seetang, den toten Fischen und den Muscheln. An manchen Tagen suchten wir Eidechsen und entdeckten, wenn man auf den Bauch einer Eidechse drückte, öffnete sie ihr Maul, und wenn man wieder losließ, schnappte es zu – so trug Ben sie als Ohrclips. Im Garten hatten wir einen Pool und irgendwann, an jedem Tag, rief meine Mom vom Haus aus, dass wir aus dem Pool raussollten, weil es blitzte und donnerte, obwohl wir immer versuchten, im Wasser zu bleiben – es machte mehr Spaß, wenn es regnete und der Himmel aufleuchtete.

Meine Mom brachte uns am liebsten in den Park am See, damit wir schaukeln konnten. (*Sie* mochte es, selbst zu schaukeln, aber nicht, uns anzuschubsen.) Ihre zwei Regeln für Florida, die wir oft zu hören bekamen, lauteten, dass man bei Regen nicht schwimmen darf und im Zickzack laufen muss, wenn ein Alligator hinter einem her ist.

Meine Mom brauste mit uns auf Jetskis nach Clearwater Harbour, sie fuhr ganz enge Kreise und warf jeden hinten ab. Das war dieselbe Energie wie in Graceland mit den Golfcarts – total wild. Einmal warf sie ihre Mom ab, die hinter ihr saß, und erschreckte dann meine Großmutter zu Tode, weil sie so tat, als wären Haie hinter Grandma her.

Ein anderes Mal fuhren wir durch den Hafen zu einer kleinen Insel, die voller Sanddollars, auch Schildseeigel genannt, war. Wir sammelten sie, brachten sie nach Hause, trockneten sie und öffneten dann die Laternen des Aristoteles, die inneren Kieferapparate, und fanden diese kleinen Gebilde, die aussahen wie fliegende Tauben, aber ihre Zähne waren – arme Viecher.

Ich habe immer noch Mitleid mit den Eidechsen und den Seeigeln. Und mit meiner Großmutter.

Mom fuhr mit mir zum Sandcastle Resort, um Frozen Yogurt in der Waffel zu essen – nur sie und ich. In ihrem schwarzen Mercedes – es war immer ein schwarzer Mercedes – drehte sie die Musik auf und wir hörten Toad the Wet Sprocket (es waren die Neunziger) und Toni Braxton und Mark Morrisons *Return of the Mack*, obwohl meine Mom besonders R & B liebte. Im Auto sang meine Mom die Songs immer mit, aber irgendwie gehemmt, als wollte sie nicht, dass sie irgendjemand hörte. Ich habe damals nicht verstanden, warum sie Angst vor Musik hatte.

Nach der Scheidung von Michael entwickelte meine Mom nach und nach Panikattacken. Deshalb war sie mit uns aus L.A. weggezogen und nach Florida. Die Panikattacken waren so stark, dass sie immer wieder ins Krankenhaus musste. Selbst in Florida verschloss sie die Fenster mit Alufolie, damit die Paparazzi keine Fotos von ihr machen konnten. Sie ließ sich die Gallenblase und das Amalgam aus den Zähnen entfernen. Aber nichts half, denn die Ursache war nicht rein körperlich. Sie erlitt so etwas wie einen Nervenzusammenbruch.

Genauso wie meine Mutter früher den Hörer abnahm, um Gespräche zwischen Elvis und Ginger Alden zu belauschen, nahm ich einmal in Florida den Hörer ab und hörte unbeabsichtigt, wie mein Vater – der gerade in der Zeitung ein Foto von Michael Jackson, meiner Mutter, mir und Ben gesehen hatte – sagte: »Nimm meinen Sohn von dem verdammten Schoß dieses Kerls.« Schnell legte ich den Hörer auf. Seltsamerweise war das das erste Mal, dass ich merkte, mein Vater war über die Ehe meiner Mom mit Michael aufgebracht – so gut schützten sie uns vor ihren Erwachsenenproblemen.

Obwohl er gekränkt war, erkannte mein Vater, dass meine Mom Hilfe brauchte, und er kam nach Florida geflogen, um sich um uns alle zu kümmern. Später erzählte Mom mir, das war das letzte Mal, dass sie miteinander Sex hatten.

Meine Mom versuchte verzweifelt, wieder mit meinem Vater zusammenzukommen. Sie glaubte, unsere Familie zerstört zu haben, und fühlte sich ungemein schuldig, aber mein Dad wollte es nicht riskieren, sich wieder so verletzlich zu machen.

Abends saßen mein Dad und seine Freunde auf dem Balkon unseres Hauses und spielten Musik und sangen, während die tropischen Stürme vorbeizogen. Eines Abends sangen meine Mom, mein Dad und wir alle zusammen *Leaving on a Jet Plane*, während das Wetter um uns herum nur so tobte. Meine Eltern liebten den Regen und hassten die Sonne – Bens zweiten Vornamen – Storm – hatten sie während des Tropensturms Earl ausgesucht.

❋ ❋

Als ich aufwuchs, hatte ich echt kein Vorbild, dem ich hätte folgen können. Ich hatte kein Familienleben, kein Leben in einem Zuhause, das mir als Orientierung hätte dienen können, zu keiner Zeit. Ich kannte keine Beständigkeit. Ich fühlte keine emotionale Bindung zu meinen Großeltern, die perfekt zu sein schienen, die alles richtig und die richtigen Schritte nacheinander machten, die heirateten und Kinder bekamen und bis zu ihrem Tod verheiratet blieben.

Ich schätze, ich hatte wirklich nicht die Spur einer Chance.

Finde ich etwas nicht mehr interessant, bin ich raus. Und wann immer man jemand Neues kennenlernt, spielt sich das Ganze – der Anfang, die Mitte und das Ende – innerhalb von zwei Jahren ab. Deshalb habe ich mehrmals geheiratet.

Als ich Riley bekam, war ich voll und ganz darauf konzentriert, ein Kind zu bekommen und es aufzuziehen. War es mein Ziel, dass sie brauchbare, stabile Eltern hat, und wollten Danny und ich für immer verheiratet bleiben? Auf gar keinen Fall. Keiner von uns beiden hatte das vor. Aber wir waren eben in anderer Form Seelenverwandte und am Ende wohnten wir immer irgendwie im selben Haus.

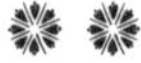

Meine Eltern nahmen in Moms Garage in Florida Musik auf. Daraus wurden ein paar der Songs ihres ersten Albums. Tagsüber schrieben sie, abends gingen wir alle zusammen Frozen Yogurt essen oder ins Kino (meine Mutter nahm immer ein mittlere Portion Popcorn und ein rotes Icee).

Normalerweise passte sie sehr gut auf uns auf und achtete darauf, dass Ben und ich nichts zu Erwachsenes zu sehen bekamen – ich erinnere mich, dass ich *Flubber* im örtlichen Kino sah, aber ich weiß auch noch, dass sie mich in *Titanic* schleppte. Sie hielt mir während der gesamten Sexszene im Auto die Hände vor die Augen. So durfte ich zwar die Katastrophe sehen, wie das Schiff sank, aber nicht die Brüste. Die Schamhaftigkeit hatte sie von meiner Großmutter.

An manchen Tagen fuhr sie mit uns zu Dairy Kurl in Clearwater, um Eiswaffeln mit Schokoladenüberzug zu kaufen.

Während unsere Eltern in der Garage Tonaufnahmen machten, fuhren Ben und ich mit den Fahrrädern im vorderen Garten herum. Jeden Nachmittag gegen drei Uhr trat unser Nachbar auf die Veranda seines alten viktorianischen Hauses, setzte sich auf einen Stuhl mit Blick aufs Meer und spielte Geige. Mein Bruder und ich kletterten auf unseren Kumquat-Baum, damit wir über die hohe Mauer schauen konnten. Und dann hockten wir da, aßen Kumquats und sahen dem Mann beim Geigespielen zu.

Wenn er fertig war, kletterten wir wieder vom Baum herunter und gingen durch den Garten zum Meer, um nach Seekühen Ausschau zu halten, aber wir entdeckten nie welche.

Nachdem sich meine Mutter wieder vollständig erholt hatte, zogen wir alle zurück nach Kalifornien, zurück in unser altes Zuhause.

Unser Haus in Hidden Hills, etwa dreißig Meilen westlich von Downtown L.A., wurde nach und nach zu unserem eigentlichen Elternhaus. Mein Vater hatte es vor langer Zeit für uns gefunden. Wir lebten dort, bis ich einundzwanzig war. Es war ein ganz besonderer Ort, auch wenn das Haus inzwischen abgerissen wurde. Damals gab es dort noch nicht viele Promis. Es war eher eine Community von Pferdeliebhabern, jeder besaß ein Pferd. Meiner Mom gefiel es, dass es weit weg von allem war. Sie mochte, dass dort keine Prominenten lebten.

Unser Grundstück war fünf Hektar groß. Vor dem Haus hing an einer riesigen alten Eiche eine Schaukel, im Garten standen Obstbäume, es gab das Haupthaus, ein weiteres großes Haus und zwei

Gästehäuser. Ich weiß noch, wie wir das Haus zum ersten Mal besichtigten – als ich die Schaukel an der sechshundert Jahre alten Eiche sah, war ich sofort hin und weg.

Das Haupthaus in Hidden Hills, auch das »obere Haus« genannt, war im ländlich rustikalen Stil erbaut, mit Steinkaminen und Holzbalken. Manchmal kamen Schlangen ins Haus und nachts hörten wir die Kojoten heulen und die Virginiauhus rufen. Manchmal drehte ich den Wasserhahn in der Badewanne auf und es kamen Spinnen heraus. In unserem Garten haben wir oft Vogelspinnen gefunden. Ich nahm sie in Einmachgläsern mit in die Schule, um sie in Biologie zu präsentieren.

Die Assistentin meiner Mutter und ihr Sohn wohnten bei uns – er war Moms Patenkind, und er, Ben und ich streiften so gut wie immer zusammen umher.

Wir fielen vom Fahrrad, rannten los, suchten Schlangen, zogen uns Schnittwunden zu, fielen in Rosenstöcke und drehten voll auf, wie meine Mom früher in Graceland. Ich glaube, wir hatten Schutzengel, denn keiner von uns hat sich je auch nur einen Knochen gebrochen, selbst wenn wir von der Schaukel stürzten oder mit den Golfcarts Unfälle bauten. Einmal überschlug sich Ben mit seinem Golfcart – seiner hatte Geländereifen – und dabei riss das Dach des Carts ab. Irgendwie blieb mein Bruder unverletzt.

Neben den Pferden und sieben Hunden hatten wir auch Ziegen, Hühner und Pfaue. Ben und ich spielten stundenlang, von Sonnenaufgang bis Sonnenuntergang, in dem Obstgarten hinter dem Haus. Wir träumten uns in von uns erschaffene Welten, dachten uns ständig Spiele aus und verbrachten Stunden in den Bäumen und spielten Fantasiespiele.

Wir kletterten auf die Apfelbäume und auf die Pflaumenbäume und auf die Granatapfelbäume, knackten einen Granatapfel und aßen das süße Innere. Uant, die Nanny meines Bruders, läutete um vier Uhr zum Tee – es gab Tee, Gebäck und Marmelade, wie eine kolonialbritische Version ihrer südafrikanischen Erziehung. Meine Mom schwebte über alldem - es war ihre Version von Graceland.

Das Jahrzehnt nach Michael Jackson war ihre beste Zeit, abgesehen von den Tagen in Tarzana mit meinem Vater, als die Dinge einfach waren. Sie hatte in Hidden Hills so viele Freunde, die sie wirklich liebten. Wir reisten fröhlich als fünfundzwanzigköpfiges Rudel um die Welt. Jeden Tag Spaß, den ganzen Tag. Ich wachte auf und auf der Terrasse trank eine Gruppe von Leuten Kaffee. Ein traumhaftes Gemeinschaftsleben. Wir waren nie allein. Sie war nie allein.

Da meine Mutter das in Michaels Leben kennengelernt hatte, hatten wir nun auch einen Privatkoch, drei Assistentinnen, zehn Sicherheitsleute, Agenten, Finanzmanager, Freunde - so viele Leute, die kamen und gingen. Zu jeder Zeit waren alle Häuser auf dem Grundstück belegt. Drei Freundinnen von mir zogen zu mir ins Haupthaus und im Obergeschoss wohnte sogar der Heilpraktiker meiner Mom, dazu noch die beiden Nannys, sodass insgesamt etwa siebzehn Personen dort lebten, und dann kamen ja auch noch jeden Tag Leute vorbei. Mom schrieb über diese Freunde den Song *Thanx*, erschienen auf ihrem 2005er-Album *Now What*:

One day
On one tombstone
All our names should go
We shared a life
The beauty
And the ugliness
Through all the pain and death
The birth of a child

Eines Tages
Auf einem Grabstein
Sollen all unsere Namen stehen
Wir haben ein Leben geteilt
Das Schöne
Und das Hässliche
Durch all den Schmerz und den Tod
Die Geburt eines Kindes

Meine Mutter hatte etwas von Gaia an sich, Göttin der Erde, eine mystische Intuition. Manchmal hatte ich das Gefühl, Mutter Natur durchströmte sie.

Eines Morgens saßen meine Mom und mein Dad in der Küche und tranken Kaffee, als zwei ihrer Freunde hereinkamen, Mike und Caroline (die Mom verkuppelt hatte und die jetzt verheiratet waren und mit uns im Haupthaus wohnten).

»Du bist schwanger«, meinte meine Mom zu Caroline.

Mike und Caroline wurden blass. Caroline war tatsächlich schwanger, aber erst seit ein paar Wochen. Und sie hatten es niemandem erzählt.

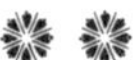

Ich war erst zehn Jahre alt und sprach schon über frühere Leben – ich hatte das Gefühl, sie gelebt zu haben, konnte mich daran erinnern, aber heute weiß ich das nicht mehr so genau. Ich wünschte, es wäre anders. Ich glaube, wir haben schon einmal gelebt, und ich meine, dass die Dinge, an die ich mich aus diesen Leben erinnere, etwas damit zu tun haben, wie ich in diesem anderen Leben gestorben bin.

Als Kind erzählte ich, ich sei auf einem Pferdewagen oder in einer Kutsche gefahren, als es noch keine Autos gab. Wenn ich so etwas erzählte, hielt man mich immer für verrückt, aber meine

Kinder habe ich nicht so erzogen, dass sie solche Dinge für verrückt halten. Meine Kinder haben schon im Alter von drei Jahren das wildeste Zeug erzählt und ich habe nur gesagt: »Wirklich? Das ist ja cool!« Ich wollte nie sagen: »Das geht nicht« oder »Das ist nicht möglich« oder »Das kannst du nicht wissen«. Ich hatte nie das Gefühl, sie einschränken zu müssen, so wie es mir in meiner Kindheit widerfuhr.

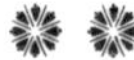

Meine Eltern wollten, dass sich für uns Kinder die Welt märchenhaft anfühlte.

Meine Mom engagierte einen Santa Claus, der an Weihnachten durch unseren Garten lief, mein Dad ging mit uns im Wald auf Feenjagd. An das Badezimmer meiner Mom grenzte ein kleiner Garten. Ich fand immer, dass er wie ein Feengarten aussah, und zu Ben sagte ich: »Wenn du die Feen um Geschenke bittest, bringen sie dir welche.« Damals spielte er gern mit meinen Polly-Pocket-Puppen, und wenn wir in Moms geheimnisvollen, magischen Garten gingen, wünschte er sich immer eine Polly Pocket. Eines Tages kaufte ich ihm eine im Spielzeuggeschäft und band sie nachts an einen der Bäume. Am nächsten Tag rannte er los und ich sagte: »Schau, was die Feen dir gebracht haben!«

Als ich älter wurde, kam die Phase, in der ein jüngerer Bruder lästig wird. Ich war ungefähr elf, als ich meinen ersten AOL-Account bekam, und ich stürzte zum Computer meiner Mom, weil ich hoffte, eine E-Mail bekommen zu haben. Eines Tages meinte Ben: »Ich habe einen Zaubertrank, den du trinken musst.«

Für ein elfjähriges Mädchen, das auf eine E-Mail hoffte, war das einfach nur nervig.

»Hau ab! Ich bin mit meinen E-Mails beschäftigt!«

»Aber das ist ein Zaubertrank«, sagte er.

»Nein, ist es nicht.«

»Doch, und davon kannst du fliegen!«

»Nein, Ben, davon werde ich nicht fliegen können«, sagte ich, obwohl ich insgeheim glaubte, fliegen zu können.

Ich war dabei, die Magie zu zerstören, das war mir klar, und er war so süß, also sagte ich: »Okay, ich probiere deinen Zaubertrank, aber davon werde ich nicht fliegen können. Pass auf ...«

Ich nahm einen Schluck und bereute es sofort.

Obwohl ich den Mund voll ekliger Flüssigkeit hatte, schaffte ich es noch zu fragen: »Was ist das?«

»Mein Pipi«, sagte er.

Daraufhin flog ich sozusagen tatsächlich, genau wie Ben es vorhergesagt hatte, die Treppe hinunter und den langen Flur entlang zum Badezimmer. Ben folgte mir und stand lachend in der Tür, während ich seinen Zaubertrank ausspuckte und mir immer wieder die Zähne mit Seife putzte.

Danach suchte ich meine Mom.

»Ben hat mich gezwungen, sein Pipi zu trinken!«, jammerte ich.

»Benjamin ...«, sagte sie und das war alles. Er geriet nie wirklich in Schwierigkeiten. Alles, was er je abbekam, war ein »Benjamin ...«. Und wenn er doch mal richtig Ärger bekam: »Benjamin *Storm* ...«

Alle liebten ihn viel zu sehr, um ihm böse zu sein.

Ein anderes Mal jagte ich ihn in die Waschküche und sagte ihm, dass ich keine Lust hätte, mit ihm zu spielen, weil er so ein nerviger kleiner Bruder sei. Ich weiß noch, dass ich eine VHS-Kassette in der Hand hielt und so wütend war, dass ich sie hochhob, als wollte ich ihn damit schlagen. Er fing an zu schluchzen.

Danach hatte ich ein endlos schlechtes Gewissen. Wie gesagt, er war imstande, mir ganz einfach das Herz zu brechen.

Denn er war der süßeste kleine Junge, den man sich vorstellen kann.

Wir gingen auf die Lewis Carroll School, eine Privatschule in Woodland Hills, drei Stopp-Schilder von unserem Haus entfernt. Mom holte uns nach Schulschluss ab, aber sie hatte kein wirklich großes Interesse an unserer Bildung. Wir brauchten nicht krank sein – wir konnten schlicht sagen, dass wir nicht zur Schule wollten, und sie sagte: »Toll! Dann bleibt ihr zu Hause und verbringt Zeit mit mir.« Manchmal haben Ben und ich ihr sogar erst auf dem Weg zur Schule all die Gründe aufgezählt, warum wir an diesem Tag zu Hause bleiben mussten, und als wir vor der Schule anhielten, wendete sie mit dem Auto und fuhr zurück, und wir gingen Eis essen oder in den Spielzeugladen.

Mein Vater hingegen fand, wir bräuchten Bildung, einen Stundenplan, eine Struktur. Doch meine Mom hatte das Sagen, und wenn sie etwas wollte, dann wurde das auch umgesetzt. Irgendwann hat meine Mom zugestimmt, dass uns unser Vater zu Hause unterrichtete. Ich erinnere mich bloß noch daran, dass er uns etwas über das alte Ägypten erzählte. Dass die Spitzen der großen Pyramiden auf den Oriongürtel ausgerichtet waren. Bis heute beeindrucke ich häufiger mit meinem Wissen über Sternbilder als mit meinen Mathematikkenntnissen.

Zwei Jahre vor meiner Geburt bekam Priscilla ein zweites Kind, einen Jungen namens Navarone. Priscilla war erneut junge Mutter, und meine Mom ebenfalls, also verbrachten sie viel Zeit miteinander, weil sie beide kleine Kinder hatten. Eine Phase der Verständigung zwischen den beiden, ein Neuanfang, das Kriegsbeil wurde begraben – obwohl ich weiß, dass meine Mom auch ein bisschen eifersüchtig auf Navarone war, denn da war dieser kleine Junge, den Priscilla schlicht und ergreifend anbetete.

Nana, Priscillas Mutter, war die Matriarchin unserer Familie und die Großmutter schlechthin. Während Nona (Priscilla) nicht wirklich dem Bild einer »Omi« entsprach, galt das für Nana definitiv.

Jeden Sonntag aß die gesamte Großfamilie in Nanas Haus in Brentwood zu Abend. Sie machte ihre berühmten gegrillten Ofenkartoffeln und wir taten unseren Salat in die Kartoffelschalen und aßen sie. Manchmal machte sie Nudeln für uns und die aßen wir mit Hüttenkäse. Tatsächlich aß meine Mom niemals Pasta ohne Hüttenkäse – sie meinte, das sei so ein »Beaulieu-Ding«, was sich auf Priscillas Mädchennamen bezog. Nach dem Essen gab es bei meiner Großmutter für alle Kinder Push-Pops-Eiscreme.

Ich fand es toll, dass wir eine so große Familie waren, mit so vielen Cousins und Cousinen. Jede Menge davon – vielleicht zwanzig – und wir hatten viele Jahre die beste Zeit überhaupt, so viel Spaß und Vergnügen, so viele Reisen nach Hawaii – eine ganz normale Familie, wenn auch eine berühmte.

Die meisten Thanksgivings verbrachten wir bei Nona, und auch an den Weihnachtsfeiertagen fuhren wir häufig zu ihrem Haus in Lake Arrowhead, wo wir draußen herumtobten, auf Felsen kletterten und nach Pfeilspitzen suchten, während die Erwachsenen Wein tranken und Filme schauten.

Nona holte mich regelmäßig ab oder meine Mom brachte mich zu ihr nach Hause. Ich glaube, ich habe Nona zu der Zeit mindestens einmal pro Woche gesehen. Jeden Feiertag, jedes Weihnachten, jeden Sonntag verbrachten wir alle zusammen. Mir war zwar vage klar, dass meine Mom und ihre Mom echte Probleme miteinander gehabt hatten, als meine Mom noch jünger war, aber wenn man sich die Fotoalben oder Heimvideos von damals anschaut, sieht man eine Familie, die sich sehr nahesteht.

Später, in unseren Teenagerjahren, gingen Navarone und ich auf dieselbe Schule, und darum übernachtete ich häufig bei meiner Großmutter, damit wir gemeinsam zur Schule und zurück fahren konnten – er und ich wurden Freunde.

Erst viel später erfuhr ich alle Einzelheiten über die Beziehung meiner Mutter zu ihrer Mutter. Lange Zeit ließen sie die Vergangenheit ruhen, damit Priscilla uns Kindern eine Großmutter sein konnte. Meiner Wahrnehmung nach waren wir eine innige, normale Familie. Diese Sonntagsessen bei Nona gab es bis weit in meine Zwanziger hinein.

Gut zwei Jahrzehnte fühlte sich unsere Familie also sehr normal an.

Als Kind nahm mich meine Mom überall mit. Ich weiß noch, dass sie in New York ein Fotoshooting mit dem Visagisten Kevyn Aucoin hatte. Er hat sie so geschminkt, dass sie wie Marilyn Monroe aussah – unglaublich, wie schön sie war und wie sehr sie ihr ähnelte. Nach meiner Mom hat Kevyn auch mich geschminkt – ich erinnere mich noch lebhaft an seine tiefe Stimme und die großen Hände. Sie nahm mich zu Cartier-Fotoshootings, *Vogue*-Fotoshootings und einmal zu einer Anprobe mit Donatella Versace mit. Während meine Mutter Kleider anprobierte, rannte ich mit Donatellas Tochter Allegra durchs Studio. Nach dem Tag nahm meine Mom ein außergewöhnliches, sehr schweres, paillettenbesetztes Versace-Kleid mit. Keine Ahnung, wie oft sie es getragen hat, aber ich liebte es, das Kleid in Moms Wandschrank zu besuchen. Es übte eine magische Anziehungskraft auf mich aus.

Überhaupt war eine meiner Lieblingsbeschäftigungen, mich in den riesigen Wandkleiderschrank meiner Mom zu schleichen, wenn sie nicht zu Hause war, und ihre Kleider anzuprobieren. Sie hasste es, wenn ich ihre Sachen nahm. Eines Tages, ich war dreizehn, schlich ich mich wieder hinein und lieh mir eine ihrer Lieblingshandtaschen, eine schwarze Chanel mit einem goldenen, mit Glitzersteinen besetzten Adler vorne drauf. Ich wollte mit meinen Freundinnen zum Freizeitpark Six Flags und hielt es für eine coole Idee, die Tasche mitzunehmen. Aber in einer Pause zwischen den Achterbahnfahrten stellte ich die Tasche auf die Bank hinter mir, und als ich aufstand, war sie weg.

Das war das einzige Geheimnis, das ich in meiner Jugend vor meiner Mom hatte. Irgendwann, da war ich etwa zwanzig, habe ich es ihr erzählt. Sie konnte sich, glaube ich, nicht einmal richtig daran erinnern, welche Chanel-Tasche gemeint war, sie hatte so viele.

Ich ging oft mit ihr auf Partys. Als ich etwa neun Jahre alt war, nahm mich meine Mom mit zu einer Party im Haus von Alanis Morissette am Strand von Malibu. Meine Mom kannte niemanden so recht auf der Party – sie war im Grunde nicht sehr kontaktfreudig, weil sie von Natur aus sehr schüchtern war –, also war ich ihre Freundin für den Abend, was bei uns ganz üblich war.

Irgendwann wurde das vegane Essen gebracht – ich erinnere mich, dass es eine Menge veganes Essen gab – und den restlichen Abend saßen wir zu zweit am Lagerfeuer am Strand und unterhielten uns. In der Dunkelheit erkannten wir zwei Erwachsene, die sich im Sand wälzten und miteinander rummachten. Meine Mom hielt mir die Augen zu.

»Nicht hinsehen«, sagte sie.

Wenn meine Mutter zu Partys in den Hollywood Hills ging, rief sie mitten in der Nacht an und riss mich aus dem Schlaf, weil sie dachte, dass ich ein Fan von jemandem auf der Party war, den ich vielleicht kennenlernen wollte.

Eines Abends, als ich schon längst im Bett war, kam eine der Hausangestellten mit dem Telefon herein.

»Ich bin auf einer Party«, sagte meine Mom, »und du wirst nicht glauben, wer hier ist!«

»Wer?«, fragte ich schläfrig.

»Marilyn Manson! Willst du herkommen und ihn kennenlernen?«

Zu dieser Zeit war ich ein großer Manson-Fan. Und obwohl am nächsten Tag Schule war und es eine Stunde Fahrt war von Hidden Hills zu den Hollywood Hills, brachte mich unser Sicherheitsdienst zu der Party von Jacqui Getty. Ich lernte Marilyn Manson kennen und ging dann nach oben, wo noch ein paar andere Kids waren. Wir probierten die ganze Nacht Perücken an, bis die Erwachsenen zu Ende gefeiert hatten.

Viel später, an meinem siebzehnten Geburtstag, als ich gerade in einer tiefen Led-Zeppelin-Phase steckte und mir ein ZoSo-Tattoo hatte stechen lassen, rief mich Mom vom Restaurant Peppone in Brentwood an. »Lass uns deinen Geburtstag mit einem Essen feiern!«, sagte sie. Wieder fuhr mich unsere Security hin. Auf dem Parkplatz traf ich Mom, wir gingen ins Restaurant, und dort wartete Robert Plant, um mit uns zu essen.

Abends schlief ich meist zu den Geräuschen einer Party unten im Haus ein, es wurde Klavier gespielt, die Leute sangen und die Musik war laut. Ben und ich schliefen manchmal zusammen in einem Bett, was wir sehr gemütlich fanden. Meine Mom hatte auch andere Partner, aber mein Dad wohnte trotzdem immer noch im Gästehaus.

War meine Mom zu Hause, hatte sie abends immer die gleichen Rituale: eine Massage, während sie *Nick at Nite* im Fernsehen schaute. Dann kam sie, legte sich zu uns und sang uns als Schlaflied *Mama's little baby loves shortnin', shortnin'* … oder *Lullaby and good night, Mommy loves you, Daddy loves you.* Eigentlich ist das Lied an der Stelle zu Ende, aber sie sang weiter und zählte jede einzelne Person auf und alle Tiere, die wir kannten, bis wir einschliefen: »Grandma Janet hat euch lieb, Nona hat euch lieb, Idy und Uant haben euch lieb, alle Hunde – Oswald, Ruckus, Lulu, Winston, Puffy – haben euch lieb …«

Oder mein Vater las uns *Der Hobbit* vor. Dann sagten uns beide gute Nacht, in manchen Nächten etwas beschwipst und wild, dann blieben unsere Nannys bei uns, bis das Geheul der Kojoten mich in einen Traum rief, den ich immer wieder hatte, an einen Ort, an dem nie etwas Schlimmes passierte und an dem wir alle für immer in der gemeinsamen Umlaufbahn lebten, die engste Familie, die man sich vorstellen kann.

Feiertage waren für meine Mom eine große Sache. An Weihnachten krochen kleine Welpen aus unseren Strümpfen am Kamin. Zu Ostern bekamen wir Küken und Kaninchen.

An ihren Geburtstagen mietete sie ganze Bereiche des Freizeitparks Magic Mountain, wie es ihr Dad mit Libertyland in Memphis getan hatte. Sie liebte Achterbahnen. Zippin Pippin war die erste Achterbahn, in die sie sich als Kind verliebt hatte, also mietete sie an einem Geburtstag einfach Colossus und fuhr den ganzen Abend mit mir und Ben, gefühlt siebenhundert Mal hintereinander. Sie zwang die Sicherheitsleute, mit ihr zu fahren, bis denen richtig übel war.

Wir feierten riesige Thanksgiving-Essen, bei denen sich alle in Schale warfen. Nichts Zurückhaltendes. Mom wollte, dass jede Feier außergewöhnlich ist.

Aber dann gab es auch diese Nächte, in denen ich in ihr Zimmer kam und sie allein auf dem Boden liegend fand, während sie die Musik ihres Dads hörte und weinte.

Für meine Mutter war es schwer, Karriere in der Musikbranche zu machen. Sie war eine wunderbare Texterin, aber sie hatte nicht das Gefühl, wirklich Kontrolle über ihre Musik zu haben. Ich fand sie sehr mutig, überhaupt eine Platte zu machen.

Nach einem Studiotag rief sie mich und meinen Bruder, damit wir uns in ihren Mercedes setzten und uns den Song anhörten, den sie an diesem Tag aufgenommen hatte. Sie spielte ihn uns sehr laut vor, und dann sagten wir, was wir davon hielten. Und wenn wir nicht in der Schule waren, weil wir schwänzten oder es Wochenende war, kamen wir mit ins Studio – es gibt sogar einen

Song, den sie über uns geschrieben hat, *So Lovely*, und bei dem wir mitsingen durften.

> You know I did something right
> Something that keeps me alive
> Oh you sweet little babies
> When you came you let me know why
> I was finally happy
> You knew me before now didn't you
> My God you're so lovely
> Did you come here to help me
> And I know you can't sleep well
> Unless I'm right there next to you
> Oh you, you take care of Mommy too
> You're so quick to defend me aren't you ...
> Please don't fear to lose me
> You know I have those same fears too

Meine Mutter mochte es sehr, auf Tournee zu gehen, aber das war nicht lukrativ, weil sie dem Publikum nicht bot, was es zu bekommen glaubte, nämlich dass sie Elvis-Songs coverte. Elvis-Imitatoren kamen zu ihren Auftritten. Davor hatte sie eine Heidenangst. Vor jeder Show schielte sie durch den Vorhang, ob Imitatoren im Publikum saßen, um sich innerlich darauf vorzubereiten. Wie seltsam, wenn einem jemand in der Verkleidung des eigenen, verstorbenen Vaters beim Singen zusieht. Sie wollte ernst genommen werden, doch irgendwie sollte es nie wirklich dazu kommen.

Trotz der Elvis-Imitatoren liebte meine Mom das Tourleben. Uns gefiel es auch – wir reisten mit ihr im Tourbus, schliefen in Kojen, fuhren von Stadt zu Stadt, betraten und verließen Motels, wo wir nur kurz duschten, und dann weiter in eine andere Stadt, ein anderes Cracker Barrel und ein anderes Waffle House, dann der Soundcheck, ein Nickerchen und schließlich der Auftritt. Mom liebte es, in kleinen Bars zu spielen und dann dort abzuhängen. Manchmal lud sie Fans ein, nach der Show hinter die Bühne zu kommen und mit uns im Greenroom zu feiern.

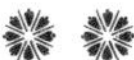

Ich liebte es, live aufzutreten, liebte die unmittelbare Reaktion des Publikums, das Geben und Nehmen. Im Studio ist man meist allein, aber live konnte ich in die Gesichter der Leute schauen und sehen, wie meine Worte oder meine Musik auf sie wirkten. Ich konnte es immer an den Gesichtern erkennen. Und dann Fans zu treffen und zu hören, was meine Musik mit ihnen machte, das war wirklich etwas Besonderes für mich.

Es hat mir auch viel Spaß gemacht, mit meinen Fans und den Fans meines Dads zu tun zu haben. Ich habe versucht, das so gut wie möglich hinzukriegen, vielleicht allzu sehr. Ich habe alles getan, was mir möglich war – mit ihnen gesprochen, Fotos geschossen, was immer sie mochten. Wenn ich auf Tournee war, hat das einen großen Teil der Zeit ausgemacht. Mir war immer wichtig, freundlich und dankbar zu sein.

Meine Lieder mögen traurig und dunkel, einsam und deprimierend sein. Aber nach den Konzerten sagen mir die Leute, dass die Lieder ihr Leben gerettet hätten, weil sie sich damit identifizieren konnten – auch sie fanden sich an diesem Punkt und haben solch ein Leben gelebt. So viele Menschen sind hinter die Bühne gekommen und haben gesagt, dass das, was ich mache, zwar düster ist, sie aber tatsächlich davon abgehalten hat, sich umbringen zu wollen. *Oh mein Gott, jemand anders fühlt auch so?* Ich liebe es, das zu hören. Das motiviert mich weiterzumachen.

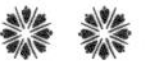

Schon bei ihrer ersten Single, *Lights Out*, habe ich den Druck des Business mitbekommen. Jedes Mal, wenn die Plattenfirma ihr den Song zur Abnahme schickte, war er noch mehr im Country-Style als zuvor, um die Elvis-Fans anzusprechen. Ich weiß noch, wie sie in ihrem Mercedes saß und sagte: »Ich mochte die Originalversion, aber das hier gefällt mir nicht …« Die Plattenfirma war gegen das, was sie wollte, sie war gegen das, was die wollten, und so ging das die ganze Zeit.

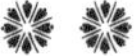

Ich singe nicht gern Elvis-Songs, aber an seinem Todestag versuche ich immer, etwas Besonderes für die Fans zu machen, vor allem in einem Jubiläumsjahr. 1997 habe ich als Überraschung für die Fans darum erstmals ein Duett namens *Don't Cry Daddy* mit meinem Dad gesungen, und danach noch ein paarmal andere Duette. Sie sind auf keinem Album erschienen und nichts, was ich irgendwie zu Geld gemacht hätte (außer einmal für einen wohltätigen Zweck). Ich finde meine Interpretation seiner Lieder ein wenig kitschig und außerdem gefällt es mir, meine eigene Identität zu haben, soweit ich überhaupt eine haben kann.

Als ich 2013 das eine Mal in Graceland auftrat, spielten wir im Jungle Room drei Stücke von meinem Album *Storm & Grace*. Ich fühlte mich wohl, weil es mein Zuhause war, erinnere mich aber auch, dass ich sehr pingelig war wegen all der Leute dort und weil alles benutzt wurde. Oh mein Gott, die Teppiche …

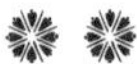

Während der Aufnahmen zu ihrem zweiten Album *Now What* kam sie nach Hause und erzählte uns, worum es in jedem einzelnen Song ging. *Here Today, Gone Tomorrow*, ein Song von The Ramones, war für Johnny Ramone, ihren guten Freund, der ein Jahr zuvor gestorben war. *When You Go* handelte teils von mir, teils von meinem Dad.

Doch ein Song, *High Enough*, sticht wirklich heraus. Damals nahm sie keine Drogen, aber sie trank - in manchen Nächten viel zu viel - und der Song handelt ganz klar von der Sucht. Aber das war lange, bevor irgendjemand von uns ahnen konnte, dass das zu einem solch großen Problem für sie werden würde, obwohl sich rückblickend schon damals die Gewitterwolken auftürmten.

Im Oktober 2000 lernte meine Mutter auf der Geburtstagsfeier für Johnny Ramone Nicolas Cage kennen, und am 10. August 2002 heirateten sie auf Hawaii. Ich war damals dreizehn Jahre alt. Bevor sie Nic kennenlernte, war sie zwei Jahre in einer festen Beziehung mit dem Musiker John Oszajca.

John und sie waren leidenschaftlich ineinander verliebt, aber er war sechs Jahre jünger als sie, und die Tatsache, dass sie Kinder hatte und ihr Ex-Mann in ihrem Leben immer noch sehr präsent war, machte es der Beziehung schwer. Schließlich trennten sie sich und Mom fragte sich oft, wie ihr Leben wohl verlaufen wäre, wenn sie zusammengeblieben wären.

Die Verrücktheiten gingen weiter. Es gab neue Versuche, das gute Verhältnis zu meinem Dad zu vergiften. Zum Beispiel erzählten Leute aus dem nahen Umfeld meiner Großmutter, dass Danny meine Mom an die Presse verkauft hätte, um an ihr Geld zu kommen.

Um das zu beweisen, setzten sie monatelang einen Privatdetektiv auf meinen Dad an. Einmal spielte er in Las Vegas Blackjack und der Privatdetektiv folgte ihm dorthin. Dann erhielt mein Dad einen Anruf von zwei Freundinnen, Cyndi Lauper und Angela McCluskey, die sich mit ihm beim Sundance Festival treffen wollten, und obwohl er ein eher auffälliger Mann ist und damals an einem Stock humpelte, weil er sich beim Motorradfahren am Bein verletzt hatte, schaffte es der Privatdetektiv trotzdem, ihn aus den Augen zu verlieren, und erklärte meiner Mom, er habe keine Ahnung, wo Dad sei.

»Er hat ein Auto genommen und ist abgehauen«, sagte der Privatdetektiv.

In Sundance traf sich mein Vater mit Cyndi und Angela und sie gingen zu einer Party der französischen Band Air. Und wen traf Danny auf dieser Party? Meine Mom, ihren Freund und ihren Security-Chef.

»Hi!«, sagte Danny, als er meine Mutter sah.

Mom fiel die Kinnlade herunter. Der Privatdetektiv hatte meinen Dad verloren, aber Dad hatte meine Mom gefunden, wie immer.

Die Beziehung meiner Mom mit Nic Cage war sehr kurz – sie fühlte sich an wie etwas, das schnell kam und wieder ging, wie ein Unwetter in Florida – und war, glaube ich, eine Art Ablenkung nach der Trennung von John. Mom schwankte sogar einen Augenblick zwischen Nic und John hin und her. Ich erinnere mich, dass ich in ihr Zimmer ging, und an einem Tag war Nic da und am nächsten John. Sie konnte sich offensichtlich nicht entscheiden.

Aber Nic und meine Mutter hatten eine Menge Spaß zusammen. Ich weiß nicht, ob sie wirklich verliebt ineinander waren, obwohl sie das behauptete. Er schenkte ihr Diamanten, und jedes Mal, wenn er sie besuchte, kam er in einem anderen Auto – meist einem Lamborghini, aber immer in einer anderen Farbe (ich erinnere mich an einen grünen, einen orangefarbenen, einen roten, aber nie an zweimal den gleichen Wagen). Mein Bruder, er war sieben Jahre alt, als Nic und Mom zusammenkamen, hatte seine Mühe mit dem Markennamen des Autos. Er sagte immer: »Nic ist da in einem Lambagini.«

Nic schenkte meiner Mom auch zwei wirklich schöne alte Autos: eine blaue 1959er Corvette und einen weißen Cadillac aus den Sechzigern. Mom brachte Ben und mich damit morgens zur Schule.

Ich mochte die Corvette lieber, weil es mir gefiel, mit offenem Verdeck zu fahren.

An den Wochenenden gingen wir an Bord einer Jacht und segelten nach Catalina Island vor der südwestlichen Küste von Los Angeles. Bei einem dieser Ausflüge gerieten meine Mom und Nic in einen Streit, und ihr 65 000 Dollar teurer Verlobungsring landete irgendwie im Meer. (In einem späteren Interview mit Diane Sawyer behauptete Mom, dass der Ring noch mehr wert gewesen sei und dass *sie* ihn nicht geworfen habe, aber er tatsächlich geworfen worden sei ...) Sofort wurde ein Taucher bestellt, um den Ring zu finden, aber keine Chance - das Meer zwischen Catalina und Los Angeles ist an der tiefsten Stelle tausend Meter tief.

Also kaufte ihr Nic einen neuen Ring, der noch teurer war als der erste.

Auf dieser Jacht habe ich zum ersten Mal den Film *Der weiße Hai* gesehen. Meine Mom meinte, mein Bruder und ich sollten ihn auch anschauen - sie liebte Horrorfilme, vor allem, wenn sie sie in einer gruseligen Umgebung sehen konnte. Also sahen wir *Der weiße Hai* auf einer Jacht mitten auf dem Meer, *Misery*, als wir uns auf einer Skihütte in Jackson Hole verkrochen, *The Ring* in Japan und *Black Christmas* in der Weihnachtsnacht in einem Häuschen am Lake Arrowhead. Mom und mein Bruder liebten das, sie schrien und lachten die ganze Zeit, mein Ding war das nie. Eigentlich war ich damals völlig verängstigt.

Aber Filme waren noch nicht alles. Eines Tages kam meine Mom als Michael Myers aus *Halloween* verkleidet in die Schule. Ein anderes Mal als tote, blutüberströmte Marie Antoinette. Wir haben es ihr aber heimgezahlt - Ben und ich setzten abwechselnd die Michael-Myers-Maske auf und jagten uns gegenseitig und sie durchs Haus. Sie hatte mehr Angst als jeder andere.

Nach 108 Tagen war der Wirbelsturm ihrer Ehe mit Nic Cage vorbei. In dem Interview mit Diane Sawyer sagte meine Mom über die Beziehung: »Wir waren beide so theatralisch, dass wir uns nicht beherrschen konnten.«

Beinahe solange ich mich erinnern kann, besaß meine Mutter ein Haus auf Big Island in Hawaii und hielt sich dort so häufig wie möglich auf. Sie sagte, sie fühle eine Verbindung zu der Insel und könnte dort klarer denken.

Wie gesagt, meine Mom wollte immer, dass Geburtstage und Feiertage ein Riesending waren, und so reiste zu meinem sechzehnten Geburtstag eine große Gruppe von uns nach Hawaii: ich und sechs meiner engsten Freundinnen und Freunde, Ben und zwei seiner Freunde, Mom und ein paar ihrer Freunde, ihr zukünftiger Ehemann Michael Lockwood und mein Dad.

Meine Mom schmiss für mich eine große Party am Strand, bei der ein Typ sang und Gitarre spielte, während wir aßen. Mein Vater hat mir sechzehn Geschenke gemacht. Irgendwann lud der Musik-Typ mich und meinen Dad zu einem Vater-Tochter-Tanz auf der Tanzfläche ein. Mein Dad und ich sahen uns entsetzt an (Gott sei Dank hatte er schon mindestens vier Mai Tais intus, denn vollkommen nüchtern wäre das ein noch größerer Albtraum geworden). Wir wollten unbedingt aus der Nummer raus, aber meine Mom bestand darauf, weil sie fand, das wäre urkomisch.

Das Lied, das der Mann für den Tanz wählte, war *Butterfly Kisses* von Bob Carlisle, ein Lied, in dem die Tochter vom Himmel gesandt wird, *um daddy's little girl* zu sein, eine junge Frau, die mit jedem Tag ihrer Mama mehr ähnelt. Nichts gegen das Lied, aber die Mitglieder meiner Familie in irgendeine Art von traditionellem Rahmen bringen zu wollen, konnte nur nach hinten losgehen. Wir fanden das Ganze ungeheuer lustig, und mein Dad und ich haben uns vor hysterischen Lachkrämpfen aneinander festgehalten. Alle am Tisch haben schallend gelacht. Wie Ben hat auch mein Dad ein unglaubliches Lachen, einfach unmöglich, nicht mitzulachen. Offen gesagt habe ich während dieses Tanzes so viel gelacht wie noch nie im Leben, und das nicht nur, weil meine Freunde und ich auch den ganzen Abend heimlich Mai Tais und Champagner gesüffelt haben.

Am Ende der Strandparty fuhren wir mit Golfcarts zurück zum Haus, um Musik zu hören und weiterzufeiern. Meine Mutter hatte immer ihre eigene Flasche Dom Pérignon, die niemand anrühren durfte. Sie liebte es, zu Musik aus den Siebzigern zu tanzen, zum Beispiel zu *We Are Family* von Sister Sledge und *The Hustle* von Van McCoy, bei dem sie alle dazu zwang, den Hustle zu machen. Normalerweise wollte sie nur Disco-Musik spielen ... oh, und *Toxic* von Britney Spears.

In unserem Haus in Hidden Hills nahm sie Hip-Hop-Tanzunterricht. (Mich hat sie auch dazu genötigt, aber ich war nicht sehr gut.) Ich sollte immer alles mit ihr machen – irgendwann hatte sie einen Tanz zu *Creep* von TLC gelernt, und als sie mich mal bei einer Freundin absetzte, bei der ich übernachten wollte, blieb sie, um mir und meinen Freundinnen die Moves beizubringen. Sie hing oft mit uns ab. Sie sagte immer: »Deine Freunde sind auch meine Freunde.«

Irgendwann in dieser Nacht auf Hawaii lief *Maggie May* und wir alle sangen laut mit, die Leute tanzten auf den Tischen bis in die frühen Morgenstunden.

Gegen drei Uhr machte ich eine Pause und legte mich draußen in einen Liegestuhl, um die Sterne zu betrachten. Wenn man auf Hawaii in die Sterne schaut, sieht man immer Sternschnuppen, und da waren sie, rauschten an meinem Blickfeld entlang. Mom leistete mir Gesellschaft und wir lagen zusammen da und beobachteten die flirrenden Lichter.

Ich sagte: »Mein Bauch tut weh.«

Sie meinte: »Das liegt daran, dass du *meinen* Dom Pérignon getrunken hast.«

Irgendwann merkten wir, dass jemand fehlte. Auf dem fünfminütigen Weg vom Strand zum Haus hatten wir es irgendwie geschafft, meinen Dad zu verlieren. Das war bei Partys nicht ungewöhnlich, denn da spielte er immer den Witzbold. Aber ich war ein bisschen besorgt, und so machten sich Ben und einer seiner Freunde auf den Weg zurück zum Strand, um ihn zu suchen – sie kamen ohne Dad zurück, aber mit einer riesigen Schildkröte, die sie unterwegs entdeckt hatten.

Meine Mom machte sich nie Sorgen um meinen Dad. »Der überlebt uns noch alle«, sagte sie dauernd.

Irgendwann während der nächtlichen Party bemerkte ich in der Ferne eine Gestalt, die sich aus dem gigantischen, zerklüfteten Lavafelsen hinter unserem Haus löste und sich unserem Garten näherte.

Dad war oben ohne und hatte einen kleinen Blutfleck auf der Nase. Niemand hatte auch nur die geringste Ahnung, wie er es über die Lavabrocken geschafft oder was er da draußen gemacht hatte. Für Danny nicht ungewöhnlich. Er tauchte einfach mit einem frechen Lächeln auf, als ob nichts passiert wäre. Aber es war *alles* passiert.

Die weitere Nacht verlief wie so viele andere: Meine Mom und mein Dad tanzten zusammen und lachten in ihrer eigenen Welt. Mir kamen sie immer vor wie zwei Piraten.

Als ich zu Bett ging – ich hielt nie so lange durch wie meine Eltern –, bemerkte ich, dass mein Dad auch den Rest seiner Klamotten ausgezogen hatte und nun vollständig nackt auf einem Liegestuhl saß und in aller Ruhe mit den Sicherheitsleuten meiner Mom Champagner trank.

Meine Mutter wollte unbedingt ein normales Leben führen und Michael Lockwood schien ihre letzte Chance dazu. Als hätte sie in Michael einen Menschen gefunden, der ihr helfen konnte, vor stabilen Verhältnissen nicht mehr wegzulaufen.

Als meine Mom überlegte, wieder zu heiraten, brachte sie die Beziehung zu ihrer Mutter ins Reine und sie kamen sich näher, nicht nur, was mich und meinen Bruder betraf, sondern auch füreinander. Im Versuch, das Geschehene zu heilen. Meine Mom schrieb den Song *Raven* für Priscilla:

> I'll hear your stories
> That filled your sad eyes when you had raven hair
> Hold your head up high
> I know that I've been ruthless
> I've been ruthless
> Go on, dry your eyes
> Hey, you finally see me
> Hi
> And I see you
> And everything till now
> It wasn't that bad really
> Beautiful lady
> Go on, dry your eyes
> You know that I've forgiven you and I'm sorry
> And everything till now
> It wasn't that bad really
> Beautiful lady

Mom wollte Priscilla verzeihen. Und sie wollte mit ihrem Beitrag dieser komplizierten Beziehung gerecht werden. Der Songtext bedeutete Priscilla sehr viel. Danach kam sie mit auf Tournee und war sehr gespannt, ihren Song zu hören. Tatsächlich waren Nona und meine Mom kurze Zeit wie Pech und Schwefel. Sie kicherten und lachten ständig, hatten Spaß und betranken sich gemeinsam, dachten sich dauernd irgendwelchen Unfug aus.

2005 haben sich meine Mutter und Michael auf Hawaii verlobt. Ich weiß noch, dass sie zurück nach Hidden Hills kam und mir in der Küche den Ring zeigte.

Mom war verliebt in Japan und die Kultur, und sie wünschte sich sehr eine traditionell japanische Hochzeit, also heirateten Michael und sie im Januar 2006 in Kyoto.

Etwa zwanzig Personen reisten mit zur Trauung nach Japan. Ich kam zwei Tage später nach, weil ich eine Magen-Darm-Grippe hatte. Mein Dad, der Trauzeuge der Hochzeit sein sollte, wartete und flog dann mit mir nach Tokio.

Von Tokio aus fuhren wir mit dem Zug nach Kyoto, wo wir in einem traditionellen Ryokan wohnten. Am Tag nach meiner Ankunft in Kyoto frühstückten meine Mom und ich typisch japanisch mit Fisch, Misosuppe und Reis, aber ich bestellte als Beilage Weißbrot mit Marmelade, weil ich noch nie im Leben so fluffiges Brot gesehen hatte. Nach dem Frühstück begleiteten meine beste Freundin und ich meine Mom und ihre Mutter zu einem Bekleidungsgeschäft, wo wir traditionelle Kimonos anprobierten, Mom einen Hochzeitskimono.

Beim Probeessen für die Hochzeitsfeier forderte mich Mom auf, mit ihr nach draußen zu gehen. Wir gingen eine schöne alte, schmale Straße entlang (die so war wie so ziemlich jede Straße in Kyoto) und rauchten Zigaretten.

Während des Spaziergangs sagte meine Mom: »Ich bekomme da drin eine Panikattacke - ich weiß nicht, warum ...« Wir liefen noch ein Stück weiter und sie meinte: »Ich fühlte mich wie festgeklebt an diesem Tisch. Ich musste einfach nach draußen.« Damals war ich erst sechzehn und hatte keine Ahnung, was los war, aber ich dachte, dass sie vielleicht Angst vor der Bindung hatte. Vielleicht ahnte sie irgendwo in ihrem Inneren, dass damit das letzte Kapitel aufgeschlagen würde.

Trotzdem heiratete meine Mutter am nächsten Tag im Garten des Ryokan. Ich werde nie vergessen, wie wunderschön sie aussah. Nach der Hochzeit fuhren wir mit dem Zug nach Hakone zu den heißen Quellen von Gora-Kadan auf dem Anwesen der ehemaligen

Sommerresidenz der kaiserlichen Kan'in-no-miya-Familie, mittlerweile ein Hotel-Resort.

Das war einer von Moms Lieblingsplätzen auf der Welt. Sie liebte das Hotel und die heißen Quellen. Ich erinnere mich lebhaft, dass wir uns auf niedrigen Hockern sitzend wuschen, bevor wir die Bäder betraten. Wir sagten kein Wort. Ich glaube, wir haben einfach nur die Schönheit um uns herum aufgesaugt und uns glücklich gefühlt, dort zu sein, gemeinsam dort zu sein.

Später am Abend gingen wir in unseren Kimonos in die Karaoke-Bar des Hotels, der einzige Ort auf dem Gelände, an dem es okay ist, sich ein wenig gehen zu lassen - ich glaube, sogar willkommen. Michael Lockwood sang *Let's Dance* von David Bowie, mein Dad *Wild Thing* von The Troggs, meine Mutter und ich gemeinsam *Your Song* von Elton John, dann sang ich mit meiner besten Freundin zwei ABBA-Lieder, meine Mom stimmte bei *Chiquitita* mit ein, bis wir alle drei heulend auf dem Boden saßen, weil wir so viel lachen mussten.

Am Ende des Abends tanzte Dad mit Priscilla, mein Bruder rannte aufgeregt mit seinem Freund herum, und meine Mom und ich sangen Duette mit Einheimischen, wie man das eben so macht.

Meine Mom wollte noch unbedingt mehr Kinder. Sie unternahm viele In-vitro-Fertilisationsbehandlungen und wurde schließlich schwanger.

Während der Schwangerschaft mit meinen kleinen Schwestern mietete sie ein Haus in Montecito als erstes Kapitel eines märchenhaften Lebens, das sie für sich und ihre bald auf die Welt kommenden Kinder einrichten wollte. Sie war raus aus L.A., es war ein schöner Sommer, und wir genossen diese herrlichen Tage rund um ihre Schwangerschaft in dem friedlichen Garten am Haus.

Meine Mom war in der Lage, auf eine zutiefst spirituelle Art und Weise zu spüren, wer diese beiden Wesen in ihrem Bauch waren.

Sie spürte, dass Harper zart, feminin und stark sein würde, Finley frech, stur und süß. Und sie behielt recht. So sind sie.

Meine Mom war wie ein Wirbelsturm. Trotzdem entgeht niemand, wie lieb und sanft ihre Kids sind.

Im Oktober 2008 brachte sie die Zwillingsmädchen zur Welt, meine geliebten Schwestern Harper Vivienne Ann Lockwood, die ihren Namen von Michaels Mutter und Priscilla erhielt, und Finley Aaron Love Lockwood, benannt nach Gladys und Elvis.

Harper und Finley waren die süßesten kleinen Babys überhaupt. Sie wurden per Kaiserschnitt im Los Robles Regional Medical Center in Thousand Oaks geboren.

Gemeinsam mit Michael Lockwood war ich dabei, als meine Mom per Kaiserschnitt entbunden hat. Als die beiden Mädchen herauskamen, dachte ich, dass sie genau so aussahen, wie wir es uns vorgestellt hatten. Beide hatten den Amorbogen-Mund und die schweren Augenlider, die wir alle haben.

Ich war neunzehn und es kam mir vor, als wären sie auch meine Babys.

Nach dem Kaiserschnitt meiner Mutter war es wichtig, dass sie so schnell wie möglich wieder auf die Beine kam, und darum liefen wir zusammen die Krankenhausflure auf und ab, wobei sie sich an ihrer kleinen Gehhilfe festklammerte. Sie hasste es, aber um sie aufzumuntern, redete ich mit ihr in dieser seltsamen Sprache, die sie, Ben und ich uns ausgedacht hatten, als mein Bruder und ich noch ganz klein waren. (Mom hatte eine ganz ähnliche Sprache mit ihrem Dad.) Wenn wir es wirklich wollten, konnten wir uns so unterhalten und niemand konnte uns verstehen. Jeden Tag besuchte ich sie im Krankenhaus, sie war mürrisch und hatte Schmerzen, und ich sagte: »Magst du über die Isles of Robles spazieren?« Und wir gingen los und lachten hysterisch.

Schließlich kamen die Zwillinge nach Hause und wir alle machten uns daran, diese beiden Engelchen zu füttern und zum Bäuerchen zu bringen. Ihr Vater fütterte die eine, meine Mom die andere, und meine Aufgabe waren die Bäuerchen – zu der Zeit schlief ich für gewöhnlich auf einer Pritsche im Kinderzimmer.

Ich habe es geliebt, nachts mit den Babys wach zu sein. Wir waren uns alle so nah. Waren wir in einem Hotel, schliefen meine Schwestern mit meiner Mutter im Bett und ich in einem Beistellbett zu ihren Füßen. Wir waren immer zusammen in einem Zimmer.

Meine Mutter war sehr intuitiv und besaß starke Instinkte, was das Muttersein anging. Sie wusste sofort, wie Finley gehalten werden wollte und wie Harper. Keine Ahnung, woher sie das hatte – ich glaube nicht, dass sie diese Fähigkeit von jemandem übernommen hat, ich glaube eher, sie wurde damit geboren. Die Umstände formen einen Menschen, aber da gibt es diesen besonderen Teil deiner Persönlichkeit, den Spirit, und der Spirit meiner Mom sprudelte über vor mütterlicher Liebe.

Jahrelang hatte sie sich noch eine Chance gewünscht, Mutter zu werden. Bei mir und Ben war sie junge Mutter gewesen – diesmal wollte sie es noch einmal erleben und mehr Rücksicht nehmen und mehr Zeit mit ihren Kindern verbringen. Diesmal wollte sie nicht, dass eine Menge Personal und Nannys die Kids aufziehen. Sie wollte alles selbst machen, zupackend.

Bens und meine Kindheit war perfekt, fantastisch – und trotzdem wollte meine Mom es diesmal besser machen, noch präsenter sein und alles selbst übernehmen. Also schmiedete sie einen Plan: Sie wollte das Haus in L.A. verkaufen und nach England ziehen, um dort ein wunderschönes Leben auf dem Land zu führen, wo meine Schwestern im ländlichen Garten spielen und sie jeden Morgen spazieren gehen könnten und die beiden Kleinen mit niedlichem britischen Akzent aufwachsen würden.

Das gehört zu den herzzerreißendsten Umständen der letzten zehn Jahre ihres Lebens – das Muttersein war ihr das Wichtigste, sie hatte sich diese Chance so sehr gewünscht, und doch tauchte ihre Sucht wieder auf.

Ihr Vater war süchtig gewesen, aber in den 1970er-Jahren herrschte dafür kaum ein Bewusstsein. Damals schien jeder in Hollywood süchtig, aber keiner kannte einen Begriff dafür. Elvis glaubte, er würde nur tun, was ihm die Ärzte rieten - sagte sein Arzt, er sollte ein Medikament zum Einschlafen und ein anderes zum Aufwachen nehmen, dann tat er das. Elvis verfolgte keine weiteren Absichten. Das könnte eine genetische Komponente für das Suchtverhalten meiner Mom gewesen sein - wie auch immer, diese Abhängigkeit wartete ihr ganzes Leben lang auf sie, bis meine kleinen Schwestern geboren wurden.

Und dann tauchte die Sucht erneut auf und brannte alles nieder.

Das Leben meiner Mutter geriet bald an einen Punkt, an dem sie zunehmend die Kontrolle verlor. Sie hatte so viele Angestellte, die alles für sie erledigten, dass sie nicht einmal so etwas Einfaches wusste wie beispielsweise, wie man den Fernseher im Wohnzimmer einschaltet. Sie hatte eine großartige Zeit erlebt, ein ganzes Jahrzehnt, in dem sie Leute in ihr Leben ließ und ihnen vertraute. Doch die Finanzen waren ein Thema, von dem sie praktisch keine Ahnung hatte. Eines Tages bekam sie Wind davon, dass ein bestimmter Mitarbeiter möglicherweise die Firmenkreditkarte missbraucht hatte. Sie begann, der Sache nachzugehen, und stellte fest, dass ein paar Angestellte die Benutzung ihrer Kreditkarten in einer Form überzogen, die ihr nicht gefiel - zu viele Flüge, zu viele neue Telefone, zu viele Pizzen. Die meisten dieser Angestellten gehörten auch zum Kreis ihrer besten Freunde. Sie waren keine Diebe, vielleicht nur ein bisschen nachlässig. Aber bei meiner Mutter löste dieses Verhalten das immer schon in ihr schlummernde Gefühl aus, dass jeder um sie herum einen bestimmten Zweck verfolgte. Mehr noch, sie glaubte, sie sei nicht liebenswert. Ihr typischer Umgang mit diesen Gefühlen war, diese Leute sofort zu verbannen, unabhängig davon, wie groß oder klein das Ärgernis gewesen sein mag.

Am Ende dieser idyllischen zehn Jahre, praktisch über Nacht, hat meine Mom alle aus Hidden Hills rausgeworfen – Freundinnen, Freunde, Security, Assistentinnen, Menschen, die sie jahrelang kannte und liebte. Ihre Religion. Plötzlich wollte sie einfach jeden und alles loswerden.

Einer nach dem anderen wurde weggeschickt. Die Einzigen, die blieben, waren ihre Kinder, Michael Lockwood und natürlich mein Dad.

Tief in ihrem Herzen hatte sie Graceland nie verlassen, hatte sich nach dem Tod ihres Vaters emotional nicht weiterentwickelt. Sie war sich bewusst, wie sehr sie sich Freunde wünschte, aber nach fast vierzig Jahren ständiger Enttäuschungen – Leute, die sie an die Presse verkauften, Leute, die unverantwortlich mit ihrem Geld umgingen, Leute, die aus den falschen Gründen ein Date mit ihr wollten – lautete die Lehre, alle Menschen aus ihrem Leben auszuschließen und nicht zurückzublicken.

Zum ersten Mal in ihrem Leben wollte sie allein sein.

Eines Tages verließ sie ohne Begleitung das Haus, was sie sonst nie tat, und ging in ein kleines Independent-Kino in Woodland Hills, um sich irgendeinen Film anzusehen, egal, was lief – zufällig war das *Into the Wild*. Über den Film wusste sie vorher nichts. Ihn anzuschauen, war, soweit ich weiß, das erste Mal, dass meine Mutter etwas alleine unternahm. Ich war beunruhigt, aber ich weiß auch noch, dass ich dachte: *Wie gut, zufällig ausgerechnet auf diesen Film gestoßen zu sein, einen Film über einen jungen, idealistischen Mann, der allein in die Wildnis aufbricht und in der Abgeschiedenheit zu seiner Identität findet.*

Aber alles endet in einer Tragödie.

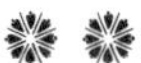

Ich kann richtig fies und richtig wütend werden, und ich jage anderen Angst ein, wenn ich so bin. Das liegt daran, dass ich versuche, mich vor Schmerz zu schützen. Ich stoße die Leute verdammt noch mal einfach weg. Es ist die Angst, verletzt zu werden. Mir ist bewusst, dass man mich verletzen kann, also schließe ich andere aus. Ich habe vom Besten gelernt: Michael Jackson. Er hat das wirklich gut gekonnt.

Schon als Kind war ich sehr wütend, zum Beispiel auf meine Tante, und ich erinnere mich, wie ich zu ihr sagte: »Ich verstoße dich – sprich ja nie wieder mit mir.« Meine Tante! Ich bin superempfindsam und ängstlich und unsicher, wer ich bin. Ich weiß nicht, wer ich bin – ich hatte nie wirklich die Chance, meine Identität zu entdecken. Ich hatte keine Familie. Ich hatte keine Kindheit, und obwohl die Zeit teils lustig war, gab es auch ständig Ärger.

Und dann wachte ich auf. Ich wurde wach, was die vielen Dinge anging, die sich seit Jahren um mich herum abgespielt hatten. Eine Menge Leute haben alles dafür getan, dass ich still und beherrschbar blieb.

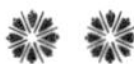

Damals nahm sie, was niemand von uns ahnte, schon regelmäßig die Opioide, die ihr nach dem Kaiserschnitt bei der Geburt meiner Schwestern verschrieben worden waren.

SIEBEN

IM TOURBUS VON NASHVILLE NACH L.A.

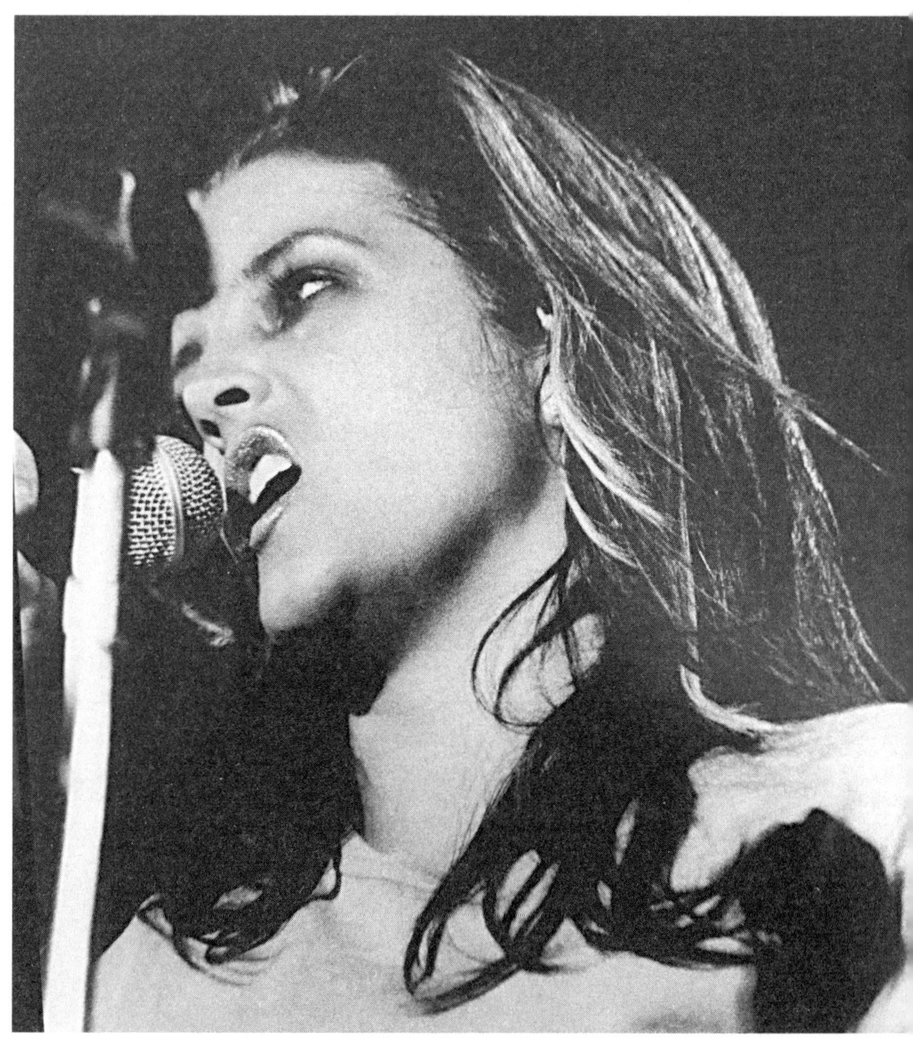

Wenn du nichts hast, worauf du dich konzentrieren kannst, oder irgendeinen Lebenszweck, dann ist es ganz schön hart da draußen. Das Leben ist nicht einfach. Wer möchte da nicht lieber high sein? Drogen oder Alkohol bewirken, dass man sich großartig fühlt.

Man braucht irgendwas Größeres – größer als das Gefühl, high zu sein, größer als dieses Glücksgefühl, größer als diese Leere. Wer das nicht hat, steckt in Schwierigkeiten.

Bevor ich abhängig wurde, war ich fokussiert. Ich wollte wissen, was zum Teufel ich hier sollte. Ich wollte etwas über das Leben, über Menschen wissen. Lange Zeit wollte ich keinen Scheiß machen. Ich brauchte Antworten, wo auch immer die zu finden wären. Das war mein Ziel.

Doch sobald das wegfiel, entgleiste ich. Als ich meine Zwillinge bekam und im Krankenhaus war, gaben sie mir Norco. Da erlebte ich den ersten Oh-mein-Gott-Rausch durch ein Schmerzmittel.

Ich war vierzig.

Ehrlich gesagt, weiß ich selbst nicht so richtig, was ich tat. Ich geriet in Isolation, fing langsam an, alle und alles in meinem Leben zu verlieren. All die Säulen, die ich aufgestellt hatte, die ganze Truppe, alle Freunde und Beziehungen. Ich fing an, einen nach dem anderen zu verdrängen und zu demontieren.

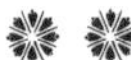

Bei meiner Mutter hatte es begonnen, indem sie nach dem Kaiserschnitt Opioide gegen die Schmerzen nahm. Dann ging es damit weiter, dass sie sie auch als Schlafmittel benutzte.

Im Februar 2008 war sie vierzig geworden. Meine Schwestern kamen im Oktober desselben Jahres zur Welt (ich wurde im darauffolgenden Mai zwanzig). Nach ihrer Phase mit Drogen als Teenager hatte sie nie mehr welche angerührt. Sie trank zwar Alkohol, aber wie sie sagte, schluckte sie als Erwachsene nicht einmal Advil oder Tylenol.

Mein Leben lang hörte ich sie oft sagen: »Wenn ich Drogen probieren würde, dann wäre es aus mit mir.« Jetzt verstehe ich, was für ein deutlicher Hinweis auf ein Suchtproblem das war, das sie intuitiv wahrnahm. Ich glaube, es war eher unterbewusst, aber es verfolgte sie. Mit Scientology, mit dem Aufziehen der Kinder, mit Ehen und mit Spiritualität hatte sie es in Schach gehalten. Aber es war da, wie ein Schatten, die ganze Zeit über. Sie pflegte zu sagen: »Mein Dad war zweiundvierzig, als er starb. Ich bin neununddreißig ...«

Wir hätten uns nie vorstellen können, dass es sie auf so brutale Weise so spät in ihrem Leben einholen würde. Kurz nach der Geburt meiner Schwestern versuchte sie, ihre Handlungsfähigkeit zurückzugewinnen, und zog mit ihnen und Michael Lockwood nach England.

Anfangs wohnten sie kurz im Südwesten Londons, in Richmond, und an manchen Tagen spazierte sie mit meinen Schwestern im Kinderwagen zu einer kleinen Crêperie an der Themse. Meine Mom liebte das ruhige Leben, das sie sich einrichtete.

Ben und ich fühlten uns ein bisschen vernachlässigt, weil ihr Umzug nach England bedeutete, dass wir zum ersten Mal nicht alle gemeinsam im selben Haus lebten. Sie besorgte uns ein Haus in Calabasas, aber so ziemlich die meiste Zeit verbrachten wir bei ihr in England.

Ursprünglich hatte meine Mom erwogen, in Irland zu leben – als wir kleiner waren, reisten wir oft dorthin. Mom war mit dem österreichisch-irischen Künstler Gottfried Helnwein befreundet, und dann wohnten wir auf seinem Anwesen, Castle Gurteen de La Poer, in Kilsheelan, ein paar Meilen östlich von Clonmel. Alle zusammen besuchten wir lokale Pubs und tanzten dort. Wenn die Lokale schlossen, kehrten wir nach Gurteen zurück, rannten auf dem Gelände herum oder stiegen die Wendeltreppe im Turm hinauf und legten uns ganz oben unter den Sternenhimmel, bis die Sonne zwischen den Zinnen durchschien. Ich war damals siebzehn und schon betrunken.

Meine Mom hatte wirklich nach Irland ziehen wollen, doch von jedem Anwesen, das sie fand, behauptete sie, es würde dort spuken. Sie hatte eine sehr praktische und pragmatische Beziehung zu Gespenstern, früheren Leben und Geistern. Eines Tages brachte eine Maklerin uns zu einem sehr alten Haus irgendwo außerhalb von Cork. Sie führte uns durch einen Flur mit pinkfarbener Blumentapete und sehr niedriger Decke. Bevor wir auch nur das Wohnzimmer erreicht hatten, sagte Mom: »Hier spukt's«, drehte sich um und marschierte sofort wieder raus.

Stattdessen ließ sie sich bald in England nieder. Anfangs war England, genau wie Hidden Hills zuvor, wirklich magisch – vor allem in den ersten Jahren. Mir kam es vor, als dachte sie, es wäre ihre letzte Chance auf Stabilität, darauf, Kinder zu haben und in einem riesigen Landhaus mitten im Nirgendwo zu leben. Wieder versuchte sie nachzuahmen, was sie mit ihrem Vater gespürt hatte. Ein einfaches Leben ohne all die Leute. Nur mit ihrem Mann und ihren Kindern.

Nach Richmond kaufte sie 2010 ein Anwesen aus dem 15. Jahrhundert in Rotherfield, etwa dreißig Meilen nordöstlich von Brighton an der Südküste. Zum Haus gehörten gute zwanzig Hektar Land, ein herrlicher See, Schafe, Pferde, kunstvoll beschnittene Hecken und sogar eine Orangerie – es war wirklich wunderschön, atemberaubend.

Dort spukte es zwar auch, aber nur in einem Zimmer. Finley erklärte meiner Mutter und Michael, sie würde oft einen Mann in ihrem Zimmer sehen. Irgendwann brachten meine Mutter und Michael mehr Einzelheiten in Erfahrung: Offenbar hatte die Urgroßmutter eines früheren Besitzers in dem Haus gelebt – und war dort auch gestorben. Und die lauten Schläge, die sie alle regelmäßig gegen Mitternacht hörten, hatten vermutlich mit dem Urgroßvater zu tun, der sich viele Jahre zuvor in der Scheune erschossen hatte - genau dort, wo sie jetzt ihr Wohnzimmer eingerichtet hatten.

Meine Mom begeisterte sich in England sehr fürs Gärtnern. Sie pflanzte mit meinen Schwestern Radieschen, Kartoffeln und Karotten im Garten. Sie kochte auch erstmals - zwar gab es immer noch eine Köchin, aber weil sie nun über mehr Zeit verfügte, verbrachte sie etwas davon in der Küche. Jeden Tag tranken wir am Kamin Tee - sie liebte es, Feuer zu machen und zu schüren. Dann saß sie einfach da und betrachtete die Flammen aufmerksam. Sie versuchte, sie vorauszubestimmen. Keiner konnte ein Feuer so lodern lassen wie meine Mutter - sie war eine richtige Feuerhexe.

Jedes Wochenende nahmen Ben und ich den Zug nach London, um unsere Freunde zu treffen. In der Vorweihnachtszeit fuhren wir fürs Christmas-Shopping zu Harrods in Knightsbridge oder zum Borough Market in Southwark. Dann ging es zurück in unseren lokalen Pub in Crowborough, nur ein paar Meilen vom Haus entfernt. Dort hingen wir mit den Einheimischen ab und sangen und tanzten bis in die frühen Morgenstunden. (Weil meine Mom sich inzwischen mit den Besitzern des Pubs angefreundet hatte, konnten wir die Glocke zum Lokalschluss um 23 Uhr ignorieren und die ganze Nacht bleiben.) Ben war damals achtzehn und arbeitete manchmal hinter der Bar.

Das war die Vorstellung meiner Mom von einem bescheidenen Leben - sie hatte immer noch einen Hausmeister, einen Sicherheitsmann, einen Fahrer, eine Köchin und zwei Nannys für die Mädchen. Es klingt nach viel, war aber eine Notbesetzung im Vergleich zu Kalifornien. Schließlich richtete sie ihren eigenen Pub auf dem Anwesen ein, wo ein paar Einheimische, darunter auch einige neue Freunde wie der Gitarrist Jeff Beck und dessen Frau Sandra sowie

Sarah Ferguson, abhängen konnten. (Sarah und meine Mom hatten ein wirklich loyales Verhältnis - beide hatten ähnliche Schlammschlachten in der Presse und in der Realität erlebt; man hatte sie zerrissen und bloßgestellt, nur weil sie als Frauen sie selbst gewesen waren, ohne sich dafür zu rechtfertigen.) Meine Mom veranstaltete auch riesige Christmas-Partys. Am liebsten ging sie jedoch zur Pommesbude, aß sonntags einen schönen Braten und gärtnerte mit meinen Schwestern.

Offenbar hatte sie verwirklicht, was sie sich vorgenommen hatte: ein sehr süßes, kleines Leben auf dem Land. Insofern waren die ersten paar Jahre wirklich zauberhaft.

Wir hatten allerdings keine Ahnung davon, dass ihr Tablettenkonsum langsam zunahm.

Eines Abends fuhren wir alle nach London, um ins Soho House zu gehen. Wenn meine Mutter und ich in Streit gerieten, ließ sich der normalerweise ziemlich rasch beilegen. Sie konnte vernünftig sein, Verantwortung übernehmen und Mitgefühl zeigen. An jenem Abend im Soho House allerdings realisierte ich zum ersten Mal, dass irgendetwas nicht stimmte.

Es begann mit einer kleinen Auseinandersetzung darüber, dass ich vor Weihnachten nach Irland wollte, aber rasch spürte ich eine Bösartigkeit, die ich noch nie zuvor an ihr erlebt hatte. Sie wollte den Streit nicht beenden, und das Hin und Her wirkte sehr irrational.

»Du hast mir nicht gesagt, dass du so kurz vor Weihnachten nach Irland fährst«, sagte sie.

»Doch, das *habe* ich dir gesagt«, erwiderte ich, »du erinnerst dich nur nicht daran.«

Das ignorierte sie.

»Also wirst du mich hier sitzenlassen und deinen Bruder mit nach Irland nehmen? Das ist so unrecht, so nicht okay, das zu tun.«

»Ich habe dir doch gerade gesagt: Ich habe dir schon vor Wochen erzählt, dass wir nach Irland fahren. Ich bin jetzt ziemlich verwirrt ...«

Sie reagierte unerbittlich, wollte nicht davon ablassen. Da war eine neuartige Gemeinheit, die in ihr steckte, während wir solche Streits vorher schnell gelöst hätten.

Ich war so durcheinander und wütend über die Auseinandersetzung, dass ich aus dem Club stürmte. Es hatte mich ganz verrückt gemacht. Auf dem Weg nach draußen traf ich meinen Bruder, der gerade eine Zigarette rauchte.

»Mom ist so seltsam ...«, sagte ich.

»Was meinst du damit?«

»Also, sie ist gerade wütend geworden, weil wir nach Irland fahren, dabei haben wir ihr das schon vor Wochen gesagt. Sie ließ gar nicht davon ab.«

Ich hatte ein elegantes Kleid an und wusste nicht, wohin – es war zwei Uhr morgens. Als ich einfach losmarschierte, fuhr eine Rikscha vorbei und ich stieg ein. Die Rikscha war komplett mit Lichterketten dekoriert und der Fahrer spielte *Angels* von Robbie Williams so laut, dass ich nicht mal meine eigenen Gedanken hören konnte. Da hockte ich also, in meinem langen Abendkleid und einem Mantel aus Faux Fur, und erkannte trotz meiner Wut die Absurdität der Situation. Ich musste über mich selbst lachen. Als Nächstes schickte ich meiner Mom ein Video von mir, wie ich über den Oxford Circus fuhr, während dieser Song erschallte. Meine Mutter antwortete mit »Hah!«. Nach Streitereien führten wir normalerweise ein Gespräch, um die Sache zu lösen. Letztlich würde eine von uns das Schweigen brechen und alles wäre wieder normal – das bedeutete ihre Textnachricht. Ich machte mich also auf den Weg zurück zum Soho House.

Aber die Dinge änderten sich. Und nicht nur in Bezug auf meine Mom.

Nach ein paar Jahren in England machten wir alle zusammen Urlaub auf Hawaii, und dort gestand meine Mom mir, dass sie von Opioiden abhängig sei. Aber sie plane, für einen Entzug nach Mexiko zu reisen. Mein Bruder, ich und meine Schwestern begleiteten sie dorthin. Nachdem die halbe Zeit vorbei war, brachte sie jedoch eine Ausrede vor, um das Ganze abzubrechen.

»Ich muss zurück – nach Ostern fängt für die Mädchen die Schule wieder an«, sagte sie.

»Was meinst du damit?«, sagte ich. »Das wusstest du doch schon vorher, oder?«

»Yeah, aber sie haben gerade erst angefangen. Sie haben lauter neue Freundinnen. Sie haben ihren Alltag. Ich werde sie da nicht rausreißen …«

»Ich glaube, alle würden dir darin zustimmen, dass dein Aufenthalt hier wichtiger ist, als wenn meine Schwestern eine Woche Schule verpassen«, sagte ich, aber sie blieb hart. Sie machte immer, was sie wollte. Mein Bruder und ich waren wütend, aber wir konnten sie nicht umstimmen.

Zurück in England herrschte eine stillschweigende Übereinkunft zwischen mir, meinem Bruder und Michael, dass meine Mutter vielleicht nicht clean werden *wollte*. Schon immer war sie extrem ehrlich gewesen, aber ich glaube, sie hielt Ehrlichkeit eher für eine Tugend als die Änderung ihres Verhaltens. Da sie es uns gegenüber zugegeben hatte, schien die Ehrlichkeit ihr quasi die Erlaubnis zu geben, mit ihrer Sucht weiterzumachen.

Jetzt, wo wir Bescheid wussten, bemerkten mein Bruder und ich Dinge, etwa, dass sie viel zu früh einschlief, wenn wir zusammen Filme schauten.

Eines Morgens saß ich in der Küche und trank Tee, als meine Mom an mir vorbeiging und dabei leicht gegen die Wand stieß. Ich erschrak, weil sie mir über Jahre erklärt hatte, wenn sie jemals

Heroin nähme, würde es sie umbringen. Sie pflegte zu sagen: »Ich würde nie auch nur ein bisschen davon ausprobieren; wenn ich es machen würde, dann würde es mich töten.«

Letztlich begriff sie, dass der Umzug nach England doch keine so gute Idee gewesen war. Sie hatte sich von all ihren Freunden entfernt, und mit der Einsamkeit und Isolation hatte der Drogenkonsum zugenommen. Oder sie wollte allein sein, um die Drogen nehmen zu können. Oder beides.

Ihre Community war jedenfalls weg. Sie hockte mit zwei kleinen Kindern und ohne Freunde in England auf dem Land. Da entschied sie, dass die Abgeschiedenheit das Problem sei. Sie hasste L.A. und wollte näher an Graceland sein, also beschloss sie, nach Nashville zu ziehen, um mehr unter Leuten zu sein und ein neues Album aufzunehmen.

Ich fühlte mich besser. Es klang, als hätte sie einen Plan. Danny würde versuchen, das Anwesen in England zu verkaufen, und sie würde von den Tabletten loskommen und in Nashville einen Neuanfang machen.

Während sie nach Häusern in Nashville suchte, mietete sie in L.A. ein Haus auf einem Golfplatz mit einem herrlichen Garten, einem Pool und einem Kinosaal, wo mein Bruder und ich dann *Game of Thrones* schauten.

Als ich eines Abends runterkam, um mir einen Drink zu holen, bekam ich mit, dass Michael mit meinen Schwestern ins Fastfood-Lokal Chuck E. Cheese wollte. Es war seltsam, dass meine Mom nicht mit sollte. Ich ging hinauf, um sie zu suchen, und betrat ihr Zimmer. Dort stellte ich fest, dass sie sich in ihrem Badezimmer versteckte.

»Komm nicht rein«, sagte sie.

Ich ignorierte das.

Im Bad fand ich sie weinend in der Badewanne. Sie hatte ein blaues Auge und eine blutige Nase – unter Drogen war sie gestürzt.

Jetzt schluchzte sie und schämte sich offenbar. Michael hatte sie gesagt, er solle mit meinen Schwestern weggehen, damit sie ihr Gesicht nicht sähen.

Sie wusste, dass alles außer Kontrolle geraten war. Eine Woche später kehrte sie in die Entzugsklinik zurück.

Im Anschluss an diesen Aufenthalt flog sie nach Nashville.

Meine Mutter zerbrach langsam. Und mein Bruder auch.

Wir tranken alle viel, aber selbst wenn er trank, blieb mein Bruder gut gelaunt und lustig. Er war jemand, der nie wollte, dass ein Abend zu Ende ging, war immer der Letzte, der wach blieb.

Aber da war dieser Abend in einem Club, als ich etwa zweiundzwanzig war. Ben begann, mich zum Aufbruch zu drängen. Das fühlte sich nicht richtig an. Er bugsierte mich in ein Taxi und schickte mich zurück ins Hotel, in dem wir das Wochenende untergebracht waren. Erst später begriff ich, dass er Drogen nahm – wahrscheinlich Molly, also pulverisiertes Ecstasy, oder Koks – und nicht wollte, dass ich da war. Damit er tun konnte, was er wollte, ohne dass ich es mitbekam.

Das wurde ein Thema in meiner Familie: Sie machten Dinge hinter meinem Rücken. Ich war quasi die Drogenfahndung. Meine Mom sagte immer, ich sei zu streng mit Ben, zu streng mit ihr. Aber ich glaube, ich war einfach die Einzige, die nicht abhängig war – und daher die Spielverderberin.

Allerdings machte ich mir zunehmend Sorgen um Ben. An einem Abend in jener Zeit betrank er sich im Pub, kam spät zurück und fiel irgendwann aus dem Bett, wobei er sich einen Schneidezahn abbrach. Am Fuß der Treppe weinte er anschließend in den Armen meiner Mom.

Trotzdem trank er eigentlich tagsüber nicht. Er war ein Rauschtrinker, der sich ein paar Wochen lang die Kante gab und dann über lange Zeit trocken blieb. Wir hatten lange Phasen, in denen er nüchtern war. In einem Moment machte ich mir Sorgen um ihn, dann folgte eine Phase, eine Woche oder ein Monat, in der es ihm gut ging, besser als bloß gut – dann trank er grüne Smoothies und machte Sport.

Meine Beziehung zu ihm änderte das nicht, während dagegen die Sucht meiner Mutter bedeutete, dass sie oft emotional nicht präsent war.

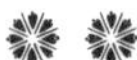

Als ich mit einer Therapie begann, war es wirklich schön, dass mal jemand dagegenhielt. Im Sinne von »Hey, du bist nicht im Arsch« oder »Du musst aufhören, dir selbst in den Fuß zu schießen«.

Ich war auch in Gruppentherapie, obwohl ich mich anfangs regelrecht dagegen wehrte. Dann fing ich an, vertrauter mit den Leuten zu werden, und begriff, dass sie alle genauso am Ende waren wie ich.

Die Anonymen Alkoholiker mochte ich nicht. Man redet da die ganze Zeit über Drogen und Alkohol und das macht mich verdammt noch mal irre. Ich weiß, dass ich diesen Sachen gegenüber machtlos bin, denn ich glaube, dass ich mit allem aufhören könnte, aber diese Pillen sind so, dass du nicht anders kannst, als von ihnen anhängig zu werden. Selbst wenn man sie nur zwei oder drei Wochen lang nimmt, erlebt man eine Art Rückschlag. Der Körper ist dann auf Entzug.

Aber ich denke, es ist nicht nur körperlich. Ich glaube, dass ein Körper eben nur ein Körper ist und die Seele letztlich in der körperlichen Hülle steckt. Meiner Ansicht nach haben Chemikalien nichts mit dem Geist zu tun. Sie erzeugen die körperliche Abhängigkeit – doch die Wurzel der Abhängigkeit besteht darin, dass man wirklich unglücklich ist. Da handelt es sich um ein spirituelles Problem.

Nachdem ich mit Scientology gebrochen hatte, fing ich an, mehr Pillen zu schlucken. Ich dachte, *Oh mein Gott, ich habe meine Religion verloren, und die war mein einziger Halt, mein Familienersatz.* Alles war weg – alle meine Freunde, alles.

Ich wusste, es war vorbei.

Und ich war so am Boden zerstört, dass ich die Drogen als Bewältigungsstrategie benutzte.

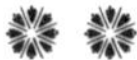

Zwei Wochen nach Beginn ihres neuen Lebens in Nashville war meine Mutter wieder auf Opioiden.

Die Sucht verschlimmerte sich. Sie trank jetzt mehr und nahm auch mehr Tabletten. Irgendwann stieß sie auf einen Artikel, in dem es hieß, Kokain könne helfen, von Opioiden wegzukommen, also begann sie, Kokain zu nehmen, und dann wieder Opioide, um vom Kokain wegzukommen. Ihre Abhängigkeit hielt in allen Phasen in Rehabilitationseinrichtungen an, weil der Entzug jedes Mal so schlimm und lebensbedrohlich war, dass kein Arzt es verstand. Sie hatte das Gefühl, all die Ärzte wären zu streng. Sie gaben ihr nicht genug von dem, was sie brauchte, also »kümmerte sie sich selbst darum«.

Es eskalierte, bis zu achtzig Tabletten pro Tag.

Ich brauchte immer mehr, um high zu werden, und ich weiß ehrlich gesagt nicht, wann der Körper entscheidet, dass er damit nicht mehr zurechtkommt. Aber irgendwann tut er es.

Ich glaube, dass wir alle unschuldig auf die Welt kommen und dass jeder Charakter von Natur aus gut ist, aber von der Umgebung verpfuscht wird. Zudem glaube ich, dass mein Gehirn anders ist, dass ich eine Süchtige bin. Aber ich hatte einige Jahre, nachdem ich ein dummer Teenager gewesen war, bevor ich plötzlich mit vierzig wieder drogenabhängig wurde.

Ein paar Jahre lang war es nur eine Sache zur Entspannung, und dann irgendwann nicht mehr. Es war eine absolute Sucht mit extremen Entzügen. Wenn mir die Drogen komplett ausgingen, dann brachte mich die Heftigkeit des Entzugs ins Krankenhaus – sonst wäre ich draufgegangen. Mein Blutdruck schoss dann regelrecht in die Höhe.

Ich wollte einfach aussteigen. Es war zu schmerzhaft, nüchtern zu sein.

Mein ganzes Leben lag in Scherben, gefühlt eine Sache nach der anderen, und ich konnte keine weiteren Schläge mehr verkraften.

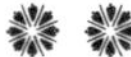

Meine Mom brachte alle möglichen Gründe vor, aus denen sie nicht mit den Drogen aufhören wollte, aber ich glaube, einer der schmerzlichsten war die Scham darüber, mit zwei kleinen Kindern drogenabhängig geworden zu sein. Ihre Ansprüche ans Elternsein waren so hoch, dass sie wohl niemals wirklich clean werden und sich dem stellen konnte, was sie meinen Schwestern angetan hatte. Denn das Einzige, was sie immer mit echtem Stolz erfüllt hatte, war, eine großartige Mutter zu sein. Sie sagte: »Meine Musik war nicht so erfolgreich, ich habe die Highschool nicht abgeschlossen, ich bin nicht hübsch, ich bin nicht gut genug – aber ich bin eine tolle Mutter.«

Als sie das Gefühl beschlich, nicht einmal das zu sein, konnte sie damit nicht umgehen und alles wurde noch schlimmer.

Während sie am Tiefpunkt ihrer Sucht in Nashville lebte, fuhr meine Mom oft die zweihundert Meilen nach Graceland, um im Bett ihres Dads zu schlafen. Es schien der einzige Ort zu sein, an dem sie ein bisschen Trost fand.

Oft nahm sie mich, Ben und meine Schwestern mit nach oben in sein Schlafzimmer und wir schliefen alle im Bett von ihrem Dad, während unten die Führungen stattfanden. Ich wünschte, das wäre eine magische Zeit an einem magischen Familiensitz gewesen. Aber in Wahrheit hielt sie sich in diesem Haus auf, weil sie verzweifelt Schutz spüren und sich mit ihrem Vater verbinden wollte. Sie legte sich in sein Bett, auf seinen Teppich, alles nur, um irgendeinen Trost zu spüren. Es war dieses Gefühl von einem Menschen, der in die Kirche geht, nachdem alles verloren ist, und sagt: »Bitte, Jesus, hilf mir.«

Und bei jedem Besuch zeigte sie auf ein Stück Rasen, wo sie irgendwann zur Ruhe gebettet würde. Neben ihrem Vater im Meditation Garden.

Als ich zurück in L.A. war, erhielt ich einen Anruf von meiner Mutter.

»Mit mir stimmt irgendwas nicht. Körperlich«, sagte sie.

»Du musst nach L.A. kommen«, sagte ich. »Wir müssen dich in eine Klinik bringen.«

Damit begann eine lange Konversation aus Textnachrichten zwischen mir und meinem Bruder in L.A. sowie meiner Mom in Nashville. Daraus gebe ich hier Auszüge wieder:

Mom: Bitte holt mich hier ASAP raus. Wir können ein Wohnmobil oder irgendwas besorgen. Wir können nach Kalifornien fahren. Ich mache keinen Spaß. Ich brauche euch beide. Ich habe nicht die Kraft, hier aufzubrechen. Mir geht es in keiner Hinsicht gut. Meine Beine und mein Körper sind aufgedunsen. Ich erbreche Blut. Meine Knöchel sind irgendwie verrenkt. Meine Lippen bluten. Ich erbreche alles außer Joghurt. Meine Füße sind so angeschwollen, dass es mir Angst macht.

Ich: Du musst sofort zu einem Arzt! Du musst dich durchchecken lassen und brauchst Vitamine. Geh sofort zum Arzt. Das ist nicht okay.

Ben: Sie will nicht zu einem Arzt. Es gibt einen Arzt, der nach Hause kommt. Das ist jetzt das Beste, was zu tun ist.

Ich: [Die Assistentin meiner Mom] Christy und Lockwood sagen beide, dass du nicht zum Arzt gehst. Du musst zum Arzt.

Mom: Keinen Arzt hier. Tennessee hat strenge Gesetze. Dann werden sie mir meine Babys wegnehmen.

Ich: Wegen Drogen? Wen kümmert das? Du wirst sterben. Mom, du brauchst einfach einen Arzt, der deine Vitalfunktionen checkt.

Ben: Mir ist egal, ob der Teufel persönlich auf die Erde kommt und sagt, er wäre ein Arzt, solange er ein Arzt ist.

Mom: Ich habe meine Ärzte, die ich sehen will, in L.A.

Ich: Kann ich dir bitte ein Wohnmobil besorgen, in dem du morgen nach L.A. kommst?

Ben: Steig in ein Wohnmobil und komm her.

Ich: Mom, ich buche morgen ein Wohnmobil in Tennessee. Ben wird [nach Nashville fliegen und] mit dir und den Babys fahren.

Ben: Antworte, Mom.

Ben: Mom, nimm meinen verdammten Anruf an. Ich hab dich einundzwanzigmal angerufen. Wenn du nicht mit mir reden willst, ist das in Ordnung, aber ich habe einen Plan.

Ich: Mom, Ben hat einen guten Plan. Du nimmst mit den Babys ein Wohnmobil.

Mom: Wo sollen wir wohnen?

Ich: Ich finde was für euch.

Ben: Ruf mich an.

Ruf mich an.

Ruf mich an.

Ruf mich an.

Ruf mich an.

Ruf mich an.

Ruf mich an.
Ruf mich an.
Ruf mich an.
Ruf mich an.
Ruf mich an.

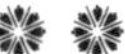

Ich hatte ein paar Lines gezogen, einen Shot Tequila und ein paar Pillen intus. All das und dazu der Stress.

Ich war wirklich unglücklich und meinem Körper ging es nicht gut.

Riley und Ben wollten mich zu einem Arzt schaffen – alle wollten, dass ich zum Arzt ging, aber ich weigerte mich, zu einem in Nashville zu gehen. Also schickte Riley Ben, der mich holen sollte, nachdem meine Assistentin Christy ihr gesagt hatte, sie hätte schon ein paarmal gedacht, ich sei tot, weil ich wie tot auf dem Bett gelegen hatte.

Ben kam und er, die Mädchen und ich nahmen einen Tourbus für die ganze Fahrt von Nashville nach L.A. Wir fuhren, weil ich die ganze Zeit Kokain nehmen wollte und das in einem Flugzeug nicht gegangen wäre. Ich glaube, ich wäre nicht mal durch die Sicherheitskontrolle am Flughafen gekommen. Der Tourbus hatte sechs Betten, ein Schlafzimmer im hinteren Teil und eine Küche.

Als wir in L.A. ankamen, ging ich sofort zur Leitung des Cedars-Sinai. Mein Herz schlug dreißigmal pro Minute. Ich lag da und hatte Todesangst.

Mein EKG war schlecht. Ich verlor im wahrsten Sinne des Wortes mein Herz. Mein Herz war wie tot, einfach zerbrochen.

Als sie aus Nashville in L.A. ankam, waren Moms Kopf und ihr Gesicht doppelt so groß wie normal. Sie wurde direkt aus der Notaufnahme auf die Intensivstation verlegt - wegen drohenden Herzversagens. Es war ein Chaos, und mittendrin erklärte sie Michael Lockwood, sie werde ihn verlassen.

Es dauerte ungefähr eine Woche, bis sie anfing, sich zu erholen.

Nachdem sie sich ein bisschen besser fühlte, suchte sie verzweifelt nach einem sicheren Ort, einer bewachten Wohnanlage, wo sie leben konnte. Wiederholt fragte sie, ob wir etwas in Mountaingate finden könnten. Dort, wo wir gewohnt hatten, als ich klein war, wo wir den Mops Jaco verloren hatten, aber alle so glücklich gewesen waren ...

Meine Mutter hatte damals ihr Finanzmanagement geändert und irgendwie waren alle ihre Kreditkarten gesperrt. Sie hatte nichts. Alles war ein Chaos. Sie kam auf gerichtliche Anordnung in eine Entzugsklinik in L.A., war zu gerichtlich angeordneten Urinproben verpflichtet, das volle Programm. In der Klinik gab man ihr Suboxone und andere Medikamente wie Seroquel und Gabapentin, um sie von den Opioiden zu entwöhnen, doch das machte sie erst recht high. Denn unabhängig davon, was die normale Dosis war, erhielt sie irgendwie die fünffache Menge von den Ärzten.

Als ich sie besuchen kam, wusste sie nicht einmal, wer ich war. Ich erinnere mich, neben ihr gesessen zu haben, während sie geschlagene fünf Minuten lang versuchte, ihre Zigarette anzuzünden. Es war, als würde das alles in Zeitlupe passieren. Die Zigarette war nie näher als dreißig Zentimeter am Feuerzeug.

Während der Zeit im Entzug beschloss Mom, sich einem bariatrischen Eingriff zu unterziehen. Ihr ganzes Leben lang war ihr vorgeworfen worden, fett zu sein. Diese Operation war etwas, das sie schon immer gewollt hatte.

Es war ein seltsamer Zeitpunkt, um sich operieren zu lassen. Während des Entzugs. Sie war schließlich mit ihrem Programm noch nicht fertig. Ich erinnere mich, mir Sorgen gemacht zu haben, dass es ein Weg wäre, um noch etwas länger Medikamente zu bekommen. Sie machte nicht den Eindruck, fürs Clean-Sein bereit zu sein. Wenn man irgendwelche Erfahrungen mit Süchtigen hat, weiß man, warum es in einen heftigen Streit ausartete, als ich den Zeitpunkt der Operation infrage stellte. Es war ein verräterischer Fingerzeig. Anschließend ließ sie mich von ihrer Besucherliste im Krankenhaus streichen. Mitten in ihrer Sucht war ich für sie die Drogenfahnderin – dabei war ich Pookie (ihr üblicher Name für mich, so gut wie nie nannte sie mich Riley), keine trinkfeste Piratin.

Oft war ich diejenige, die ihre Versuche, das System auszutricksen, aufdeckte. Ich kontaktierte hinter ihrem Rücken die Ärzte und erklärte, dass sie ihr zu viel verschrieben. Aber sie war eben Lisa Marie Presley, und so setzte sie sich fast immer durch und war wütend, weil ich versucht hatte zu intervenieren. Dass Ärzte, überhaupt jeder, sich ihrem Willen beugen sollten, das war ein Promi-Phänomen, das ihr sehr bewusst war. Oft erzählte sie mir, das Problem mit ihrem Vater und mit Michael Jackson sei gewesen, dass alle um sie herum immer nur Ja sagten – aber natürlich sah sie das anders, wenn sie sich selbst so verhielt. Im Kampf mit ihrer Sucht flog die Person, die sie aufhalten wollte, sofort raus. Mir pflegte sie zu sagen: »Du verstehst das nicht. Du bist keine Abhängige.«

Bald kam sie aus der Entzugsklinik, allerdings mit unglaublichen Depressionen. Sie hatte eine weitere Trennung hinter sich und das Gefühl, es gebe nichts, wofür es sich zu leben lohne, nichts, worauf sie sich freuen könne. Sie nahm einen Haufen Medikamente, die sie benommen machten. Eigentlich war sie zu nichts anderem imstande, als auf der Couch zu sitzen und fernzusehen.

Damit sie meine Schwestern sehen durfte, musste eine vom Gericht zertifizierte Aufsicht anwesend sein. Ich war diese Aufsichtsperson, daher musste meine Mutter bei mir wohnen, damit meine Schwestern wieder bei ihr einziehen konnten. Und da mein Bruder noch zu Hause wohnte, bekam ich ihn als Bonus dazu. So zogen meine Mom, meine Schwestern und mein Bruder zu mir in mein 185 Quadratmeter großes Haus im Valley.

Dann kam mein Dad auch noch dazu.

Es hätte ja schön sein können, sie alle zusammenzuhaben.

Doch es fühlte sich an wie das Ende von allem.

Wir hatten dieses aufregende, bunte, wunderschöne, lustige, freudvolle Leben im Überfluss, doch in diesem Haus erfuhr es eine Veränderung und wurde unerträglich düster für uns alle.

Japan war das Lieblingsland meines Bruders. Als Ben und ich im Zug nach Kyoto saßen, meinte er eines Tages zu mir, halb im Scherz und halb verschämt: »Es ist so schwer, weil wenn ich etwas Neues anfange, werde ich so schnell richtig gut darin, dass es mich nicht mehr inspiriert.« Nichts fesselte seine Aufmerksamkeit für lange, denn wenn er etwas lernte, wurde er tatsächlich gut darin. Er war einer dieser Menschen, die nervigerweise in allem gut sind. Aber er hatte die eine Sache, die ihn richtig packte, noch nicht gefunden. Er hatte professioneller Gitarrist werden wollen, er hatte Kurse in Wirtschaft absolviert, er hatte Sushikoch gelernt und sich sogar ein Küchenmesser auf einen Arm tätowieren lassen, doch nichts war von Dauer. Er war wirklich schlau – viel intellektueller als ich. Ab Mitte zwanzig fühlte er sich unter Druck, eine Wahl zu treffen. Ich versuchte immer, ihm dabei zu helfen, herauszufinden, was er mit seinem Leben anfangen wollte. »Du könntest nach Hawaii ziehen und fischen«, schlug ich mal vor, denn auch das war eine seiner Leidenschaften. Wir schickten uns Links zu Häusern auf Redfin, die er vielleicht eines Tages kaufen würde. Sein Traum war, irgendwo ein einfaches Leben zu führen – Hawaii oder Japan standen auf seiner Wunschliste ganz oben.

Aber wenn das Gespräch konkreter wurde, traf ihn immer schlagartig die Realität: »Ich kann Mom nicht alleinlassen.«

Wie auch wir anderen Geschwister wusste er um ihre ungeheuer tiefe Trauer und Einsamkeit. Dass sie am Ende praktisch alle und alles, was sie liebte, von sich gestoßen hatte und nun so allein war. Er hatte sich selbst die Verantwortung aufgeladen, nie von ihrer Seite zu weichen.

Im Mai 2018 reiste ich nach Tokio, um für Netflix einen Film namens *Earthquake Bird* zu drehen, und Ben begleitete mich.

Anfangs wohnten wir im Park Hyatt, dem Hotel aus *Lost in Translation*. Ich trinke eigentlich nicht viel, aber an meinem neunundzwanzigsten Geburtstag war ich viel zu betrunken - ich habe gar nicht im Griff, wie viel ich vertrage - und kotzte neben dem Hotel. Dabei hatte ich die Stimmen meiner Eltern im Ohr, die mir sagten, was für eine Milchtrinkerin ich sei. Wahrscheinlich hatte ich nur drei Drinks gehabt.

In einer Familie von trinkfesten Piraten finde ich das eigentlich nicht so schlecht. Meine Familie war stolz auf ihre Trinkfestigkeit und wurde ihr auch wirklich gerecht. Aber wie meine Mutter einmal meinte, als ich behauptete, *hardcore* zu sein: »Ach, Pookie, du bist so was von nicht *hardcore*.«

In der darauffolgenden Woche fanden wir eine Wohnung.

Ben und ich hatten in jenem Monat in Japan die schönste Zeit. Jeden Tag gingen wir nach dem Aufwachen in die Sauna oder ins Dampfbad. Dann machten wir einen Spaziergang, um uns Smoothies zu besorgen und einfach herumzuwandern.

Ich besaß damals irgendwelche gelben Nikes, die ich in der Stadt dauernd trug und nach denen er verrückt war. Nie wollte er irgendwas, das mir gehörte, bis auf diese Schuhe.

Ich hatte für den Film nicht viel zu tun und folglich Zeit. Mein Assistent Shusaku und Ben wurden beste Freunde. Wenn ich mal arbeiten musste, zogen die beiden gemeinsam durch die Stadt. Tokio ist ein wunderbarer Ort für Keramik, also nahmen wir Töpferkurse, wir drei. Wir fertigten so viele Schüsseln, Schalen und Becher an, während Shu für uns übersetzte.

Ben war ein Feinschmecker. Deshalb besuchten wir all diese unglaublichen Omakase-Restaurants, wo er wirklich einfach alles aß. Es gab da Gerichte, die ich nicht essen wollte – Seeigel zum Beispiel. Aber wenn der Koch direkt daneben war, wollte ich nicht unhöflich sein. Also schob ich alles, wozu ich mich nicht überwinden konnte, auf Bens Teller, wenn der Koch mal nicht hinsah.

Obwohl er so auf bestes Essen stand, waren eine von Bens Leibspeisen die Reisbällchen von 7-Eleven. (Wobei man fairerweise sagen muss, dass das Essen bei den 7-Elevens in Japan sehr gut ist.) Wir nahmen uns Reisbällchen mit an den Zushi Beach, einen Surfstrand etwa eine Stunde südlich der Stadt. Außerdem bestiegen wir den Berg, um zu einem Schrein zu gelangen und dort oben die Reisbällchen zu essen. Ich in meinen knallgelben Nike-Sneakers, die Ben »Banana Shoes« nannte.

Jeden Tag nervte Ben mich wegen der Schuhe. »Hast du mir jetzt schon Banana Shoes bestellt?«, fragte er immer wieder.

Und ich versprach jedes Mal, dass ich ihm ein Paar besorgen würde.

Eine Zeitlang war Ben ganz verrückt nach der Arbeit als Goldschmied.

Ein paar Wochen nachdem ich begonnen hatte, Ben Smith-Petersen zu daten, der später mein Ehemann werden sollte, reisten wir alle zusammen nach Irland. Ben Ben erklärte Ben (meine Mom taufte die beiden später »Ben Ben« und »Big Ben«, um sie auseinanderzuhalten), dass ja offensichtlich wäre, dass er mir einen Antrag machen würde. Und er würde einen Ring dafür anfertigen. Wir waren noch jung, aber es war klar, dass wir zusammenbleiben würden. Nur einige Wochen später besuchte Big Ben seine Mom in Australien. Sie erwähnte, dass sie ein paar Diamanten besäße, die aus einem Ring ihrer Urgroßmutter stammten. Sie hatte geplant, daraus etwas für sich selbst machen zu lassen, aber einen davon gab sie ihm. Zurück in den Staaten fand Ben Ben einen Vintage-Ring ohne Fassung und versah ihn für Big Ben mit einer Fassung für den Diamanten.

Big Ben befestigte dann den Ring an unserem Hund und sagte, ich solle ihn zu mir rufen. Und so machte er mir seinen Antrag – also genau genommen machte ihn der Hund.

Zurück in L.A. versuchte Ben Ben, auf unsere Mutter aufzupassen, während sich seine eigene Alkoholsucht verschlimmerte.

Gleichzeitig nahmen auch seine Depressionen zu. Obwohl er, nüchtern wie betrunken, unter Angststörungen litt, ging es ihm oft gut, wenn er nichts trank. Seine Depression wirkte nicht gefährlich. Manchmal ging er auf Sauftour und manchmal nahm er Drogen, etwa Molly für eine Woche, und bekam den Absturz zu spüren. Doch wenn er dann ein paar Tage clean blieb, war er anschließend wieder normal.

Meine Mom war eine so starke Persönlichkeit, dass, was immer sie tat, tatsächlich uns alle in Mitleidenschaft zog. Unsere Leben wurden davon bestimmt, welchen Ton sie angab, und der wurde sehr schwermütig und hoffnungslos. Unsere Mom, die Queen, das unerschütterlichste Familienoberhaupt, war gestürzt. Ich hatte fälschlicherweise geglaubt, sie habe einen derart starken Willen, dass nichts sie wirklich zu Fall bringen könne. Aber so war es natürlich nicht. Genügend Schmerz kann jeden stürzen lassen. Fast ein Jahrzehnt war sie nun schon drogenabhängig, und die Drogen erzeugten ein Gefühl von Hoffnungslosigkeit, das alles durchdrang. Sie hörte auf, irgendetwas zu wollen. In ihren Augen war das Leben bereits vorbei. Sie pflegte zu sagen: »Ich habe nichts – ich habe keinen Ehemann, ich habe keine Freunde, ich habe kein Leben.« Sie erreichte ihren Tiefpunkt.

Ben Ben war durch und durch ein Muttersöhnchen, und er konnte nicht damit umgehen, dass seine Mom Schmerzen litt. Sie waren so eng verbunden – wie Elvis und Gladys. Einer unauflöslich mit dem Aufstieg und Niedergang des anderen verbunden. Einander leiden zu sehen, das war unfassbar hart für sie. Ihn richtete es zugrunde. Was sich für uns einst wie eine perfekte Kindheit angefühlt hatte, machte jetzt Platz für etwas, das er als Albtraum empfand. Wie so vielen aus unserer Familie verschafften auch Ben Drogen Erleichterung, und seine Alkoholsucht verschlimmerte sich.

Manchmal dachte ich: *Also, er scheint doch nicht so viel mehr zu trinken als Freunde von mir*. In dieser Hinsicht war er nicht mal derjenige, um den ich mir die meisten Sorgen machte.

Wir waren immer noch sehr eng miteinander, aber er erzählte mir nicht, wie schlecht er sich wirklich fühlte. Eines Tages meinte er zu Mom, dass er nicht glaube, mental in Ordnung zu sein, aber sie sagte mir nichts davon. Und man merkte es ihm nicht an, wenn er es nicht selbst erwähnte.

Wir standen uns *alle* sehr nah, kuschelten miteinander, schmiegten uns im Bett zusammen. Wie sollte es uns da nicht alle treffen, wenn die Lage sich verdüsterte? Unser Leben lang hatte meine Mutter die Richtung vorgegeben, und niemand von uns konnte sich daran gewöhnen, dass sie ihre übliche Kraft nicht mehr besaß.

Die Medikamente, die sie nach der Entzugsklinik weiter nahm, dämpften ihr Licht.

Im darauffolgenden Jahr konnte meine Mom ihr eigenes Haus in Calabasas beziehen. Mein Bruder und meine Schwestern kamen mit.

Ich schwöre, dass es in dem Haus spukte. Es kam einem verflucht vor. Oder vielleicht waren auch nur die Stimmungen meiner Mutter so mächtig geworden.

Sie bestand darauf, mich alle paar Tage zu sehen, aber ich wollte dort nicht sein. Das Haus hatte so eine Schwere. Mein Bruder spürte es, jeder, der dort hinkam, konnte es spüren.

Schließlich befand Ben Ben, dass er zu viel trank, also schickte Mom ihn in eine Entzugsklinik.

Doch bei seiner Rückkehr saß er immer noch in diesem fürchterlichen Haus fest und musste den Kampf seiner Mutter mitansehen. Sie war auch nicht wirklich nüchtern – zwar nahm sie kein Rauschgift, aber mit Sicherheit machte ihr Post-Rehab-Cocktail sie high. Wir stritten andauernd darüber und sie wurde bösartig, um ihre Sucht zu verteidigen. Ansonsten schlief sie nur den ganzen Tag auf der Couch. Für meinen Bruder war das unglaublich schwer mitanzusehen.

Dann erlitt sie einen Krampfanfall. Mein Bruder und ihre Assistentin waren zu dem Zeitpunkt mit ihr zu Hause – Ben Ben blieb an ihrer Seite, bis der Krankenwagen eintraf.

Ich kam am selben Abend, um mich um meine Schwestern zu kümmern. Mom war im Krankenhaus. Ben saß schweigend auf der Couch.

»Bist du okay?«, fragte ich.

»Yep«, sagte er, als hätte er alles im Griff.

Meine Aufmerksamkeit galt den Zwillingen – die gerade gesehen hatten, wie ihre Mutter von Sanitätern auf einer Trage hinausgerollt worden war. Insofern konnte ich mich nicht um meinen Bruder kümmern.

Nach dem Krampfanfall wurde meiner Mutter klar, dass sie so nicht weitermachen konnte. Zwar blieb sie bei Stimmungsaufhellern, aber ansonsten schaffte sie es tatsächlich, clean zu werden. Eines Tages sagte sie zu mir: »Es reicht, ich muss wirklich mein Leben ändern.«

Der Krampf hatte sie sehr geläutert – tatsächlich hatte sie eine ausgeprägte Phobie vor so etwas. Einmal in einer Mall in Florida, ich war damals etwa sieben Jahre alt, erlitt ein Mann am Boden liegend einen schweren Krampf. Monatelang wurde meine Mutter dieses Bild nicht los und musste letztlich sogar in Therapie deshalb.

Ich weiß noch, als sie mir sagte, sie hätte genug, da dachte ich, *endlich*. Ihre Sucht würde Geschichte sein. Den Eindruck hatte ich wirklich.

Aber ich stellte fest, dass sich nach dem Krampf die Verfassung meines Bruders änderte. Er wirkte stiller und hielt sich oft allein in seinem Zimmer auf. Ich erinnere mich an das Bedürfnis, öfter als sonst nach ihm zu sehen, weil ich wusste, dass es ihm unerträglich gewesen sein musste, seine Mutter so zu sehen.

Das Spukhaus in Calabasas entwickelte dann auch noch ein kleines Schimmelproblem. Also wohnten meine Mom, Ben und meine Schwestern im Beverly Hills Hotel, während es beseitigt wurde. Meine Mom war höchst allergisch gegen Schimmel.

Während sie sich dort aufhielten, kehrte Ben ins Haus zurück, um dort für seine Freundin eine Geburtstagsparty zu schmeißen.

An dem Abend schrieben sich meine Mom und Ben Nachrichten hin und her. Sie hatte irgendwas an seiner mentalen Verfassung bemerkt, das ihr Sorgen machte.

»Kommst du morgen zurück? Komm nach Hause«, schrieb sie.

Die Party im Haus dauerte bis in die frühen Morgenstunden. Alle hingen fröhlich im Erdgeschoss ab.

Gegen halb vier ging Ben nach oben.

»Komm nach Hause«, schrieb sie.

Er sagte, er hole sich nur noch ein Bier.

ACHT

BEN BEN

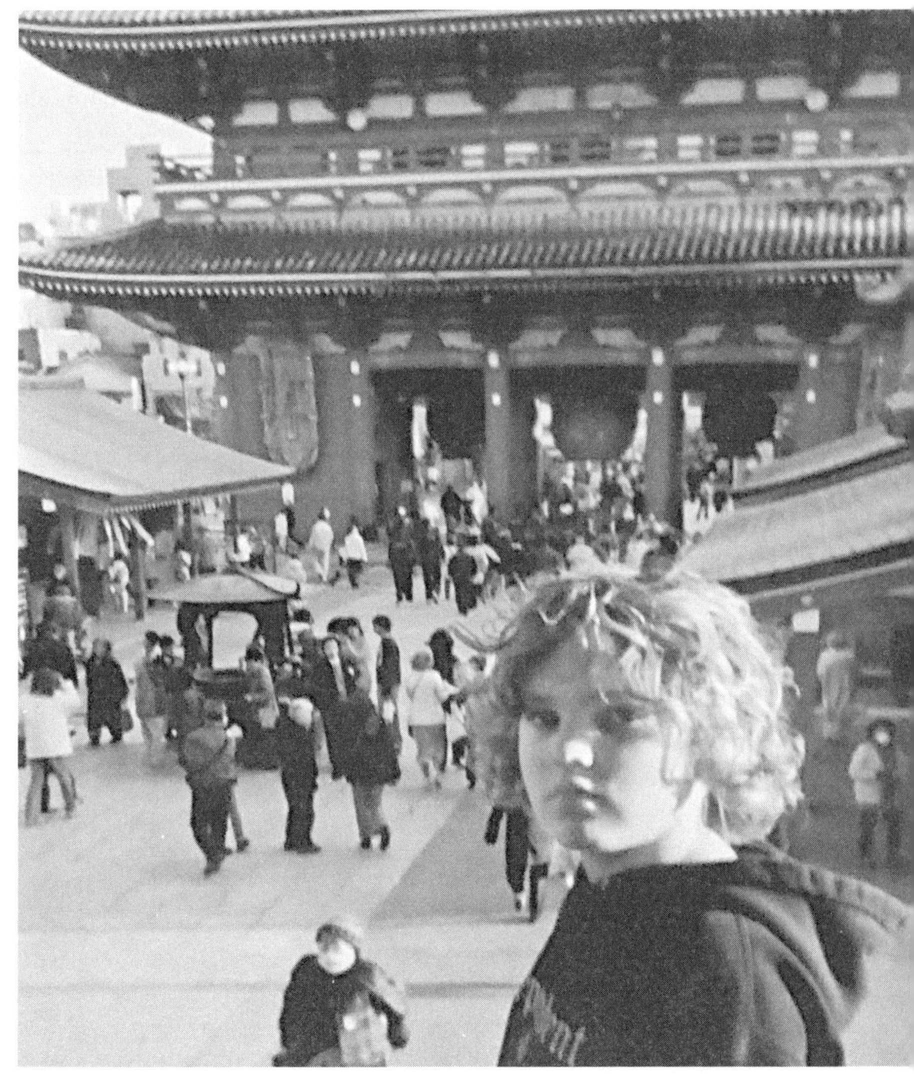

Niemand im Haus hörte den Schuss. Es dauerte fast eine Stunde, bis irgendwem auffiel, dass Ben nicht zurückgekommen war. Oben fanden sie die Tür abgeschlossen vor und mussten sie aufbrechen.

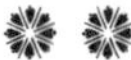

Mit dreizehn hatte ich in der Schule einen besten Freund namens Brian.

Ich erinnere mich, dass ich eines Tages in die Schule kam und alle sich seltsam benahmen. Wir wurden in einen Raum gerufen, und dort sagte man uns, Brian sei gestorben, weil er Klebstoff geschnüffelt hätte. Wir flippten aus, also brachte man uns als Ablenkung zu einem Spaziergang nach draußen.

Aber sie hatten uns belogen. Ich weiß noch, dass ich auf dem Spaziergang zu einem Lehrer sagte: »Wie hat er es wirklich getan?«

Der Lehrer sagte: »Er hat sich erschossen.«

Leute haben falsche Vorstellungen von Selbstmord. Ich dachte immer, wenn jemand darüber redet, macht er es nicht.

Es war 5 Uhr 30 am 12. Juli 2020. Mein Telefon klingelte.

Halb wach, aber erschrocken sagte ich zu meinem Mann: »Christy ruft mich an. Da stimmt etwas nicht.« Wenn die Assistentin meiner Mom mich so früh anrief, musste es was Ernstes sein. *Oh Gott, irgendwas ist mit Mom,* dachte ich.

Mein Mann sagte: »Geh ran.«

Mein Herz schlug so heftig, dass ich das Blut in meinen Ohren pulsieren spürte. Ich ging ran.

»Dein Bruder hat sich in den Kopf geschossen! Dein Bruder hat sich in den Kopf geschossen!«, sagte Christy immer wieder.

Ich begriff nicht. Zwar hörte ich, was sie sagte, aber ich konnte die Worte, die Endgültigkeit dieser Feststellung nicht aufnehmen. Plötzlich erfüllte mich der allerschmerzlichste Gedanke: *Das ist wahr und ich kann nichts dagegen tun.*

Die Zeit begann sich zu dehnen oder zu schrumpfen, ich hätte es nicht sagen können. Aber mein nächster Gedanke war, dass ich meiner Mom in Kürze sagen musste, dass der zweite Mann, den sie wie nichts sonst auf dieser Welt geliebt hatte, tot war.

Ich weiß nicht mehr, wie ich das Telefonat beendete. Irgendwie kamen wir ins Auto. Ich trank ein gelbes Gatorade und zündete mir eine Zigarette an. Mein Mann saß am Steuer. Die Fahrt schien mir sieben Jahre zu dauern. An mehr erinnere ich mich von dieser Fahrt nicht: ein Getränk, eine Zigarette und eine Ewigkeit.

Meine Mutter schlief in ihrem Hotelzimmer. Und zwar während ein Gerät lief, das weißes Rauschen erzeugte, denn nur so fand sie überhaupt Ruhe. Ich lief zu ihrer Suite und fing an, gegen die Tür zu schlagen. Nichts. Nach ein paar Minuten rief ich in der Lobby an und bettelte, sie sollten mich in ihr Zimmer lassen. Der Sicherheitsmann kam und ich fing an auszurasten.

»Ich muss da sofort rein.«

»Wir können Sie nicht reinlassen«, sagte er.

»Bitte, bitte, lassen Sie mich rein. Bitte. Sie müssen. Ich muss mit meiner Mom sprechen. Es ist ein Notfall.«

»Wir können Sie ohne ihre Erlaubnis nicht reinlassen«, sagte er.

Also fing ich an, noch heftiger gegen die Tür zu hämmern. Dabei schoss mir ein Gedanke durch den Kopf: *Wenn ich ihr das sage, wird es das Ende ihres Lebens sein.* Ich wusste, während ich gegen diese Tür schlug, eindeutig, dass jegliche Zeit, die ich noch haben würde, nachdem das hier passiert war, ein Geschenk sein würde. Ein Bonus. Denn ich konnte mir nicht vorstellen, wie sie ohne meinen Bruder weiterleben würde.

Schließlich hörte ich die Schritte meiner Mom näher kommen.

Die Tür ging auf, sie war noch ganz verschlafen.

»Was ist los?«, sagte sie.

Ich holte tief Luft.

»Ben Ben hat sich in den Kopf geschossen«, sagte ich und versuchte, es ruhig zu sagen.

Sie verstand nicht, was ich gesagt hatte. Da war keine Regung in ihrem Gesicht. Ich sagte es noch mal. Nichts. Wir starrten uns nur an. Dann fing sie an, ihre Sachen zusammenzuraffen, und sagte: »Ich muss sofort zu ihm.«

Sie betrat das Zimmer, in dem meine Schwestern schliefen, und sagte: »Ben Ben ist etwas zugestoßen.«

Sie fragten, ob es wieder gut würde.

»Nein«, sagte sie.

Sofort fingen die beiden an zu weinen. Aber wir mussten sie beim Babysitter lassen, weil wir nicht bleiben konnten.

Dann musste ich es meinem Vater sagen. Der war in Oregon. An den Anruf erinnere ich mich kaum. Ich glaube, ich sagte das Gleiche, was man mir gesagt hatte: »Ben hat sich in den Kopf geschossen.«

Er sagte nur: »Was?« Für keinen von uns ergab das irgendeinen Sinn. Mein Vater fuhr sofort zum Flughafen Portland und flog nach L.A.

Wir stiegen ins Auto und fuhren vom Hotel in Beverly Hills zu Moms Haus in Calabasas. Ich lag auf der Rückbank und mein Körper war im Zustand absoluter Panik. Ich kriegte keine Luft. Wieder dauerte die Fahrt eine gefühlte Ewigkeit.

Dann konnte ich mich selbst atmen hören und es klang so laut.

Wir hielten vor dem Haus meiner Mom, das die Polizei schon mit gelbem Absperrband abgeriegelt hatte. Wir wollten zu seinem Zimmer hinauf. Überall war Polizei, in jedem Zimmer und auf dem

Flur. Ein Beamter stand vor seiner Tür. Meine Mutter wollte hinein und ihn sehen, doch der Polizist ließ uns nicht. Also gingen wir ins Zimmer meiner Mutter, um dort zu warten. Ich musste mich auf den Boden legen - weil ich meinen Körper nicht mehr aufrecht halten konnte. So hatten Mom und ich uns zusammen auf dem Boden niedergelassen.

Weinen wäre zu schmerzhaft gewesen. Ich weiß noch genau, dass ich dachte: *Das habe ich noch nie in einem Film gesehen, dass, wenn jemand stirbt, es zu schmerzhaft ist zu weinen.*

Und wenn man dann endlich weint, ist es ein anderes Weinen. Es fühlt sich an, als würde etwas, das noch tiefer liegt als die eigenen Gefühle, aufschreien und als würde es nie enden. Eine Art entsetzlicher, bodenloser Schmerz.

Wir mussten ungefähr zwei oder drei Stunden warten, während die Spurensicherung feststellte, dass es keine Fremdeinwirkung gegeben hatte. Währenddessen sprachen wir kaum.

Schließlich meinte einer der Polizeibeamten: »Normalerweise tun wir das nicht, aber wir werden Sie ihn sehen lassen.« Verzweifelt wartete meine Mutter am Fuß der Treppe. Etwa dreißig Minuten später wurde er auf einer Bahre vor uns gerollt und der Reißverschluss des Leichensacks geöffnet.

Sein Gesicht war völlig intakt, irgendwie schön. Er hatte bläuliche Schatten unter den Augen und etwas auf den Lippen, das wie Weinflecken aussah. Er lächelte dieses zaghafte Lächein. Meine Mom packte seinen Kopf. »Was hast du getan, Benjamin? Was hast du getan?«, sagte sie, als könnte er sie hören.

Da weinte sie zum ersten Mal.

Sie hatte überall Blut an den Händen, weil sie seinen Hinterkopf gehalten hatte. Anschließen war ihr ganzes Gesicht voller Blut.

Sie küsste seine Stirn, hielt ihr Gesicht an seines und weinte.

Ich stand unter Schock. Irgendwie hatte ich mich vollständig von meinem Körper gelöst.

Ich glaube, dass ich weinte, aber sicher bin ich mir nicht. Es fühlte sich an, als würde ich von irgendeiner fremden Macht ferngesteuert. Ich hatte Angst, ihn zu berühren. Ungefähr da, wo seine Brust war, legte ich meine Hand auf den Leichensack. Ich wünschte, ich hätte ihn an Ort und Stelle umarmt, ein letztes Mal.

Dann zogen sie den Reißverschluss des Leichensacks zu und brachten ihn hinaus. Wir folgten. Sie luden ihn hinten in einen Transporter und schlugen die Türen zu. Und dann war er einfach da drin und sie fuhren ihn einfach weg. Einfach so.

Ich weiß wirklich nicht, wie ich sonst beschreiben soll, dass ich mit ansah, wie mein kleiner Bruder, der einzige Sohn meiner Eltern, im Transporter eines Coroners weggebracht wurde. Für immer.

Der Transporter fährt einfach weg, und man sieht ihn einfach verschwinden.

Am nächsten Tag zog mein Vater mit uns in das neue Haus, das meine Mutter gemietet hatte.

Zwei Wochen lang wusste ich nicht mehr, wie man spricht. Ich verstand zwar, was Worte waren, aber ich konnte nicht begreifen, wie ich sie aus meinen Gedanken über meine Lippen bringen sollte. Leute redeten mit mir, aber mein Mund funktionierte nicht. Auf einmal konnte ich nachvollziehen, dass Menschen aufgrund eines Traumas verstummen.

Es war Juli, der Lockdown wegen Covid-19 dauerte erst ein paar Monate. Aber so spürten wir alle außer Trauer auch noch die Angst, wir könnten uns die Krankheit zuziehen, die damals so viele Menschen tötete. Alle wollten uns besuchen, aber wir mussten uns isolieren, wodurch die ganze Sache noch surrealer wurde.

Ich fühlte mich, als wäre ich auch gestorben. Ich konnte nicht essen. Ich konnte nicht denken. In allen Dingen und überall sah ich Ben Bens Gesicht. Ich konnte nicht sehr lange auf sein, also lag ich die meiste Zeit. Ich fühlte mich, als wöge ich tausend Pfund. Ein paar Freundinnen brachen die Covid-Vorschriften und kamen vorbei, um mich zu baden und mir die Beine zu rasieren. Ich schaffte nichts, außer am Boden in der Sonne zu liegen.

Ich war, im Unterschied zu meinen Eltern, eher körperlich außer Gefecht. Immer war ich die Verantwortliche gewesen, zuständig für so ziemlich alles. Doch diesmal schaffte ich das nicht.

Meine Eltern kümmerten sich letztlich um alles Notwendige – wählten seinen Sarg aus und diese Dinge. Ich glaube, sie mussten sich beschäftigen.

Ich konnte nicht einmal daran denken, wollte nichts von den Vorkehrungen hören. Ich weiß noch, dass ich eines Tages in ein Zimmer kam, in dem meine Mutter eine Zigarette rauchte und sich verschiedene Särge ansah. Ich machte auf der Stelle kehrt und verschwand, bevor sie mich auch nur bemerkte.

Ich weigerte mich, irgendetwas davon an mich heranzulassen.

Ben war so ein Engel gewesen, dass alle es als falsch empfanden, dass er gestorben war. Als wäre da ein Fehler passiert. Sogar Leute, die nur wenig Zeit mit ihm verbracht hatten, wussten, dass er sich für das Gute eingesetzt hatte. Man konnte das an seiner Ausstrahlung spüren, die war wie ein Licht. Es kam einem vor, als hätte, wer auch immer die Geschicke dieser Welt bestimmte, einen kolossalen Fehler begangen.

Es gab Dinge über meinen Bruder, die ich bis zu seinem Tod nicht gewusst hatte. Das regte mich auf, weil wir uns doch so nahegestanden hatten. Zum Beispiel hatte ich ihn nie singen gehört, doch auf seinem Handy fand ich eine Tonaufnahme. Da sang er und seine Stimme war fantastisch – voll, beherzt, komplex, die Stimme von jemand mit unentdeckter Tiefe. Meine Mom hatte ein kompliziertes Verhältnis zu Musik und Gesang. Bei uns zu Hause wurde man in dieser Hinsicht nicht ermutigt. Ich bat sie einmal um Gesangsstunden, da war ich ungefähr acht. Sie meinte: »Ich denke, wenn du singen kannst, dann kannst du singen. Ich denke nicht, dass Stunden da irgendwas bewirken.« Das hatte ihr jemand gesagt. Sie wollte nicht, dass irgendeines ihrer Kinder Musik machte, um uns davor zu schützen, was sie in ihrer Musikkarriere erlebt hatte.

Ich wusste nicht, dass Ben jemals daran gedacht hatte, sich umzubringen. Es machte mich völlig fertig, dass er seinen Schmerz nicht mit mir geteilt hatte.

Meine Mutter und ich sahen nach seinem Tod sein Handy gemeinsam im Bett durch. So versuchten wir zu verstehen, was passiert war, versuchten, die Puzzleteile zusammenzufügen. Wann genau war es geschehen, mit wem hatte er gesprochen? Ich entdeckte ein Foto, das er versehentlich in der Küche gemacht hatte. Vermutlich bevor er in sein Zimmer hinaufging, nur Minuten bevor er starb. Wir fanden auch eine Textnachricht, die er meiner Mom ein paar Wochen vor seinem Tod geschrieben hatte und die lautete: »Ich glaube, mental oder so stimmt irgendwas mit mir nicht. Ich glaube, ich habe ein psychisches Gesundheitsproblem.« Es bricht mir das Herz, dass er nur zwei Wochen, bevor er sich umbrachte, erkannt hat, dass er vielleicht Hilfe brauchte. Es hätte so viel Raum für ihn gegeben, zu versuchen, seinen Schmerz zu heilen. Er hatte ja noch nicht einmal an der Oberfläche seiner inneren Kämpfe gekratzt. Er hatte es nicht versucht und war dann gescheitert, sondern er hatte es schlicht nicht einmal versucht. Er war nicht in Therapie gewesen, kein einziges Mal. Und er hatte mit Sicherheit vorher noch keinen Selbstmordversuch gemacht – keine Überdosis, nichts. Kein Hilfeschrei. Die Wahrheit ist, dass er das Ausmaß seiner Depression nicht erkannt hat, bis es schon zu spät war und er sich direkt eine Waffe besorgte. Die Endgültigkeit dieser Entscheidung war zutiefst erschütternd und verwirrend.

Alles, woran wir nach seinem Tod monatelang denken konnten, waren die Myriaden von Möglichkeiten, mit denen man ihn hätte verhindern können.

Der Alkohol und die Drogen hatten sein Vorstellungsvermögen eingeschränkt, den Zugang zu seiner Seele, sein inneres Leuchten, seine Verbindung zur Schöpfung oder zu Gott, zu Schönheit, Hoffnung oder was auch immer man als Lebenskraft bezeichnen möchte, die unserem Leben Bedeutung gibt. Das habe ich im Laufe der Zeit auch an meiner Mom beobachtet.

Aber seine Sucht hatte all das noch nicht annähernd ausgelöscht. Auf uns hatte er so lebendig gewirkt. Er empfand Freude. Er besaß immer noch seine Abenteuerlust, seinen Humor. Abhängigkeit war Teil seines Lebens, ja, aber sein Wunsch nach Glück – sein kraftvoller Lebenswille – all das war noch vorhanden. Sichtbar für jeden in seinem Umfeld.

Doch da war auch die Auswirkung der Sucht meiner Mom auf ihn.

Als Ben starb, dachte ich, es würde nur eine Frage von Stunden sein, bis sie wieder rückfällig würde. Doch sie überraschte mich und blieb ihm zu Ehren komplett clean. Sie wollte ihr Leben wirklich wieder in den Griff kriegen und anderen auf irgendeine Weise helfen. Sie wollte sich nützlich machen.

Aber sie war zu kaputt.

Meine Mom holte meinen Bruder zu uns ins Haus, anstatt ihn im Leichenschauhaus aufbahren zu lassen. Man erklärte uns, wenn wir mit dem Körper entsprechend umgingen, könnten wir ihn zu Hause haben. Also behielt sie ihn für eine Weile auf Trockeneis in unserem Haus. Für meine Mom war es wirklich wichtig, reichlich Zeit zu haben, um sich von ihm zu verabschieden. Genauso, wie sie es mit ihrem Dad getan hatte. Und ich ging auch hin und saß dort bei ihm.

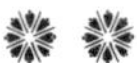

Zu meinem Haus gehört eine Casita, also eine Einliegerwohnung, und dort behielt ich Ben Ben zwei Monate lang. Im Bundesstaat

Kalifornien gibt es kein Gesetz, das besagt, dass man jemanden sofort begraben muss.

Ich fand eine sehr verständnisvolle Bestatterin. Ihr erzählte ich, wie unglaublich es mir geholfen hatte, dass mein Dad nach seinem Tod im Haus aufgebahrt gewesen war. Denn so konnte ich zu ihm gehen, Zeit mit ihm verbringen und mit ihm reden. Sie sagte: »Dann bringen wir Ben zu Ihnen. Sie können ihn dortbehalten.«

»Ja, bringen Sie ihn«, sagte ich.

Der Raum musste auf knapp dreizehn Grad runtergekühlt sein. Ich wusste immer noch nicht, wo ich ihn beerdigen würde – Hawaii, Graceland, Hawaii, Graceland –, das war mit ein Grund, warum es so lange dauerte. Aber ich gewöhnte mich auch so an ihn und daran, mich um ihn zu kümmern und ihn da zu haben.

Ich denke, jede andere Person würde sich bei der Vorstellung, ihren Sohn auf diese Weise bei sich zu haben, vor Angst in die Hose scheißen. Aber ich nicht.

Das normale Prozedere bei einem Todesfall ist: Die Person stirbt, es gibt eine Autopsie, Aufbahrung, Trauerfeier, Begräbnis, bumm. Das alles ist nach vier bis fünf Tagen vorbei, vielleicht in einer Woche, wenn man Glück hat.

Aber man bekommt nicht wirklich eine Chance, es zu verarbeiten. Ich schätzte mich so glücklich, dass es einen Weg gab, wie ich ihn noch bemuttern, es noch ein bisschen hinauszögern konnte, bis es für mich in Ordnung wäre, ihn zur Ruhe zu betten.

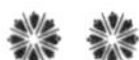

Ein paar Jahre vor seinem Tod hatte mein Bruder sich die Worte *Riley* auf das Schlüsselbein und *Lisa Marie* auf seine Hand tätowieren lassen. Nach seinem Tod hatten Mom und ich die Idee, uns entsprechende Tattoos seines Namens auf die gleichen Stellen an unseren Körpern machen zu lassen. Wir fanden einen Tätowierer, der eine entsprechende Version von Bens Tattoo meines Namens machen konnte. Und dann war es Zeit, das Tattoo meiner Mom zu stechen.

Wir trafen uns mit dem Künstler in dem kleinen Hof neben der Casita. Auf einmal beharrte meine Mom darauf, ihr Tattoo wirklich exakt an der gleichen Stelle zu haben, wo mein Bruder seins hatte. Der Künstler sagte, das sei möglich, aber dafür müsse er die Schriftart und die genaue Position kennen.

»Haben Sie irgendwelche Fotos?«

»Nein«, sagte sie, »aber ich kann es Ihnen zeigen.«

Ich sah meine Mom an und teilte ihr nur mit den Augen mit: *Hast du deinen verdammten Verstand verloren? Du hast diesen Kerl noch nie gesehen. Bring ihn bloß nicht in diesen Raum mit meinem toten Bruder.*

Ich wusste, sie hatte meinen Blick verstanden, aber sie blieb stur.

»Er ist in diesem Raum«, sagte sie und zeigte auf die Casita.

Lisa Marie Presley hatte diesen armen Mann gerade aufgefordert, sich den Körper ihres toten Sohns anzusehen, der sich zufällig in der Casita gleich neben uns befand.

Ich hatte schon immer ein extrem absurdes Leben, aber dieser Moment gehört zu den Top Five.

Der Tätowierer, Gott segne ihn, erklärte sich einverstanden, mit uns reinzugehen. Also führte meine Mom uns in die Casita, öffnete den Sarg und griff auf die pragmatischste Art, die man sich vorstellen kann, nach der Hand meines Bruders, um dem Mann das Tattoo zu zeigen und wo auf ihrer Hand sie es haben wollte. Ich stand fassungslos daneben und beobachtete, wie er sich bemühte, das Gespräch zu führen und so zu tun, als wäre alles völlig in Ordnung. Dabei bin ich mir sicher, dass er sich dachte: *Was zum Teufel ist hier los?* Aber er blieb an diesem Tag und stach das Tattoo perfekt, gleich im Anschluss, zurück im Haus.

Bald danach bekamen wir alle von meinem Bruder diese Vibes, dass er seinen Körper nicht mehr in diesem Haus haben wollte. »Leute«, schien er uns zu sagen, »das wird langsam abartig.«

Sogar meine Mom sagte, sie könne spüren, wie er zu ihr spreche und sage: »Das ist gestört, Mom, was machst du da? *What the fuck!*«

Bens Trauerfeier war der brutalste Tag meines Lebens.

Die Feier fand in Malibu statt, mit Blick aufs Meer.

Ich glaube, wir brachen ein paar Covid-Vorschriften, da über hundert Menschen kamen. Die ganze Autofahrt über zitterte ich so heftig, dass ich glaubte, zu zerspringen oder einen Herzanfall zu bekommen.

Wir folgten dem Leichenwagen und sahen dann zu, wie seine engsten Freunde seit Kindertagen den Sarg trugen.

Die Trauerfeier war so schön, wie sie nur sein konnte, und umfasste alles, was Ben geliebt hatte. Weil wir unsere halbe Kindheit in Hawaii verbracht hatten, kam unser hawaiianischer Freund, spielte Musik seiner Heimat und segnete meinen Bruder auf traditionelle Weise. Deepak Chopra leitete die Zeremonie. Doch so wunderbar das alles war, musste ich trotzdem die Augen schließen, um es ertragen zu können. Als ich sie aufschlug, konnte ich vor lauter Tränen kaum etwas erkennen. Verschwommen sah ich, wie meine kleinen Schwestern sich hysterisch an meine Mutter klammerten. Also schloss ich die Augen wieder.

Ich war einfach nicht da. Diese Distanzierung war notwendig, und wieder verließ mein Geist meinen Körper.

Ich erinnere mich eigentlich nur noch daran, dass ich darum kämpfte, am Leben zu bleiben. Ich klammerte mich an all die Worte, die Deepak sagte, und suchte nach ein bisschen Ruhe im Augenblick, doch es fühlte sich trotzdem an, als würde ich ertrinken.

Jeder von uns hatte einen Brief an meinen Bruder geschrieben, und die wurden an biologisch abbaubare Luftballons gebunden und in den Himmel geschickt, während Jeff Buckleys Version von *I Shall Be Released* zu hören war.

Es war einfach hart.

Anschließend schickten wir ihn nach Memphis, genauer: nach Graceland, wo er neben seinem Großvater beerdigt werden sollte.

In seinen Sarg hatte ich ohne viel Aufhebens diese gelben Nike-Sneakers gelegt, um die er mich beneidet hatte, als wir in Japan so glücklich gewesen waren.

Meine Familie verbrachte sechs Monate in Trauer vereint in einem Haus. Wir wachten dort auf und sprachen, von Sonnenaufgang bis Sonnenuntergang, nur über Ben Ben.

Mein Bruder und ich waren uns sehr ähnlich. Mir kam es immer vor, als wären wir Zwillinge – wegen unseres Humors, unserer Art zu sprechen; wir klangen sogar ähnlich. Er war nur ein bisschen smarter, eine Spur witziger und intellektueller. Solange ich denken kann, durften wir meinen Eltern Fragen stellen wie: »Was tue ich hier, auf dieser Welt?« Sie waren für diese Art von Gesprächen immer offen. So hatten wir, nachdem Ben gestorben war, diese wunderbare Trauererfahrung, die Menschen meiner Ansicht nach nicht sehr oft haben. Wir redeten über Existenz und Verlust und Liebe und deren tiefere Bedeutung. Es war eine einmalige Phase, in der wir alle stark die Verbindung zu etwas spürten, das größer war als wir selbst. Meine Eltern, meine Schwestern, meine Cousinen und Cousins und meine engsten Freundinnen in einer Covid-und-Trauer-Kapsel. Meine Schwestern brachten wir etwa in den Garten, wo wir sangen und malten und unter den Sternen lagen. Alles war auf Ben fokussiert. Diesen Prozess bestimmte meine Mutter, die sagte, sie werde uns über nichts anderes sprechen lassen als über ihren Sohn. Ich bin ihr dafür wirklich dankbar. Hätte sie diesen Ton nicht vorgegeben, dann hätte ich vielleicht auf Freunde gehört, die mich drängten, wieder an die Arbeit zurückzukehren oder mich irgendwelchem Eskapismus zuzuwenden, um so den Verlust nach Möglichkeit zu dämpfen.

Meine Mom sagte einfach: »Nein, wir durchleben das jetzt.«

Wir waren uns alle einig, dass mein Bruder sich in nüchternem Zustand nicht umgebracht hätte. Wir hatten das Gefühl, dass es in dem Moment, als er es tat, eigentlich nicht war, was er wollte. Und diese Erkenntnis machte uns wirklich zu schaffen.

Ich war nie wütend auf meinen Bruder, weil er das getan hat. Ich empfinde enormes Mitgefühl und tiefe Trauer darüber, dass er in jenem Augenblick Sterben als einzige Lösung gesehen hat.

Ich weiß, dass es bei jedem Todesfall ein Verantwortungsgefühl unter den Hinterbliebenen gibt, aber bei Selbstmord ist die Schuld noch größer. Und weil er mein kleiner Bruder war, verspüre ich zusätzlich eine persönliche Verantwortung, als hätte ich in meiner Rolle als seine große Schwester versagt. Natürlich empfanden meine Eltern das noch deutlich stärker als ich.

Ich begreife den Zusammenhang zwischen freiem Willen und Schicksal nicht vollständig, und das kann ich akzeptieren. Obwohl ich glaube, dass mein Bruder nicht wirklich sterben wollte – und obwohl meine Eltern und ich wünschten, wir hätten Dinge anders gemacht, um zu versuchen, diese Tragödie zu verhindern, und ich mir täglich wünsche, ihn wiederzusehen –, bin ich zu der Überzeugung gekommen, dass alles so geschieht, wie es in jenem Moment geschehen soll. Irgendwie untermauerte Bens Tod das für mich. Ich erfuhr den größten Schmerz meines Lebens, aber ich erlebte auch diese zutiefst transformative Erfahrung, mich der Lawine aus Schmerz auszuliefern und nicht zu versuchen, der Trauer zu entgehen. Das war eine Riesenlektion für mich – dass der einzige Ausweg mittendurch führt. Man muss den Schmerz zulassen, um sich von ihm zu befreien.

Vom Augenblick unserer Geburt an bekommen wir zu hören, wir

sollen nicht weinen. Viel Zeit unseres Lebens verbringen wir mit dem Versuch, uns zu distanzieren. Spüren wir etwas Schlimmes, versuchen wir, uns besser zu fühlen, weil wir Angst davor haben. Wie jeder andere Mensch empfinde ich mein Leben manchmal als uninspiriert, mittelmäßig und kaputt. Das Leben kann unerträglich schwer und grausam sein. Aber irgendwie hat der Verlust meines Bruders all diese Momente für mich neu eingeordnet. Ben hat mich erkennen lassen, dass jede Kleinigkeit zählt, jeder kurze, banale Augenblick, jede aufblitzende Freude. All der Schmerz.

Der Verlust meines Bruders hat mich verstehen lassen, dass zwei Dinge oder vielleicht sogar mehr als zwei gleichzeitig wahr sein können. Das war eine der tiefgründigsten Erfahrungen, die ich je hatte. Dass ich gelernt habe, Freude und Leid, Gleichgültigkeit und Hoffnung gleichzeitig zu bewahren.

Sogar jetzt tue ich noch manchmal etwas, während die Lautstärke der Trauer runtergedreht ist, sodass ich (mit Müh und Not) funktioniere. Doch in der übrigen Zeit ist sie voll aufgedreht und ich kann überhaupt nichts anderes hören. Eine Freundin aus Kindertagen fragte mich: »Lässt es nach? Wird es überhaupt besser?« Die Antwort lautet Nein. Heute kann ich vielleicht duschen und nicht daran denken, während ich morgen unter der Dusche weine.

Trauer ist allgegenwärtig.

Tage nach seinem Tod saß ich neben seinem Leichnam in der Casita und hoffte, dass er mir irgendwie durch den Schmerz helfen könnte, den ich spürte. Dass er mir eine Orientierungshilfe geben könnte. Und ich schwöre, dass ich an jenem Tag beinah seine Stimme hörte, die sagte: »Es gibt einen Punkt. Mach weiter.«

Und dieses Gefühl hat mich nie verlassen.

Nach Bens Tod wusste ich, dass meine Mom nicht sehr lange überleben würde. Sie wollte nicht hier sein.

Nachdem er die Casita verlassen hatte, beschloss sie, den Rest ihres Lebens in Trauer zu verbringen. Es interessierte sie nicht mehr, über irgendetwas anderes als meinen Bruder zu sprechen. Sie pflegte zu sagen, ihr Leben sei vorbei und dass sie nur noch für ihre anderen Kinder hier sei. Aber sie fühlte sich hin- und hergerissen, weil sie drei Kinder hier auf der Erde hatte und eines irgendwo anders.

Doch sie überraschte uns alle. Zunächst wurde sie nicht rückfällig. Sie war auch so präsent wie seit Jahren nicht mehr. Es gab ein paar unglaubliche Momente, in denen sie ihr Leben auf eine Weise lebte, wie sie es in den Jahren ihrer Abhängigkeit nicht getan hatte. Bei unserer ersten Reise nach Hawaii nach Bens Tod ging sie schnorcheln, im Meer schwimmen, spazieren und zum Seilrutschen. Sie versuchte wirklich, die Hoffnung zu bewahren, obwohl sie ihr wie Sand durch die Finger rann. Ich konnte sehen, wie sie sich bemühte. Sie sagte auch, dass sie sich bemühe. Sie versuchte sogar, wieder Verbindung zu einigen der Leute aufzunehmen, die sie fallengelassen hatte, als sie nach England gegangen war. Eines Tages schickte sie mir ein Foto von sich und einer ihrer alten Freundinnen beim Mittagessen. Sie hatte ein paar von ihnen angerufen und sich entschuldigt, beinahe, als versuchte sie, alles in Ordnung zu bringen, ihre unerledigten Dinge hier zu regeln.

Und ich wünschte, es wäre nur so gelaufen und ich könnte ein erhebendes Phönix-aus-der-Asche-Bild zeichnen, aber die Wahrheit sah so aus, dass sie an den meisten Tagen in ihrem Haus saß, viele Zigaretten rauchte und ins Leere starrte.

So sah ihre Trauer aus.

Ich besuchte sie dreimal pro Woche und jedes Wochenende. Wenn es nach ihr gegangen wäre, hätte ich bei ihr wohnen sollen. Und selbst wenn ich nur eine Stunde an einem Wochenende fehlte, sagte sie: »Womit kannst du denn schon beschäftigt gewesen sein?«

Sie überlegte, mehr Musik zu machen, doch sie war noch nicht so weit. Immer stärker beharrte sie darauf, irgendwie anderen Menschen zu helfen, vor allem trauernden Eltern. Helfen war das Einzige, was ihr überhaupt Linderung verschaffte. Sie wollte anderen helfen, um dadurch sich selbst zu helfen. So lud sie Gruppen von Eltern, die ebenfalls Kinder verloren hatten, an Sonntagen zu sich nach Hause ein. Dann servierte sie kleine Sandwiches und leitete zusammen mit ihrer Trauerbegleiterin Trauergruppen. Sie schrieb einen Gastkommentar zum Thema Trauer - das erste Mal, dass sie je etwas in der Art verfasst hatte. Außerdem plante sie einen Podcast über Trauer, um einen Sinn zu finden - geradezu verzweifelt suchte sie Kontakt zu Menschen, die diese Erfahrung teilten. Nichts anderes inspirierte sie.

In der Wahrnehmung meiner Mom konnte sie auf diese Weise ihr Bestes geben, um für ihre anderen Kinder durchzuhalten.

Es war wunderschön.

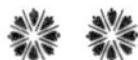

Mein Sohn brachte mich dazu, nach Hawaii zu reisen. Ich wollte nicht. Wir besaßen dort ein Haus. Ich hatte da gelebt, er liebte es, es war sein Lieblingsort. Und er wusste, dass ich immer hinfuhr, damit es mir besser ging. Plötzlich merkte ich, dass ich eine Reise dorthin plante, und ich sagte laut zu ihm: »Okay, meine Idee ist das nicht, aber ich werde hinfahren. Es ist deine Idee. Ich weiß, dass du das bist. Ich weiß, du weißt, dass ich nicht hinwill, aber ich werde hinfahren.« Dann war ich tatsächlich an seinem Todestag dort. Es handelte sich nicht um einen Zufall, damit hätte ich das nicht entwertet.

So bekam ich etwas Vitamin D. Täglich ging ich eine Meile spazieren, was viel für mich war.

Und ich hörte auf, jeden Tag sterben zu wollen.

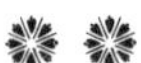

Meine Tochter Tupelo kam im August 2022 zur Welt. Schon in der ersten Woche nach Tupelos Geburt kam meine Mom zu uns und übernahm die Nachtschicht, damit Ben und ich schlafen konnten. Genau wie ich es für sie getan hatte, als sie die Zwillinge bekam.

Meine Mom war sofort verrückt nach Tupelo – sie hatte den Eindruck, eine besondere Verbindung zu ihr zu haben. Deshalb kam sie in mein Haus in Silver Lake und nahm sie mit, um alleine mit ihr zu sein. Ich sah ihnen durchs Fenster nach, wie sie sich in den Garten setzten. Den nannte meine Mom ihren Feengarten, genau wie ich unseren Garten in Hidden Hills für Ben Ben genannt hatte, als wir klein waren. Meine Mom kaufte Schaukeln und Spielzeug und Kindermöbel, mit denen sie dann ihr eigenes Haus füllte, damit Tupelo über Nacht bei ihr bleiben konnte.

Doch trotz all der Liebe, die noch in ihr steckte, und all ihrer Anstrengung, zu leben, konnten wir es sehen. Wir spürten es kommen.

Alle wussten, dass meine Mom an gebrochenem Herzen sterben würde.

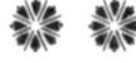

Es ist erst vierzehn Monate her. Ich weine nicht mehr jeden Tag den ganzen Tag oder schließe mich den ganzen Tag in mein Zimmer ein und komme nicht raus. Ich habe winzige Fortschritte gemacht. Inzwischen kann ich ein Gespräch führen, ohne das Gefühl zu haben, dass ich den Verstand verliere. Ich kann jetzt wieder besser denken. Lange Zeit konnte ich überhaupt nicht denken.

Wie finde ich Heilung? Indem ich Leuten helfe. Ein Jugendlicher schrieb Riley: »Gestern Abend habe ich mich nicht umgebracht wegen der Sachen, die es, wie du gesagt hast, meiner Familie und denen, die zurückbleiben, antun würde. Also danke dir. Ich werde irgendeine andere Lösung finden.«

Das hat mir geholfen. Das hat mich aufgerichtet.

Man muss wohl irgendetwas finden, das wahrscheinlich nichts damit zu tun hat, was man vorher gemacht hat, und das wird dann dein Lebenszweck, ob es einem gefällt oder nicht. Und man muss es durchziehen. Das interessiert mich. Wenn ich meinen Ben Ben ehre und wenn ich anderen Leuten helfe, indem ich die Erfahrung teile, die ich mit ihm gemacht habe, mit Abhängigkeit oder Suizid, dann fühlt sich das für mich wirklich authentisch an.

An diesem Punkt befinde ich mich jetzt.

Vor zwei Jahren schickte Bens Nanny Uant, die eine Art Großmutter für ihn war, uns allen E-Mails, in denen sie schrieb, sie sei am Ende, sie werde sterben. Ihr fehlte überhaupt nichts, sie war nur am Ende. Ben und Riley flogen nach Florida, um sie ein letztes Mal zu besuchen.

Doch nichts passierte. Sie lebte weiter. Das machte sie ein paarmal und Ben und Riley gerieten jedes Mal in totale Aufregung, doch dann passierte nichts.

Vor ungefähr sechs Monaten saß ich alleine draußen, und plötzlich begann ich, an Uant zu denken. In meinem Kopf hörte ich: »Ich bin den ganzen Weg nach Florida geflogen, um bei ihr zu sein, stell dir das vor …« Erinnerungen an sie kamen mir in den Sinn, die Lieder, die sie Ben Ben vorsang, als er klein war, und dann sagte ich laut zu Ben: »Okay, Sweetheart, ich verstehe. Irgendwas mit Uant. Ich verstehe es, ich höre dich. Ich hab's verstanden.«

Dann widmete ich mich meinem Tagesprogramm.

Am nächsten Morgen kam Riley vorbei und sagte: »Suzanne ist letzte Nacht gestorben.«

Ich sah sie an.

»Ben Ben hat es mir gestern schon gesagt. Er hat mir etwas

mitgeteilt. Ich wusste nicht, dass er das meinte. Ich habe gestern laut mit ihm gesprochen und gesagt: ›Okay, irgendwas mit Uant.‹«

Ich kann ihn hören.

Daran werde ich nie wieder zweifeln.

Gestern sah ich ein Foto von mir und meinen Eltern. Ich bin darauf fünf oder sechs. Ich stehe zwischen ihnen, und sie halten mich an den Händen.

Ich habe mein kindliches Gesicht angeschaut und gedacht: *Mein Gott, wenn dir nur irgendwer hätte sagen können, was du in diesem Leben durchmachen wirst. Was alles auf dich zukommen wird.* Dieses kleine, süße blonde Kind in dem Kleid, das zu dem seiner Mommy passt.

Es überwältigte mich.

Manchmal mache ich das auch mit meinen eigenen Kindern. Ich sehe sie mir an, als sie klein waren. Betrachte ihre Gesichter, bevor sie die Traumata durchmachten, die sie eben durchmachten, und dann werde ich richtig traurig.

Nachdem mein Vater gestorben war, beschrieben die Leute mich immer als traurig. Das war so eine Art permanenter Ausdruck meines Gesichts, meiner Augen danach.

Aber diese Traurigkeit gab es auf dem Foto nicht. Der Bullshit über die einsame und verlassene kleine Prinzessin hatte sein hässliches Haupt noch nicht erhoben.

Die Traurigkeit begann mit neun, als er starb, und verschwand danach nie mehr. Jetzt ist es sogar noch schlimmer – mein Blick ist in dieser Trauer ständig niedergeschlagen, die Aussicht dadurch ziemlich begrenzt.

Ich dachte immer: *Warum sagt jeder immer, dass ich traurig aussehe?*

Und jetzt verstehe ich es.

Ich glaube ganz ehrlich nicht, dass mein Schwung jemals wiederkommen wird. Trauer setzt sich fest. Sie ist nichts, was man überwindet. Sie ist etwas, womit man lebt. Man passt sich daran an. Nichts an dir ist mehr so, wie du einmal warst. Nichts daran, wie oder was ich früher dachte, ist noch wichtig. Ich erinnere mich nicht mehr daran, wer ich war. Letztens sagte jemand zu mir: »Ich kenne dich besser als jeder andere.« Und ich sagte: »Nein, tust du nicht. Du hast keinen verdammten Schimmer, wer ich bin. Weil ich selbst nicht weiß, wer ich verdammt noch mal noch bin.«

Mein wahres Ich, wer auch immer ich gewesen bin, ist vor eineinhalb Jahren komplett explodiert.

Ich muss damit zurechtkommen und es geschehen lassen. Zulassen, dass es mich übernimmt und verzehrt, dass es mir Erleichterung verschafft. Es aufs Gas und auf die Bremse treten lassen, aufs Gas und auf die Bremse. Ich fahre einfach nur mit.

Wenn ich auf alles zurückblicke, auf mein ganzes Leben, dann kann ich nur durchdrehen. Versuchen, scheitern, gut, schlecht, scheitern. Ich bin wirklich überwältigt und beginne zu weinen, wenn ich mir ansehe, wie *fucked up* mein Leben gewesen ist. Manchmal fühlt es sich an, als sei nichts übrig, kein Sinn. Als gäbe es nichts mehr, was ich erreichen will. Kein Ziel, rein gar nichts. Null. Mir sind drei Kinder geblieben, also kämpfe ich, kämpfe ich, kämpfe ich, kämpfe ich, kämpfe ich. Aber es ist verdammt noch mal da, lebendig und wohlauf. Es ist ein Löwengebrüll, und ich muss es zum Schweigen bringen. Es wundert mich, dass ich noch lebe. Ich kann nicht glauben, dass ich noch durchhalte. Es fühlt sich falsch an, ohne Ben am Leben zu sein.

Doch dann kann ich es an einem anderen Tag betrachten und denke: *Okay, Moment, da gab es diesen Teil, der nicht so schlecht war. Es gab etwas Gutes da drüben und dort gab es ein bisschen Spaß*. Ich bemühe mich, es zu würzen mit: »Es ist nicht alles nur scheiße. Ich bin dieser Person begegnet, der Teil ist passiert. Das war gut.«

Manches davon war gut.

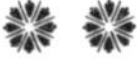

Obwohl sie kämpfte, um sich für meine Schwestern zusammenzureißen, ging es mit der Gesundheit meiner Mom bergab. Sie hatte begonnen zu sagen, dass sie ständig Magenbeschwerden hätte. Immer wieder bekam sie Fieber. Sie bemühte sich um Inspiration und Hoffnung, doch hinter allem schien da ein Kummer zu sein, der sich immer weiter verschlimmerte. Und obwohl ich ständig Termine vereinbarte, suchte sie keinen Arzt auf.

2022 zog sie sich eine Infektion zu, und später musste ihre Gebärmutter entfernt werden. Das machte ihr unglaublich zu schaffen.

»Darin waren alle meine Babys mal«, sagte sie.

Eines Tages im Oktober desselben Jahres besuchten wir alle zusammen Disneyland. Als wir gerade zu einer Fahrt starten wollten, setzte sie sich auf irgendwelche Stufen und sagte, sie fühle sich nicht gut, ihr sei richtig übel. Wieder drängte ich sie, einen Arzt aufzusuchen, und wieder ohne Erfolg.

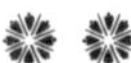

Was ist der Sinn einer Autobiografie?

Ich habe mir überlegt, dass mein wichtigstes Ziel wäre, anderen Leuten irgendwie zu helfen. Oder Licht in irgendeine Sache zu bringen. Irgendwo, irgendwie einen Unterschied zu bewirken. Ich glaube, dass andere Leute einige gleiche Dinge durchgemacht haben wie ich, und vielleicht werden sie sagen: »Das hat mir wirklich geholfen.«

Das wäre erfüllend.

Oder vielleicht werden Leute sagen: »*Holy shit*, ich kann nicht glauben, dass Sie das überlebt haben. Ich kann nicht glauben, dass Sie noch am Leben sind.«

Wenn ich Menschen meine Geschichten erzähle, dann sagen sie mir, ich sei stark. Doch das macht mich verrückt, weil ich denke: *Aber wozu denn?* Mutet mir Zeug zu und ich werde es durchstehen, aber wozu? Was für eine Rolle spielt Stärke? Für mich keine.

Ich bin nicht stark. Das bin ich nicht.

Aber ich bin noch da. Ich habe nicht den Verstand verloren, obwohl ich das wollte. Und es hätte passieren können.

Ich bin nicht rückfällig geworden oder gestorben. Oder habe mich umgebracht. Über diese drei Dinge habe ich die ersten acht oder neun Monate nach Ben Bens Tod den ganzen Tag nachgedacht. Zwischen den dreien schwankte ich ständig hin und her.

Aber ich habe es nicht getan.

Ich habe zwei kleine Mädchen, denen ich eine Mutter sein muss. Darauf konzentriere ich mich. Mein Sohn hat sich Sorgen um seine Schwestern gemacht. Das war sein wichtigstes Ziel. In den paar Textnachrichten, die er im letzten Moment noch verschickte, ging es darum, auf seine Schwestern aufzupassen und sie zu beschützen. Sie wissen das nicht. Ich werde sie es nicht wissen lassen, bis sie älter sind.

Ich weiß, Ben Ben wäre wütend auf mich, wenn ich sterben und zu ihm kommen würde.

Er wäre in der Hölle oder im Himmel, wo auch immer wir hinkämen, sauer auf mich.

NEUN

DER MEDITATIONSGARTEN

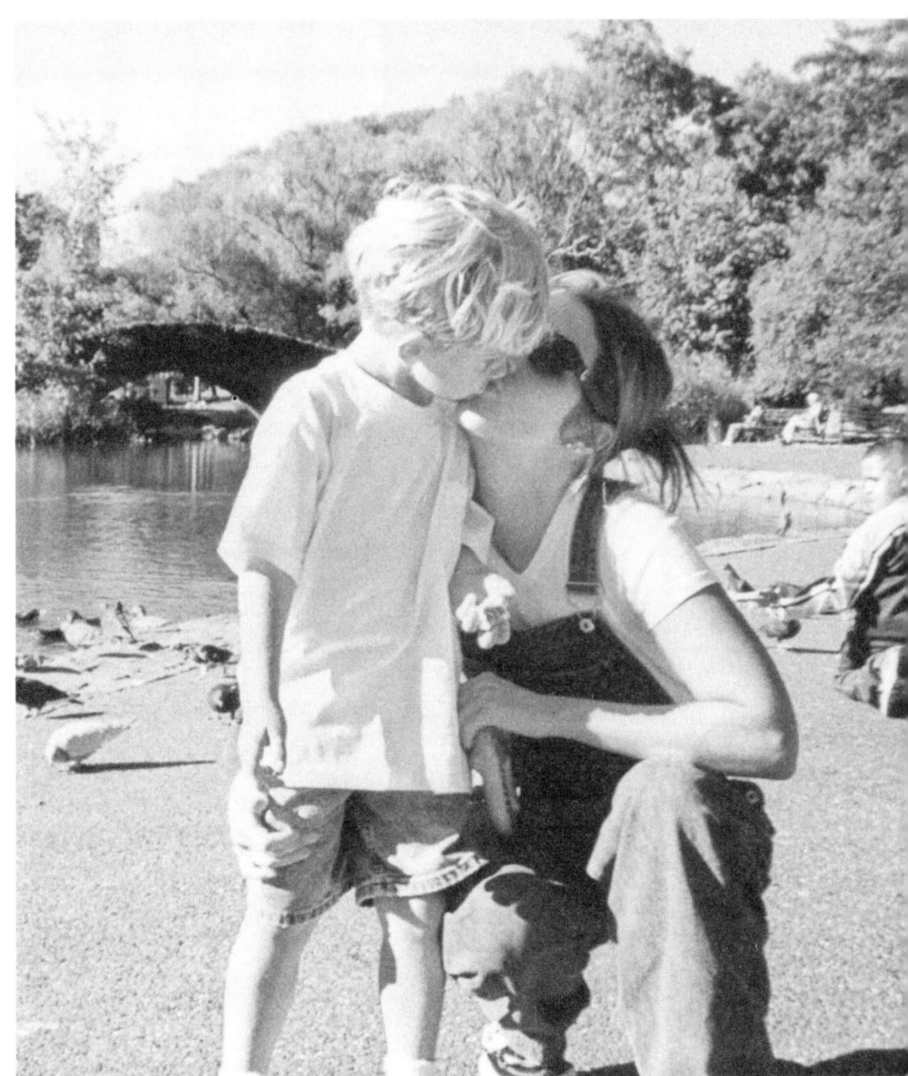

Am Abend vor der Geburt meiner Tochter fuhren mein Mann, meine Eltern und ich in ein Holiday Inn in der Mojave-Wüste, direkt am Freeway 15, um auf die Ankunft von Tupelo zu warten. Unsere Leihmutter sollte am nächsten Morgen entbinden. Wir aßen mit ihr zu Abend – meine Mutter, mein Vater, mein Mann und ich – und fuhren dann zurück ins Hotel.

Am darauffolgenden Morgen wurde Tupelo per Kaiserschnitt geboren. Vor lauter Hektik hatte ich zuerst keine Gelegenheit, meiner Mom zu schreiben oder mit ihr zu sprechen, und ich hatte keine Ahnung, wo sie war. Aber als wir mit dem Baby zur Neugeborenen-Untersuchung gingen, trafen wir sie zufällig. Meine Mom hatte nach uns gesucht. Eigentlich durfte sie den Bereich, in dem wir uns begegneten, nicht betreten, aber für sie typisch hatte sie sich hineingeschlichen und intuitiv ihr Enkelkind gefunden.

Sie sah Tupelo an und das Erste, was sie sagte, war: »Ben Ben hat mich zu dir geführt.«

Als wir aus dem Krankenhaus nach Hause kamen, übernahmen Mom und Dad gemeinsam die Schicht von acht Uhr abends bis ein Uhr morgens, damit Ben und ich etwas Schlaf bekamen.

Ein paar kurze Monate der Freude, erfüllt von dem neuen kleinen Segen in unserem Leben. Meine Mom nannte Tupelo »unser zartes Licht«, schaute ihr in die Augen und sagte: »Gesegnet sei ihr süßes, kleines lebhaftes Herz. Sie ist wie ein Märchenwesen – ein kleines Rehkitz.«

Als meine Schwestern, meine Mom und ich an Thanksgiving, das wir in Moms Haus in Calabasas verbrachten, spazieren gingen, wollte meine Mutter nicht, dass jemand anders als sie das Baby trug.

Bei dem Spaziergang diskutierten wir, wo wir Weihnachten sein wollten – Tahoe? Utah? Hawaii? Zur letzten Option meinte sie: »Igitt! Weihnachten in der Hitze ist mein schlimmster Albtraum.« Sie wollte wie jedes Jahr Schnee.

Zu der Zeit arbeitete ich in Kanada und schlug vor, dass alle nach Whistler in British Columbia kommen sollten. Mom gefiel die Idee sehr. In den folgenden Wochen schickte ich ihr Fotos von Hotels und Dingen, die man dort unternehmen konnte. Sie war ganz begeistert.

Ich habe alles für sie gebucht - Flüge, Hotels, Unternehmungen - die Rechnung war astronomisch hoch. Doch sie meinte bloß: »Na und? Man weiß nie, ob es das letzte gemeinsame Weihnachten ist.«

Die Reise rückte immer näher und Mom musste nur noch ihren Reisepass verlängern lassen.

Dann die Katastrophe: Trotz unserer ganzen Bemühungen kam der Pass nicht rechtzeitig an.

So verrückt es auch klingen mag, aber nicht nach Whistler reisen zu können, machte meiner Mutter viel aus. Verzweifelt suchte sie nach einem magischen Ausweg, und Whistler war für sie wie ein Ideal, ein Traumland. Als das nicht klappte, veränderte sich etwas in ihr, da bin ich mir sicher. Sie schien resigniert, als würde sie auf Erden nicht mehr die Freude finden, die sie einst empfunden hatte.

Sie fühlte sich in Disneyland nicht mehr wohl und Ende 2022 war da eine seltsame Energie. Was ihre Gesundheit anging, geschahen immer wieder merkwürdige Dinge. Sie erkrankte an einer Infektion und musste im November ins Krankenhaus. Dort wurden ihr Opioide verabreicht, was mich beunruhigte. Ich wollte sie nicht ausfragen oder kontrollieren, weil ich wusste, es würde bloß zu einem neuerlichen, heftigen Streit führen. Also vertraute ich darauf, dass sie bloß das einnehmen würde, was nötig war, und die Medikamente nicht missbrauchen würde. (Nach ihrem Tod erfuhr ich aus ihrem toxikologischen Befund, dass sie nur die therapeutische Menge eingenommen hatte, und darauf war ich unglaublich stolz).

Die Ereignisse begannen sich zu überschlagen. Sie klagte ständig über Magenschmerzen. Sie trank eine Menge Pepto-Bismol, ein Saft gegen Übelkeit, der immer auf ihrem Nachttisch stand. Ich bemerkte, dass auch meine Schwestern besorgt waren – sie fragten mich häufig: »Wird Mama wieder gesund?« Ich sagte Ja, aber ich glaubte nicht wirklich daran. Meine Schwestern ahnten das vielleicht auch.

Nach Weihnachten – es war tatsächlich unser letztes gemeinsames Weihnachtsfest – fuhren wir alle nach Santa Ynez, um dort ins neue Jahr 2023 zu feiern. Nicht Whistler, sondern ein Ort, an den wir auch sonst immer zu Silvester fuhren, also war das eher deprimierend als spannend, aber immerhin waren wir zusammen. Meine Mom, meine Schwestern und ich unternahmen Ausritte durch das schöne Valley. Ich beobachtete, dass meine Mutter nach und nach Verbindung zu dem Pferd aufnahm, es abtastete und seinen Rhythmus kennenlernte. Mit Pferden war sie immer im Einklang – selbst wenn das Tier mürrisch war, fand sie einen Weg, eine Verbindung zu ihm aufzubauen. Bewegend, ihr dabei zuzusehen, wie sie den Charakter eines Pferdes intuitiv erkannte.

Silvester verbrachten wir in einer Honky-Tonk-Bar, wo eine Cover-Band auftrat. Irgendwann spielten sie eine Country-Version von *Suspicious Minds*, und danach ging meine Mom zu den Musikern, um ihnen zu gratulieren. Der Leadsänger war etwas eingebildet – vermutlich betrachtete er gern sein Spiegelbild in der Rückseite eines Löffels – und schenkte meiner Mom kaum Beachtung, was sie extrem lustig fand.

Als sie zu unserem Tisch zurückkam, lachte sie. »Arroganter Scheißtyp«, sagte sie.

Ich sagte: »Ich glaube nicht, dass er weiß, wer du bist, Mom.«

Nach dem Auftritt der Band gingen meine Schwestern auf ihr Zimmer, und meine Mom und ich schlichen uns aus dem Nichtraucher-Hotelrestaurant, wo wir uns kichernd wie Teenager, die sich vor ihren Eltern verstecken, eine Zigarette anzündeten. Ich hatte schon vor Jahren mit dem Rauchen aufgehört, aber diese Zigarette mit meiner Mom wollte ich rauchen. Schließlich kam mein Dad um die Ecke gebogen und zündete sich ebenfalls eine Zigarette an.

So standen wir zu dritt unter dem Vordach, um uns vor dem leichten Regen zu schützen, und rauchten.

Während wir rauchten, sagte meine Mutter: »Oh, dieses Baby – ich verkrafte sie kaum! Sie ist alles für mich und haut mich um.«

»Ja, das süße Bitz«, sagte mein Dad (Kitz wurde in unserer albernen Geheimsprache zu Bitz).

In dem Augenblick war ich so dankbar, meine beiden Eltern noch zu haben. Ich hielt das nicht für selbstverständlich.

Das war das letzte Mal, dass ich mit meiner Mom zusammen war, bis wir uns am 8. Januar – zufällig der Geburtstag ihres Vaters – in L.A. zum Dinner trafen, nur sie und ich, mein Mann und meine Freundinnen, was bei uns so üblich war. Mom war ungewöhnlich ruhig, verschlossen, in ihrer eigenen Welt. Ich versuchte immer wieder, sie ins Gespräch einzubeziehen, aber irgendwann sah sie mich an und meinte: »Ich fahre nach Hause.«

Sie wirkte traurig und da war wieder diese Resignation. Ich war besorgt.

Mein Mann und ich begleiteten sie zu ihrem Auto. Sie wirkte sehr leise, fast leer, und meine Mom war sonst kein leiser Mensch.

Irgendetwas hatte sie verlassen.

Ein paar Tage später reiste ich für Dreharbeiten zurück nach Vancouver. Ich ertappte mich dabei, dass ich ihr häufiger als sonst Handy-Nachrichten schickte, aber sie antwortete seltener als sonst. Meine Sorge wuchs.

Am Morgen des 12. Januar schrieb meine Mom meinem Dad eine Nachricht, in der sie fragte: »Kannst du mir bitte helfen? Meine

Magenschmerzen sind heftiger denn je. Kannst du mir Magentabletten besorgen?«

Ich hatte einen wunderschönen Morgen mit dem Baby verbracht. Meiner Mom hatte ich am Tag zuvor getextet, aber sie hatte nicht geantwortet, was echt untypisch für sie war.

Als dann einige Zeit später mein Dad anrief, wusste ich gleich, dass etwas Schlimmes passiert war.

»Es geht um deine Mom«, sagte er, »und es sieht nicht gut aus.«

Mein Herz blieb stehen.

Als er mit den Tabletten, um die sie gebeten hatte, bei ihr ankam, hatte die Haushälterin sie gerade auf dem Boden liegend gefunden.

»Die Sanitäter glauben, sie hatte einen Herzinfarkt«, erklärte er. »Sie ist jetzt in einem Krankenwagen. Sie versuchen, sie wiederzubeleben.«

Ich fuhr sofort zum Flughafen und nahm den erstbesten Flug nach L.A. Während der gesamten Autofahrt und während ich in der Luft war, schickten mir mein Dad und mein Mann Nachrichten.

»Sie sind jetzt im Krankenhaus angekommen ... Sie lebt noch ... Man hat sie wiederbelebt ... Sie hat wieder Puls ... Sie checken sie durch, um zu sehen, was passiert ist ...«

Meine beste Freundin war während des Flugs bei mir, um mir mit Tupelo zu helfen. Irgendwann sagte sie: »Herzinfarkte werden häufig überlebt.«

Ich schaute sie an und sagte: »Ich glaube nicht, dass sie das überlebt. Ich glaube nicht, dass sie das will.«

Wir flogen über den Yosemite-Nationalpark und ich betrachtete die schneebedeckte Wildnis unter uns. Tupelo schrie und weinte inzwischen und sie ist sonst kein großer Schreihals. Das fällt jedem auf, sie lächelt fast immer. Wenn wir in unserem Viertel spazieren gehen, sagen die Leute: »Oh, sie lächelt mich an!«, und ich verkneife mir dann immer zu sagen: »Nehmen Sie es nicht persönlich, sie lächelt jeden an.« Aber in dem Flugzeug voller Leute spürte ich, mein Baby wusste, dass etwas Schreckliches passiert war.

Als Tupelo noch im Mutterleib war, sagte der Arzt eines Tages, sie sei untergewichtig. Meine Mom meinte zu mir: »Sprich mit ihrer Seele, sag ihr, sie soll versuchen, ein bisschen zuzunehmen. Sie wird dich hören.« Und das tat ich dann. Bei einem Lunch mit der Leihmutter legte ich eine Hand auf ihren Bauch und in Gedanken sagte ich zu Tupelo, sie solle versuchen, vor der Geburt noch ein bisschen zuzunehmen.

Schließlich hat sie dann genau die richtige Menge an Gewicht zugelegt. Kann also sein, dass das funktioniert hat.

Im Flugzeug nach Hause hatte ich das Gefühl, dass meine Mutter zwischen zwei Welten schwebte, wiederbelebt wurde, dahinging, wiederbelebt wurde und dahinging. Ich wollte so gern bei ihr sein - zumindest spirituell - und ihr sagen, dass ich sie in allem unterstützte, was immer sie wollte. Ich schloss die Augen und sprach mit ihrer Seele, so wie ich es mit Tupelo auch getan hatte. »Wenn du gehen musst, geh. Wenn du bleiben willst, bleib.«

Wir waren irgendwo westlich von Death Valley, als Dads Nachrichten aufhörten. Die Stille war nicht lange auszuhalten. Ich textete ihm, aber innerlich wusste ich es schon.

Um 17 Uhr 18 schrieb mein Vater: »Sie hat erneut einen Herzstillstand.«

Oh Gott.

Um 17 Uhr 19 schrieb er: »Kannst du mich anrufen?«

»Nein, bin im Flugzeug«, antwortete ich.

Um 17 Uhr 20 schrieb ich: »Ist sie gestorben?«

Vier Minuten lang antwortete mein Dad nicht.

Erneut schrieb ich: »Ist sie gestorben?«

Ich wartete. Dann traf seine Antwort ein.

»Sie ist vor ein paar Minuten verstorben, Schatz. Ich wollte es dir nicht schreiben. Aber ich bin besorgt, dass es gleich in den Zeitungen erscheint. Ich liebe dich sehr. Es tut mir wirklich leid, dir das auf diese Weise zu sagen. Ich will nicht, dass es dich überrumpelt, wenn du aus dem Flugzeug steigst.«

Während ihres gesamten Erwachsenenlebens war mein Vater Moms größter Beschützer gewesen. Meine Mom hatte viele Freunde, sie kamen und gingen, aber er war immer da, seit sie siebzehn war, bis zu dem Moment, als sie starb. Er war der letzte Mensch an ihrer Seite.

Bis zur Landung in L.A. dauerte es immer noch eine halbe Stunde. Tupelo hatte sich endlich beruhigt, sodass sie ein bisschen schlief, und ich schluchzte leise, um die anderen Passagiere nicht zu stören.

Die Welt, in der ich in Kanada gestartet war, war nicht mehr dieselbe, als ich abends am Flughafen LAX landete. Ich erkannte diesen seltsamen neuen Planeten nicht wieder. Dieser Ort, der ohne meinen Bruder Ben Ben bereits seit zweieinhalb Jahren so schmerzhaft leer war, und nun auch noch ohne meine Mutter.

Ich fragte mich, wie oft ein Herz brechen kann.

Während wir vom Flughafen davoneilten, sah ich, wie Leute einen hell erleuchteten 7-Eleven betraten oder herauskamen. Für sie hatte sich nichts verändert. Natürlich nicht.

Die Zeit machte wieder dieses Ding, sich lange hinzuziehen und zusammenzuziehen. *Da wären wir also wieder,* dachte ich. *Kenne ich schon.*

Als mein Bruder gestorben war, wurde mir schlagartig klar, dass er nirgendwo auf der Erde mehr zu finden war. Ich hätte überallhin reisen und ihn doch nicht finden können. Egal, wie weit ich flog, wie weit ich fuhr, wie weit ich lief, er war fort. Ich weiß noch, ich fuhr durch Nordkalifornien und kam an einer riesigen Ackerfläche vorbei, und in dem Moment dachte ich, dass er auch dort nicht zu finden war. Ich konnte ihn nirgendwo finden, egal wie sehr ich ihn suchte.

Jetzt hatte ich das gleiche Gefühl bei meiner Mom.

Sie war wie eine Figur der griechischen Mythologie – sie hatte menschliche Gefühle, aber sie war eine solche Kraft, dass ich manchmal dachte, wenn sie sich stark genug konzentrierte, würden echte Blitze von ihr ausgehen. Ihre Macht und Stärke ängstigten die Leute. Sie hatte die erstaunliche Fähigkeit, den Menschen direkt in die Seele zu sehen. Und sie war imstande zu aufrichtiger und bedingungsloser Liebe.

Sie war definitiv eine royale Reinkarnation. Mehrfach. Mein Dad und ich scherzten, hätte Gott sie jemals gebeten, *nicht* als Königin zurückzukehren, hätte sie sein Angebot wohl abgelehnt.

Meine Mutter war die einzige Person, die Gott widersprochen hätte.

Am Abend vor der Trauerfeier nahmen enge Freunde in der Kapelle von Graceland Abschied von ihr.

Am nächsten Tag hielten wir den Trauergottesdienst in Graceland ab. Alle ihre Freunde, alle, die sie je geliebt haben, waren da, auch die, die sie jahrelang nicht gesehen hatte, alle, die sie vor ihrer Flucht nach England hatte fallenlassen, einfach alle. Ein Chor aus ihren Freundinnen und Freunden sang. Was als ein unglaublich traumatischer und schmerzvoller Tag begann, endete in einer feierlichen Tanzparty, genau wie die früher – dieselben Leute, dieselben Lieder.

Eine freudvolle Stimmung.

Wir alle spürten, dass sie da war.

Ich konnte nicht sprechen, also las mein Mann meine Trauerrede mit dem Titel »Ein Brief an meine Mama« vor:

Danke, dass du in diesem Leben meine Mutter warst. Ich bin unendlich dankbar, dass ich dreiunddreißig Jahre mit dir verbringen durfte. Ich bin mir sicher, dass ich mir die beste Mutter der Welt ausgesucht habe, und seit ich mich an dich erinnern kann, war mir das bewusst. Ich erinnere mich an alles. Ich weiß noch, wie du mich als Baby gebadet hast. Ich weiß noch, wie ich in meinem Autositz saß, du bist gefahren und hast dabei Aretha Franklin gehört. Ich erinnere mich, wie du mit mir gekuschelt hast, wenn ich nachts zu dir ins Bett kroch, und wie gut du gerochen hast.

Ich weiß noch, wie du in Florida nach der Schule mit mir Eis essen warst. Ich erinnere mich, wie du mir und meinem Bruder abends Schlaflieder vorgesungen hast und wie du dich zu uns gelegt hast, bis wir eingeschlafen waren. Ich weiß noch, wie du mir jedes Mal, wenn du länger unterwegs gewesen bist, ein neues Kinder-Teeservice von Cracker Barrel mitgebracht hast.

Ich erinnere mich an all die Zettelchen von dir in meiner Schul-Lunchbox. Ich erinnere mich an das Gefühl, wenn du mich von der Schule abgeholt hast, und daran, wie sich deine Hand auf meiner Stirn anfühlte. Ich weiß noch, wie es sich anfühlte, von der liebevollsten Mutter überhaupt geliebt zu werden. Ich weiß noch, wie geborgen ich mich in deinen Armen fühlte. Ich erinnere mich an dieses Gefühl als Kind, und vor zwei Wochen auf deiner Couch habe ich es wieder gespürt.

Danke, dass du mir gezeigt hast, dass Liebe das Einzige ist, was im Leben zählt. Ich hoffe, ich kann meine Tochter so lieben, wie du mich geliebt hast, wie du meinen Bruder und meine Schwestern geliebt hast.

Danke, dass du mir Kraft, mein Herz, mein Einfühlungsvermögen, meinen Mut, meinen Sinn für Humor, meinen Anstand, mein Temperament, meine Wildheit, meine Zähigkeit geschenkt hast. Ich bin das Ergebnis deines Herzens. Meine Schwestern sind das Ergebnis deines Herzens. Mein Bruder ist das Ergebnis deines

Herzens. Wir sind du, du bist wir, meine ewige Liebe. Ich hoffe, du weißt nun endlich, wie sehr du hier geliebt wurdest. Danke, dass du dir für uns so viel Mühe gegeben hast. Sollte ich es dir nicht jeden Tag gesagt haben: danke.

Der Gottesdienst ging zu Ende und die Nacht brach herein. Der Sarg meiner Mom wurde auf ein Golfcart gesetzt, das genauso aussah wie das, das ihr ihr Vater vor Jahrzehnten geschenkt hatte, ihr erster Vorgeschmack auf die Freiheit. Alle ihre engsten Freundinnen, Freunde und Angehörigen folgten dem Golfcart und begleiteten meine Mutter von der Kapelle in Graceland zum Meditationsgarten hinter dem Haus.

Wir haben sie neben meinem Bruder, gegenüber von ihrem Vater, zur Ruhe gebettet.

DANK

Danke an Cait Hoyt, Ben Greenberg, Luke Dempsey, David Kuhn, Neil Strauss, Alexandra Trustman, Maha Dakhil, Steve Warren, Jennifer Gray, Hilary McClellen, Angie Marchese, Roger Widynowski und Danny Keough.

BILDNACHWEIS

2 Lisa Marie, mit freundlicher Genehmigung der Graceland Archives

5 Lisa Marie – erste Headshots, mit freundlicher Genehmigung der Lisa Marie Presley Archives

14 Lisa Marie und Riley Keough, by Karen Dvorak

19 Lisa Marie und Elvis Presley, mit freundlicher Genehmigung der Graceland Archives

53 Lisa Marie im Publikum, mit freundlicher Genehmigung der Graceland Archives

77 Lisa Marie am Meer, mit freundlicher Genehmigung der Lisa Marie Presley Archives

97 Lisa Marie und Danny Keough, mit freundlicher Genehmigung der Lisa Marie Presley Archives

119 Lisa Marie und Michael Jackson, mit freundlicher Genehmigung der Lisa Marie Presley Archives

139 Lisa Marie und Riley an Weihnachten, mit freundlicher Genehmigung der Lisa Marie Presley Archives

175 Lisa Marie auf der Bühne, by Karen Dvorak

201 Ben Keough, mit freundlicher Genehmigung der Lisa Marie Presley Archives

225 Lisa Marie und Ben, mit freundlicher Genehmigung der Lisa Marie Presley Archives

ÜBER DIE AUTORINNEN

Lisa Marie Presley war Sängerin und Songwriterin. Sie war das einzige Kind von Elvis und Priscilla Presley, geboren in Memphis und aufgewachsen in Graceland. Im Verlauf ihrer Karriere als Musikerin veröffentlichte sie drei Studioalben: *To Whom It May Concern*, *Now What* sowie *Storm & Grace*, wovon das erste mit Gold ausgezeichnet wurde. Lisa Marie ist im Januar 2023 verstorben.

Riley Keough wurde als Schauspielerin für den Emmy, den Golden Globe und den Independent Spirit Award nominiert. Bekanntheit erlangte sie unter anderem für ihre Rollen in *Under the Bridge*, *Daisy Jones & the Six* sowie *Zola*. Außerdem war sie Co-Regisseurin des Films *War Pony* (2022), der in Cannes die Caméra d'Or für den besten Erstlingsfilm gewann, und sie gründete mit Gina Gammell die Produktionsfirma Felix Culpa. Sie ist die älteste Tochter von Lisa Marie Presley und alleinige Treuhänderin von Graceland.